——————————— 님의 소중한 미래를 위해
이 책을 드립니다.

주린이도 술술 읽는
친절한 금리책

주린이도 술술 읽는

친절한
금리책

금리 왕초보가 꼭 알아야 할 기본

장태민 지음

메이트북스

메이트북스 우리는 책이 독자를 위한 것임을 잊지 않는다.
우리는 독자의 꿈을 사랑하고,
그 꿈이 실현될 수 있는 도구를 세상에 내놓는다.

주린이도 술술 읽는 친절한 금리책

초판 1쇄 발행 2021년 5월 7일 **│ 지은이** 장태민
펴낸곳 ㈜원앤원콘텐츠그룹 **│ 펴낸이** 강현규·정영훈
책임편집 안정연 **│ 편집** 유지윤·오희라 **│ 디자인** 최정아
마케팅 김형진·이강희·차승환 **│ 경영지원** 최향숙·이혜지 **│ 홍보** 이선미·정채훈
등록번호 제301-2006-001호 **│ 등록일자** 2013년 5월 24일
주소 04607 서울시 중구 다산로 139 랜더스빌딩 5층 **│ 전화** (02)2234-7117
팩스 (02)2234-1086 **│ 홈페이지** blog.naver.com/1n1media **│ 이메일** khg0109@hanmail.net
값 18,000원 **│ ISBN** 979-11-6002-331-2 03320

투자는 이성적으로 해야 한다.
이해할 수 없으면 투자하지 마라.

· 워런 버핏(미국의 사업가이자 투자가) ·

요동치는 금융시장,
투자의 기본은 '금리'다

2020년은 한국 금융시장 역사, 아니 세계 금융시장 역사에서 아주 특이한 한 해였다. 한국의 기준금리가 처음으로 0%대(0.5%)까지 인하되고, 미국은 '제로금리' 시대로 회귀했다. 2019년 말 중국 우한시에서 발병한 코로나19라는 전염병이 세계 경제를 강타하면서 글로벌 경제는 휘청거렸다.

중국 외의 지역에선 2020년 1월 13일 태국에서 처음으로 코로나19 확진자가 발생하면서 전 세계적 유행을 알렸다. 국내에선 2020년 1월 20일 처음 코로나19 확진자가 발견됐다. 하지만 당시만 하더라도 이 전염병이 세계 경제를 위기에 빠뜨릴 것으로 생각하는 사람은 거의 없었다. 이 전염병은 이후 아시아 지역을 벗어나 전 세계로 번져 나 갔다. 코로나19가 팬데믹(전 세계적 유행)으로 발전하면서 2월부터 각 국 주식시장이 흔들리더니 3월 들어서는 폭락했다.

미국과 유럽 등이 큰 경제적 타격을 입으면서 세계 중앙은행은 일 제히 경기를 살리기 위해 기준금리를 내렸다. 미국이 3월부터 기준 금리를 '제로'로 만들고 유동성을 대거 풀어놓자 다른 나라들도 미국 을 따라 역사상 가장 완화적인 통화정책과 적극적인 재정정책을 펼 쳤다. 즉 중앙은행과 정부가 대대적인 공조에 나서 돈을 푼 것이다.

한국에선 한국은행이 기준금리를 내리고, 정부는 추가경정예산을 편성해 돈을 풀었다. 돈이 풀리면 금융시장이 선제적으로 반응하기 에 주가와 부동산 가격이 급등했다. 풀린 돈들은 실물경제를 자극하 기에 앞서 자산가격을 크게 부풀렸다.

KB국민은행 데이터 기준으로 살펴보면 2019년 말 8억 5천만 원 을 넘어섰던 서울 아파트 평균 매매가격은 2010년 12월 10억 4천만 원으로 뛰었다. 이 같은 가격상승률은 14년 만에 최고치였다. 문재인 정권은 집권 후 아파트 공급대책을 제대로 세우지 않은 채 공급을 잠 궈버리는 규제정책에 몰두하면서 아파트 값을 한껏 띄웠다. 2020년 엔 모두의 예상을 뛰어넘는 아파트 값 폭등세가 나타났다. 정부의 정 책 실패와 유동성 상황이 맞물려 서울 아파트 매매가격이 1년 만에 2억 원가량 폭등하는 일이 벌어진 셈이다.

한국에선 '벼락 부자'와 '벼락 거지'가 동시에 출현하는 일이 벌어 졌다. 아파트를 보유한 많은 사람들은 가만 앉아서 눈 깜짝할 사이에 재산이 엄청나게 늘어났다. 문재인 정부 출범 당시 6억 원 수준이었던 서울 아파트 매매가격이 10억 원을 훌쩍 넘었기 때문이다. 아파트 값이 뛰었다고 해서 모든 사람이 이를 반긴 것은 아니다. 세금 부담이 늘어난 데다 이사를 가더라도 동일한 수준의 집을 장만하기 위해선 급등한 만큼의 돈을 지불해야 하기 때문이다.

이 와중에 가장 허탈한 사람들은 성실하게 일한 무주택자와 아파트를 보유하지 않은 사람들이었다. 이들은 아파트 값 폭등으로 졸지에 계급(신분) 하락을 경험을 해야 했다. 무주택자가 1년에 2천만 원씩 10년간 모아야 하는 2억 원이라는 재산을, 서울 아파트를 보유했다는 이유로 단 1년 만에 벌어들이는 경우가 속출했다. 반면 문재인 정부 시대의 무주택자는 한국 자본주의에서 철저하게 도태되고 말았다.

대신 문재인 정부 출범 뒤 정책 흐름을 읽고 제대로 베팅한 사람들 중엔 직장생활을 통해 평생 모을 수 있는 재산을 단 몇 년 만에 모으기도 했다. 한국 자본주의 역사에서 문재인 대통령 집권기는 정책이 국민의 삶을 완전히 바꿀 수 있다는 사실을 보여준 엄청난 시대였던 것이다.

짧은 시간에 너무 많은 사람이 횡재를 하고, 성실히 일해온 너무 많은 사람들이 도태된 현실이 당혹스럽다. 하지만 지나간 과거는 되돌릴 수 없다. 이제 많은 사람이 '저금리 시대 생존을 위한 투자'를 자연스럽게 받아들인다.

2020년 한국 주식시장에선 개인투자자들이 역대 유례없는 대규모

주식투자에 나섰다. 은행예금 등 금리상품으로는 도저히 재산을 불릴 재간이 없었던 사람들이 물밀 듯이 주식시장으로 들어왔다. 은행 정기예금에 맡겨봐야 1%의 금리도 못 건지는 시대가 돼버렸다. 아파트라는 실물자산을 보유하지 못하는 사람들은 '실질적인' 재산감소를 경험해야 했다.

부동산을 보유하지 못해 자산 인플레이션을 헤지(위험 제거)하는 데 실패한 사람들 가운데 돈을 빌려서 주식시장으로 들어오는 사람들도 부지기수였다. 정부의 부동산 규제와 낮은 금리 때문에 주식시장에 들어온 사람, 주식이라도 하지 않으면 도저히 재산을 불릴 방법이 없어 고뇌하던 사람들이 대거 주식시장으로 들어왔다. 2020년은 IMF 외환위기나 1990년대 말 IT 버블 시기를 제외하면 한국 금융시장에서 가장 다이내믹한 한 해였다고 할 수 있다.

코스피지수는 2020년 12월 30일 마지막 거래일에 52.96p(1.88%) 급등해 2,873.47이란 사상최고치 기록을 달성했다. 1년간 30.75% 급등했다. 코로나 사태로 그해 3월 19일 기록한 장중 저점(1,439.43)과 비교하면 99.63% 뛰었다. 저점에 비해 100% 오르면서 거래를 마친 셈이다. 코스피가 저점 대비 거의 100% 뛴 일을 찾기 위해선 20년 이상을 거슬러 올라가야 한다. 2020년 코스피는 1999년 IT버블 당시 115% 수준을 제외하면 가장 많이 오른 것이다. 코스닥은 2020년 마지막 거래일 968.42로 거래를 마쳐 1년간 44.58% 뛰었다. 3월 19일 기록한 장중 저점(419.55)과 비교하면 무려 130.82%나 올랐다.

개인투자자들의 주식투자 붐은 모두가 놀랄 정도였다. 2020년 코스피시장 개인의 순매수 규모는 무려 47조 4,907억 원에 달했다. 기관과 외국인은 개인투자자들에게 물량의 상당 부분을 넘겼다. 기관은 25조 5,372억 원을, 외국인은 24조 5,652억 원을 순매도했다.

주식시장에선 개인투자자들이 예년과 달리 강력한 화력을 과시했다. 막대한 유동성이 주식시장으로 유입되면서 개인들의 시장 영향력이 더욱 커졌던 것이다. 수년간 코스피시장에서 개인투자자들의 거래비중은 50% 내외 수준이었으나 2020년엔 70%을 넘어섰다. 거대하게 풀린 돈들이 실물경제보다는 부동산시장과 주식시장으로 옮겨간 것이다. 2021년 들어 코스피지수는 3천 선을 훌쩍 넘어서는 모습을 보였다.

이 책은 필자가 2017년에 집필한 『금리지식이 이렇게 쓸모 있을 줄이야』의 완전개정판이다. 2017년 이후의 짧은 기간 동안 금융시장이 큰 변화를 겪었지만 모든 재산 불리기의 '기본'이 금리라는 사실엔 변함이 없다.

우선 금리에 대한 이해가 없다면 힘들게 모은 재산을 쉽게 날릴 수 있다. 2020년의 주가와 부동산 급등에 쫓기다가 무리한 투자를 하면 큰코다칠 위험도 크다. 금리의 개념을 모르고 투자에 나서는 일은 사실 무모하다.

금리가 낮으면 대출할 때의 비용과 예금할 때의 수익이 모두 낮기 때문에 주식이나 부동산과 같은 위험한 자산에 대한 투자를 늘릴 확률이 커진다. 창업을 하려는 사람, 사업을 확장하려는 사람들 모두

지은이의 말

낮은 금리에 자금을 빌려서 일을 벌일 수 있다. 이런 과정을 거쳐 경기는 활성화될 수 있다.

금리는 또 주식, 채권, 외환, 부동산 등 모든 시장에 영향을 미치는 가장 기본적인 변수다. 금리는 한 나라의 경제에도 큰 영향을 미칠 수 있다. 예컨대 저금리가 경기를 자극해 성장률을 끌어올릴 수 있지만, 동시에 자산시장의 버블만 키우거나 좀비기업들의 목숨줄만 연명해주는 역할을 해 장기적으로 경기를 더 망가뜨릴 위험도 있다.

세상사 모든 일엔 양면성이 있다. 그래서 늘 기본을 지키는 일은 중요하다. 금리는 투자자가 알아야 할 기본 중의 기본이다. 이 책은 금리를 통해 주식이나 부동산 등 투자의 기본을 이해하려는 사람들을 위해 쓰였다. 이 책이 경쟁 사회에서 힘들게 살아가는 사람들에게 조금이라도 도움이 된다면 바랄 게 없다. 개정판을 내는 데 도움을 준 코스콤의 홍석진 과장님에게 특별한 감사를 전한다.

장태민

모든 투자의 '기본'을
충실히 담은 책

김정길 _ 이스트스프링자산운용 상무, CFA

2000년 채권시가평가제가 도입된 이래로 현재까지 약 20여 년 동안 채권이라는 금융상품을 최대한 싸게 사고 비싸게 팔기 위해 많은 글을 읽어왔다. 애널리스트가 쓴 보고서들도 많이 읽었지만, 특히 이 책을 집필한 장태민 저자가 쓴 글을 즐겨 읽었다.

그의 글은 롱 포지션이나 숏 포지션에 상관없이 늘 균형적인 시각으로 깊이가 있으면서도 쉽게 술술 읽혔다. 일반적으로 운용하는 사람은 자신이 취한 포지션(롱과 숏 포지션)이 있으면 그 포지션에 치우친 사고를 하기 마련인데, 그가 쓴 기사는 내가 균형감각을 갖는 데 큰 도움을 줬다.

그와 나는 2000년대 초반에 처음 만났다. 그에 대한 첫인상은 자신이 하고 싶은 말을 남의 눈치 보지 않고 거리낌없이 한다는 것이었다. 세상을 보는 시각도 남달랐다.

그 시절 금융시장에 종사하기 시작한 새내기들은 금융에 대한 이해도를 높이기 위해 미국 금융자격증인 재무분석사(CFA)를 따려고 애쓰는 게 붐이었다. 당시 장태민 저자는 펀드매니저도 아닌데 CFA를 따려고 해서 내가 물었다.

"당신이 펀드를 운용할 것도 아니고 이런 게 기사를 쓰는 데 무슨 도움이 되는가? 뭘 하려고 3년 이상의 긴 시간이 걸리는 CFA 공부를 하는가!"

CFA 3차 시험은 운용에 관한 내용이 좀 많았는데 실제로 운용을 안 해본 사람은 이해하기 어려워 곧잘 낙방하곤 했다. 운용을 하는 사람이든 경제나 금융에 대한 기사를 쓰는 사람이든 자기가 하는 일(업)에 대한 깊은 통찰을 갖기 위해서는 기본기가 철저해야 한다. 나에게 있어 CFA 시험이 기본기를 철저히 갈고 닦는 데 큰 도움을 준 것은 부인할 수 없는 사실이다.

이 책의 저자는 경제나 금융에 대해 더 좋은 기사를 쓰기 위해, 자신이 쓰는 글이 독자들에게 '민폐'를 덜 끼치도록 어려운 시험을 준비하는 독특한 사람이었다. 저자의 글엔 남다른 깊이도 있고, 어려운 내용을 쉽게 술술 풀어내는 매력도 있었다. 나는 여전히 그가 쓰는 글들을 자주 읽고 있다.

2020년 코로나19 사태 이후 주가가 폭등한 뒤 일반인들의 주식시장에 대한 관심이 높아졌다. 문제는 주식시장을 제대로 알기 위해선 금리에 대한 지식이 필수라는 사실이다. 주식시장에서 돈을 벌려면 '금리 변수'도 알아야 한다는 것을 아는 나의 친구들은 내게 관련 질문들을 자주 한다. 친구들은 내 답변을 쉽게 이해할 때도 있지만, 어떤 땐 도통 무슨 말인지 모르겠다는 눈빛을 보내곤 한다. 이처럼 금리 변수를 설명하는 데 한계를 느낀 적이 한두 번이 아니다.

이러한 때 저자가 금리책을 낸다고 하니 반가웠다. 금리를 통해 경제와 투자, 주식, 부동산 등을 이해할 수 있도록 쓴 책이다. 그는 뛰어난 글솜씨를 통해 비단 주식투자뿐만 아니라 '투자의 기본'에 대한 내용을 충실히 책에 담았다.

금리와 주식 그리고 경제와 투자에 대해 공부하고 싶은 이들이라면 꼭 읽어야 할 책이다. 경제학이나 경영학을 공부하고 싶은 학생들도 이 책을 읽으면 우리 경제의 현실과 투자, 그리고 경제의 가장 기본인 금리를 자연스럽게 이해하는 데 큰 도움을 받을 수 있을 것이라고 믿어 의심치 않는다.

1장 } 투자의 중심에 금리가 있다

4장 } 금리를 알아야 부동산투자로 돈 벌 수 있다

6장 〉 한국경제의 미래와 금리, 어떻게 움직일 것인가

후배 A가 10여 년 전에 빌린 1천만 원을 갚았다. 후배는 오랜 기간 시험 준비를 하다가 여러 차례 낙방한 뒤 40대 중반이라는 나이에 뒤늦게 로스쿨에 들어가 이제 곧 법조인이 될 기회를 눈 앞에 두고 있다. 후배는 오래 묵은 체증이라도 푼 듯 가벼운 마음으로 필자에게 돈을 갚았다.

또 다른 후배 B는 연 10%의 이자로 필자에게 돈을 빌렸다. 아이들을 키우느라고 대출을 많이 한 탓에 신용이 나빠져 더 이상 은행에서 돈을 빌릴 수 없다면서 손을 내밀었다. 그가 제시한 조건은 10%의 이자였다.

"요즘 세상에 10% 이자라니. 굳이 그렇게 고율의 이자를 물겠다고 하는 이유가 뭐니?"

"저축은행 같은 데서 빌리면 그 이상의 이자를 물어야 해요. 이 정도는 감당할 수 있어요."

A와 B는 필자의 절친한 후배들이다. A는 10여 년 전에 빌린 돈을 원금만 갚았고, B는 이자를 내는 게 당연한 것 아니냐면서 돈을 빌렸다. 하지만 언제나 주변 사람에게 돈을 빌릴 수 있는 것은 아니다. 아울러 현실의 시스템은 B가 돈을 빌리는 방식을 적용한다. 이자는 최소한 물가상승률을 반영한다. 10년 전 1천 원에 빵을 살 수 있었지만 지금은 2천 원에 동일한 빵을 살 수 있다면 물가가 100% 오른 것이다. 10년 전 1천 원을 빌렸다면 이자는 최소한 물가상승률을 반영해야 한다. 즉 '1천 원+α'가 되어야 하는 것이다.

1장

투자의
중심에
금리가 있다

금리를 모르면
절대로 투자하지 마라

우리나라가 성장률 3%를 달성하기도 만만치 않은 시대가 되면서 금리는 과거보다 더욱더 중요해졌다. 금리에 대한 이해도를 높여야 다른 투자도 효율적으로 할 수 있는 시대가 된 것이다.

조삼모사朝四暮三. '아침에 3개, 저녁에 4개'라는 뜻의 이 사자성어는 '똑같은 결과'를 의미하는 말로 잔꾀로 타인을 속이는 사람을 비판할 때 사용한다. 혹은 '이거나 저거나 마찬가지'인 상황을 표현할 때 사용한다.

중국 송나라 시대에 저공狙公이라는 사람이 원숭이를 좋아해 집에 수십 마리의 원숭이들을 키우고 있었다. 원숭이를 사랑하는 저공은 가정형편이 어려워지자 이들을 먹여 키우는 게 보통 일이 아니란 것을 깨달았다. 저공은 집안이 넉넉하지 못했던 탓에 원숭이들에게 주는 전체 배급량을 줄여야 했다. 어려운 형편을 토로하면서 원숭이들에게 사정을 설명했다.

"아빠가 형편이 힘든 걸 너희는 알잖아. 앞으로 아침에 도토리 3개, 저녁에 4개를 주려는데 괜찮겠니?"

원숭이들은 하나같이 불만을 쏟아냈다. 아침밥을 소중히 생각하는 원숭이들은 저공의 이야기를 듣자마자 흥분하면서 길길이 날뛰었다. 그때 저공은 머리를 굴려서 다른 협상 카드를 내민다.

"그럼 좋아. 아침에 4개, 저녁에 3개로 하자. 어때?"

원숭이들은 모두 좋다면서 저공의 의견에 동의한다. 저공 입장에선 단지 식사 배급시간을 조절하면서 동일한 물량을 유지할 수 있었다.

오래전 중학교 한문시간에 우리의 한문 선생님이 원숭이들의 어리석음과 저공의 간사함을 동시에 흉봤던 것으로 기억한다. 잔꾀로 원숭이들을 농락한 저공과 동일한 결과물을 놓고 희비를 달리하는 원숭이의 무지함을 우리는 모두 비웃었다.

조삼모사의 지혜와 금리

우리나라 채권시장에 종사하는 사람들 중엔 조삼모사 이야기를 비틀어서 이자율(금리)을 설명하는 사람들이 많다. 필자도 채권시장의 펀드매니저 등을 만날 때마다 이 이야기를 수차례 들었으며, 여러 번 말하기도 했다. 채권시장 사람들은 고사성어의 의도와 반대로 원숭이의 영민함을 칭찬한다.

점심을 거르는 원숭이들의 안타까운 사정은 별도로 하자. 하루에

7개의 도토리를 받는다면 아침과 저녁 중 언제 더 많은 배급을 받는 게 나을까?

경제 감각과 인내심이 있는 원숭이라면 아침에 배급 받은 도토리 4개 가운데 3개를 먹고 나머지 한 개를 배고픔을 못 이기는 동료 원숭이에게 빌려줄 수 있을 것이다. 동료 원숭이에게 한 개 이상의 도토리를 돌려받는 조건으로 이런 거래를 할 수 있다. 이 영민한 원숭이는 4개 중 3개를 소비하고 한 개는 투자를 한 셈이 된다.

아침에 도토리를 빌린 동료 원숭이가 저녁에 2개를 갚는다고 생각해보자. 이 경우 영민한 원숭이는 하루에 8개의 도토리를 받은 셈이 된다. 아침에 한 개의 도토리를 빌려줬지만 하루 '이자'에 해당하는 도토리가 하나 더 들어왔기 때문이다.

우리가 일상생활을 하면서 사용하는 신용카드와 체크카드를 생각해보자. 신용카드의 경우 먼저 신용으로(외상으로) 물품을 구매한 뒤 이후 정해진 날짜(결제일)에 돈을 지불한다. 이에 반해 체크카드를 사용하면 물건을 사는 순간 바로 내 통장 잔고에서 돈이 빠져나간다. 과연 어떤 게 더 유리할까?

과소비를 억제하지 못하는 사람은 자신의 잔고 범위 내에서만 돈을 쓸 수 있는 체크카드가 나을 수 있다. 사실 주변에서 신용카드 사용을 남발해 큰 어려움에 처한 사람을 심심찮게 볼 수 있기 때문이다.

하지만 자기 생활을 컨트롤하는 게 몸에 벤 사람들은 굳이 체크카드를 쓸 필요가 없다. 신용카드를 쓰면 결제를 미룰 수 있기 때문에 '그 미룬 시간'만큼 유리하다. 예를 들어 내가 오늘 신용카드로 100만 원을 쓰면 한 달 뒤의 결제일까지 현금 100만 원을 은행에 맡기거나 투자를 해서 이익을 낼 수 있다. 반면 체크카드의 경우 오늘 쓴 100만 원은 바로 내 통장잔고를 줄인다.

영민한 원숭이가 아침에 받은 4개의 도토리 중 하나를 아껴서 동료 원숭이에게 빌려주고 저녁에 이득을 얻는 것과 같은 이치다. 조사 모삼의 지혜는 우리가 살아가는 데 기본이 되며, 금리 이론을 설명하는 가장 간단한 사례이기도 하다.

금리는 기회비용과 신용의 개념으로 볼 수 있다

영민한 원숭이가 아침에 받은 도토리 한 개를 동료에게 빌려준 뒤 어떻게 저녁에 2개나 돌려받을 수 있었을까? 영민하고 인내심 있는 원숭이는 참을성 없는 동료의 아침 배고픔을 해결해준 대가를 받은 것이다. 물론 영민한 원숭이가 하루 100%에 달하는 고율의 일일 금리를 매긴 꼴이어서 도덕적 시비에 휘말릴 수는 있다.

아무튼 핵심은 도토리(돈)를 빌려주면 도토리(돈)를 더 받을 수 있다는 것이다. 세상에 공짜는 없다. 그리고 영민한 원숭이 입장에서는 자신의 소비를 희생한 대가로 뭔가를 받아야 한다. 그것이 이자이며, 이자는 금리로 계산된다.

금리(이자율)는 돈을 빌려주거나 빌릴 때 받거나 내는 대가다. 금리는 빌려준 돈(원금)에 대한 대가(이자)를 나눠서 계산한다. 다만 기간에 관한 특별한 언급이 없으면 금리는 모두 '연간'을 기준으로 한다.

이는 기간에 대한 혼선을 방지하기 위해 시장이 관행적으로 의사소통하는 방식이다. "5년 동안 4%에 1억 원을 빌리기로 했어"라고 말하는 것은 매년 1억 원의 4%인 400만 원을 빌려준 사람(은행)에게 갚아야 한다는 의미다. 하지만 기간에 대해 헷갈리는 경우가 생겨서 의미를 명확히 하기 위해 '연 4%'라는 식으로 표현하는 경우도 많다.

영민한 원숭이의 입장에서는 자신의 소비를 희생한 대가로 '당연히' 동료에게 빌려준 것 이상을 받아야 한다. 이것은 경제학에서 이야기하는 기회비용에 대한 개념이다. 사람은 모든 기회를 다 선택할 수 없다. 어떤 기회의 선택은 나머지 기회들에 대한 포기를 의미한다. 어떤 선택으로 인해 포기하게 된 기회의 가치를 '기회비용'이라고 한다. 영민한 원숭이가 도토리를 인내심 없는 다른 친구에게 빌려주면서 인생을 즐길 권리(도토리를 더 먹을 기회)를 포기한 데 대한 대가를 받아야 하는 것이다.

그러면 왜 영민한 원숭이는 동료에게 아침 도토리 하나를 빌려준 뒤 저녁에 2개나 돌려받기로 했을까? 아마도 영민한 원숭이에게 도토리를 빌린 동료는 신용이 좋지 않았을 것이다. 그러니 하루도 안 되는 기간에 원금의 2배나 갚아야 했던 것이다.

만약 영민한 원숭이가 신용이 좋은(돈을 갚을 능력이 충분한) 친구에게 도토리를 빌려줬다면 원금(도토리 한 개)만 받았을 수도 있다. 이처럼 도토리(돈)를 빌리는 원숭이(사람)의 신용도 금리를 산정하는 데는 중요하다. 신용 위험(돈을 떼먹을 가능성)이 높은 사람에게는 이자를 더 받아야 한다.

영민한 원숭이는 도토리 먹기를 미룬 데 따른 기회비용, 신용이 좋지 않은 동료 원숭이의 신용위험을 감안해 저녁에 도토리 2개를 받은 셈이다. 즉 이자는 기회비용과 신용위험의 합으로 쪼갤 수 있다.

금리는 이자를 원금으로 나눈 비율이며 이는 퍼센트로 표시된다. 가령 예금금리 2%, 대출금리 4%인 상품이 있다고 하자. 이 말은 1년에 100만 원을 예금하면 1년 후 102만 원을 이자로 돌려받고, 100만 원을 빌리면 104만 원을 1년 후에 갚아야 한다는 뜻이다.

금리는 시간에 대한 보상이다

영민한 원숭이가 저공에게 받았던 아침 도토리 한 개는 저녁에 2개로 둔갑했다. 이해의 편의를 위한 극단적으로 높은 이자율을 예로 들었지만, 현재(아침 시점)와 미래(저녁 시점)의 도토리(돈) 가치가 다름을 알 수 있다. 즉 아침의 도토리 하나가 저녁의 도토리 2개로 바뀌는 구조다. 영민한 원숭이 사례에서 미래가치는 '현재가치＋현재가치×금리', 즉 '현재가치×(1＋금리)'로 표현할 수 있다.

100만 원을 은행에 예금한 뒤 1년 뒤 102만 원을 돌려받는다면 금리가 2%라는 사실을 알 수 있다. 다시 말해 '100만 원×(1＋0.02)'로 계산되는 것이다. 물론 이자에 붙는 세금을 감안하면 이보다 덜 돌려받게 된다.

이자소득에 대해서는 현재 14%의 이자소득세와 이자소득세의 10%에 해당하는 1.4%의 농특세(농어촌특별세)가 부과된다. 따라서 실제 돌려받는 돈은 이 세금부분을 빼고 계산해야 한다. 즉 이자소득의 15.4%를 빼고 돌려받는 것이다. 따라서 1년이 지난 뒤 우리는 '100만 원×[1＋0.02×(1－0.154)]', 즉 101만 6,900원을 받게 된다. 세금을 감안할 경우 실질적인 이자는 2%보다 낮은 1.69%가 되는 것이다.

아무튼 미래가치는 '시간에 대한 보상'임을 알 수 있다. 경제학에서는 이를 '화폐의 시간가치'라는 말로 표현한다. 화폐의 시간가치가 크다 혹은 작다는 말은 금리가 높다 혹은 낮다는 이야기와 맥을 같이 한다. 그리고 현재와 미래의 화폐가치를 같게 해주는 것이 '금리'라는 사실도 알 수 있다. 앞에서 금리를 '기회비용＋신용위험'으로 정의할 수 있다는 이야기를 했다. 이를 좀더 풀어서 말해보자.

기회비용에는 영민한 원숭이가 현재의 소비를 희생한 대가가 포함된다. 당연히 지금의 소비가 미래의 소비보다 효용이 크다. 영민한 원숭이는 친구에게 도토리 하나를 빌려주는 대신 도토리은행에 예금하거나 그 도토리(돈)로 새로운 투자를 할 수도 있었을 것이다. 이에 대한 보상도 포함된다.

향후 물가가 올라 영민한 원숭이가 투자하고 싶었던 참나무 묘목 가격이 급등할 위험도 있다. 즉 참나무를 사는 데 더 많은 도토리가 필요할 수도 있는 것이다. 이를 인플레이션(물가상승) 위험이라고 한다. 인플레이션이 발생하면 돈의 가치가 떨어진다. 이 부분도 당연히 이자로 보상해줘야 한다. 그리고 앞서 이야기한 신용이 나쁜 원숭이가 도토리를 갚지 못할 신용위험도 감안해야 한다.

이런 위험들은 '시간' 때문에 생긴다. 따라서 우리는 시간이 지닌

위험성에 대해 보상을 받아야 한다. 그래서 일반적으로 긴 시간 동안 돈을 빌려주면 높은 금리를 받게 된다. 장기예금금리가 더 높고, 만기가 긴 채권금리가 더 높은 데는 이런 사연이 있는 것이다. 이는 시간이 발휘하는 힘이다.

금리는 모든 투자의 기초가 된다. 심지어 어떤 사람들은 "금리가 투자의 처음이자 끝"이라는 이야기를 하기도 한다. 예를 들어 한국이 열심히 성장하고 있었던 시대엔 금리가 두 자릿수로 아주 높아 굳이 다른 투자수단을 생각할 필요 없이 은행에 예금만 해도 자산을 불릴 수 있었다. 하지만 한국이 선진국에 근접하고 성장률 3%를 달성하기도 만만치 않은 시대가 되면서 금리는 더욱 중요해졌다. 금리에 대한 이해도를 높여야 다른 투자도 효율적으로 할 수 있는 시대가 된 것이다.

돈의 값과 금리의 개념

우리가 사는 물건에는 모두 값이 매겨져 있다. 이 값은 돈으로 표시된다. 그럼 돈의 값은 무엇일까? 돈의 값은 그냥 액면 그 자체다. 예를 들어 1만 원짜리의 값은 1만 원이다. 너무 당연하긴 한데, 또 너무 어이없는 답이기도 하다. 그래서 답을 좀더 달리해볼 수 있다. 조금 더 정확하게 말하자면 돈의 값은 '화폐의 실질구매력'이라고 할 수 있다. 즉 '돈으로 어떤 물건을 살 수 있느냐'가 돈의 값이다. 이 경우는 돈의 값을 물건으로 표현한 것이다. 따라서 돈의 값은 물가와 반비례한다고 볼 수 있다. 금리란 과연 무엇인가? 기회비용과 신용위험에 대한 보상이다. 즉 이자는 '1. 당장 현금 사용을 미룬 데 대한 대가 2. 투자했을 경우 얻을 수 있었던 수익에 대한 보상 3. 물가상승에 따른 돈의 가치 하락에 대한 보상 4. 돈이 떼일 위험에 대한 보상' 등으로 정의할 수 있다. 금리에 대한 4가지 개념은 반드시 숙지하자.

금리는 돈의 흐름을
이미 알고 있다

금리가 움직이면 모든 것이 움직인다. 한국의 중앙은행인 한국은행은 금리 결정 이후 금리변동이 실물경제에 파급되는 경로를 살펴야 한다. 그 경로는 대략 5가지로 나눠서 살펴볼 수 있다.

"형, 그 이야기 들었어요? 동명이가 빌라를 5채나 샀대요."

2016년 어느 날 후배가 이런 소식을 전했다. 필자가 알기로 동명이라는 후배는 돈이 많지 않았다.

"그 친구가 무슨 돈이 있어서 빌라를 샀대?"

"걔 돈 없는거 형도 알잖아요. 대충 이야기 들어보니까 그냥 전세 끼고 대출받아서 다 사버렸대요."

당시 자기 집도 없던 그는 1억 원 남짓한 자기자본과 은행에서 빌린 돈으로 아파트에 비해 상대적으로 싼 빌라를 사모은 것이었다. 전세 가격이 매매 가격의 80%에 육박한다는 소식들이 적지 않았던 그

때, 자기 돈은 없지만 전세를 끼고(이른바 갭투자) 빌라를 산 것이다. 이후 전세가가 매매가의 90%에 육박하는 곳들도 생겨났다.

당시 한국은행 기준금리는 1.25%로 역사상 가장 낮은 상태였기 때문에 대출금리도 낮았다. 2억 원짜리 빌라의 전세율이 80%라면 4천만 원으로 빌라를 사는 게 가능했다. 그는 자기가 가진 얼마 안 되는 돈과 은행에서 싼 이자로 빌린 돈을 합쳐 큰 마음 먹고 부동산투기(투자)에 나섰던 것이다.

금리가 움직이면 모든 게 움직인다

이 사례는 금리가 어떻게 부동산시장에서 투기를 유발할 수 있는지를 나타내는 한 예다. 금리가 낮아지거나 높아지면 경제와 금융시장 각 분야에 영향을 미친다. 그 영향력의 정도는 시기에 따라 다르지만 어쨌든 기본적인 금리의 흐름을 알아둘 필요가 있다.

정책금리(기준금리)를 결정하는 한국은행은 늘 금리변동이 경제에 미치는 영향에 대해 예의주시하는 곳이다. 한국의 중앙은행인 한국은행은 금리 결정 이후 금리변동이 실물경제에 파급되는 경로를 살펴야 한다. 그 경로는 대략 5가지로 나눠서 살펴볼 수 있다.

여러 가지 경로 중에 우선 금리경로interest rate channel 를 살펴보자. 중앙은행이 정책금리를 내리게 되면 단기금리와 장기금리 등 시장금리가 같은 방향으로 움직이는 경우가 많다. 한국은행은 정책금리조정(인상 혹은 인하)을 통해 다른 금리들을 같은 방향(상승 혹은 하락)으로 유도한다.

한국은행이 금리를 내렸을 때 은행들이 예금금리를 재빠르게 낮췄다는 기사를 접한 적이 있을 것이다. 기업어음(CP)이나 양도성예금증서(CD)금리처럼 통상 만기가 3개월을 넘지 않는 금융상품의 금리는 정책금리와 보조를 맞추면서 변동하는데, 이 금리경로는 2단계로 작동한다. 금융시장에 영향을 미친 뒤 실물경제에 영향을 주는 식으로 움직인다.

한국은행이 정책금리를 내리면 은행이나 채권시장의 장단기금리가 내려가고, 이로 인해 사람들은 돈을 쉽게 빌릴 수 있다. 돈을 빌리는 '차입 비용'이 하락하면 기업이나 가계는 금리가 높을 때보다 쉽게 수익을 낼 수 있게 된다.

이 과정을 통해 경제활동이 활발해진다. 즉 금리가 낮아지면 기업의 투자와 가계의 소비가 늘어나고, 한 경제의 총생산을 증가시키게 된다. 이처럼 경제활동이 활발해지는 과정에서 물가도 오르게 된다. 이로 인해 경기가 과열되거나 물가가 너무 오를 조짐이 보이면 한국은행은 다시 금리를 올리게 된다.

금리를 올릴 경우엔 반대의 현상이 나타난다. 한국은행이 금리를 올리면 은행들은 예금금리나 대출금리를 따라서 올리게 된다. 이처럼 시장의 금리가 상승하면 사람들은 돈 빌리는 일을 점점 부담스러워한다. 높아진 금리로 인해 차입비용이 올라 수익을 내기도 어려워진다. 또 은행에 내는 이자 규모가 커지면 사람들은 투자와 소비를 줄이게 된다.

이 과정을 통해 경제는 위축된다. 결국 경제가 위축되면 한국은행
은 다시 금리를 내려서 경기를 부양하게 된다. 이 같은 사이클은 계
속 반복된다.

금리가 움직이면 자산시장도 움직인다

금리는 주식이나 채권시장, 부동산시장에도 영향을 준다. 이를 자산
가격경로asset price channel 라고 부른다.

우선 금리가 주식시장에 미치는 영향을 살펴보자. 중앙은행이 금
리를 낮춰서 통화공급이 늘어나면 가계나 기업은 돈을 쉽게 빌릴 수
있으며, 적정 수준 이상의 유동성을 보유하게 된다. 보유한 돈이 많
아지면 주식 같은 자산에 대한 수요가 증가하게 된다. 이는 주가를
끌어올리는 원인이 될 수 있다.

지난 2008년 글로벌 금융위기로 주가가 폭락한 뒤 미국, 유럽 등
의 중앙은행은 정책금리를 0% 수준으로 낮추는 극단적인 통화 완화
정책을 실시했다. 심지어 금리를 더 낮출 수 없게 되자 양적완화(중앙
은행이 채권을 매입해 시중에 돈을 푸는 일)까지 실시하면서 유동성을 대
거 풀었다. 이러자 경기가 크게 좋아지지 않았는데도 각국 주가지수
가 올랐다. 2020년 봄에도 비슷한 일이 일어났다. 연준이 3월에만 기
준금리를 무려 1.5%p(150bp)나 내리고, 한국은행도 같은 달 금리를
50bp 내리자 주식 값과 채권 값이 급등했다. 이를 통해 경기가 좋지
않더라도 금리가 대폭 하락하면 주식, 채권, 부동산 등 자산가격이

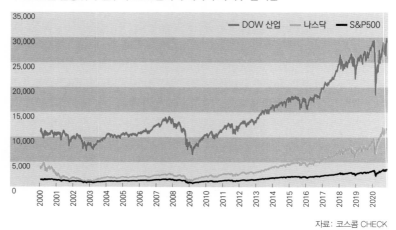

▼ 2008년 금융위기 전부터 2020년까지 미국 주가지수 움직임

자료: 코스콤 CHECK

크게 오를 수 있다는 것을 알 수 있다.

이처럼 낮은 금리로 인해 주가가 오르면 '부富의 효과'가 발생한다. 부의 효과는 주식이나 부동산 등 자산가격이 올라 소비여력이 커짐에 따라 경기가 활성화되는 과정을 뜻하는 말이다. 저금리 지속 등으로 부동산 가격이 올라도 부의 효과는 발생할 수 있다. 즉 금리 하락과 통화량 증가는 주식과 주택 등에 대한 수요를 늘리고 주가와 집값을 올려 소비를 늘리는 요인이 될 수 있다. 집값이 오르면 개인은 부유해졌다는 포만감을 느끼게 되어 소비지출을 늘릴 수 있는 것이다. 집값이 오르면 담보가치도 높아져 은행으로부터 대출을 더 늘릴 수도 있으며, 이 부분이 소비를 추가로 늘리는 요인이 되기도 한다.

하지만 한국의 경우 부동산과 관련한 부의 효과가 제대로 나타나지 않는다. 저금리 지속 등으로 집값이 너무 높아져 사람들이 부의 효과에 따라 소비를 늘리기보다는 은행 대출을 갚는 데 돈을 쓰느라 오히려 소비를 제대로 늘릴 수 없는 경우들이 많기 때문이다. 아무튼 지금의 한국처럼 가계 빚이 문제가 되는 지경에 이르기 전이라면 주식이나 부동산 가격 상승이 소비를 늘리는 요인이 될 수도 있다.

금리는 환율도 움직인다

"미국의 통화정책 정상화 속도가 빨라질 것이라는 전망에 달러/원 환율이 전날보다 10원 급등한 1,082원에 거래를 시작했다."

언론에서 자주 접할 수 있는 이 말은 무엇을 의미할까? 2018년에는 미국이 금리를 얼마나 빨리 올릴까가 주요한 관심사였다. 미국이 1년에 금리를 3번 올릴지, 아니면 4번 올릴지에 사람들은 크게 주목했다.

위 문장의 '통화정책 정상화'는 미국의 금리인상을 의미한다. 미국은 2008년 글로벌 금융위기가 터진 뒤 오랜 기간 정책금리를 '제로' 수준으로 유지하다가 2015년 말부터 조금씩 금리를 인상했다. 그간 금리가 너무 낮은 상태였기 때문에 금리를 올리는 행위를 '정상화'라고 표현한다. 그러면 미국이 금리를 빠르게 올리면 달러/원 환율은 왜 오를까? 이는 금리변화가 '환율경로'에 미치는 영향에 관한 이야기다.

미국의 중앙은행인 연방준비제도이사회(연준)가 금리를 올리면 일반적으로 미국의 예금금리나 채권금리들이 상승한다. 이러면 해외 투자자들은 높아진 미국의 금리상품에 대한 관심을 갖는다. 미국의 금리상품을 사기 위해 해외투자자들은 달러가 필요하다. 한국인이 미국 채권을 사기 위해서는 원화를 팔고 달러화를 사야 하는 것이다. 즉 환전 수요가 커지는데, 이 과정에서 환율이 올라가게 된다.

마찬가지로 이번에는 한국의 금리가 하락했다고 생각해보자. 이러면 원화로 표시된 한국 정기예금 등의 금리가 낮아진다. 이 경우 투자자들은 수익률이 떨어진 국내 금융상품을 팔고, 외국통화로 표시된 상품을 매입하려고 할 것이다. 이 경우에도 달러에 대한 수요가 강해져 달러/원 환율은 오르게 된다.

달러/원 환율이 오른다는 것은 달러화 가치의 상승, 즉 원화가치의 하락을 의미한다. 환율은 어디까지나 상대방이 있는 상대적인 개념이다. 다만 세상사는 복잡하다. 환율이 변화하면 수출입 상품의 가격, 국내 물가 등에 영향이 간다.

위의 예처럼 달러/원 환율이 오른다는 말은 원화가치가 떨어진다는 이야기다. 원화가치가 떨어진다는 것은 달러로 환산한 수출품의 가격이 내려간다는 의미다. 즉 미국인들은 이전보다 싸게 한국 상품을 살 수 있다. 이러면 한국의 수출업자들은 유리하다.

환율이 오를 경우 수입업자들은 수출업자와 반대의 상황에 직면한다. 달러/원 환율이 올랐다는 것은 원화의 가치가 떨어졌다는 의미이기 때문에 수입업자는 외국의 제품을 살 때 더 많은 원화를 지불해야 한다. 즉 자국통화(원화)로 환산한 수입품 가격이 올라간다는 뜻이다.

원화로 환산한 수입품 가격이 올라가면 국내 물가도 오르게 된다. 달러/원 환율이 크게 오르면(원화가치가 떨어지면) 국내 정유업체 등이 사는 원유 가격도 상승한다. 이런 식으로 석유 제품들이 줄줄이 오르게 되면 소비자들은 더 많은 돈을 내고 석유 제품을 구매해야 한다. 이 과정에서 국내 물가가 올라가게 되는 것이다.

환율은 기업이나 금융회사, 개인 등 경제주체들의 재무 상태에도 영향을 미친다. 가령 달러를 많이 빌린 국내의 은행이 있다고 해보자. 이 은행은 환율이 올라가면 빚 부담이 커진다. 왜냐하면 달러/원 환율이 올라 원화의 가치가 그만큼 떨어졌기 때문이다. 하지만 이 은행이 미국 부동산에 많이 투자했다면 달러화 가치가 오른 게 이익이 된다. 이 부동산을 원화로 환산할 경우 그 값어치가 상승하기 때문이다.

즉 환율이 오르게 되면 해외자산보다 해외채무가 많은 국내 경제주체들은 상환 부담이 커져 수익성이 악화된다. 반면 해외채무보다 해외자산을 많이 보유한 경제주체들의 수익성은 좋아진다. 내가 투자한 나라의 통화가치가 올라가면 유리한 것이다.

미국인이 한국 주식시장에 투자한 경우에도 주가는 오르고 달러/원 환율은 내려가야(원화가 강해져야) 유리하다. 결국 금리가 움직이면 환율도 따라 움직이며, 각 경제주체들도 모두 영향을 받을 수밖에 없다.

금리는 기대감을 자극해 미리 움직이게 만든다

사람들은 어떤 변화가 예상될 때 미리 움직이려고 한다. 남들이 어떻게 하는지를 보고 움직이면 이미 늦어버린다. 이렇다 보니 금리가 움직일 때는 '기대경로'라는 게 작용한다. 말 그대로 미리 예상을 해서 모든 시장이 움직이는 것을 뜻한다.

향후 중앙은행이 금리를 상당기간 낮은 수준으로 유지할 것이라고 공표하면, 금융시장의 각종 금리가 따라서 내려간다. 이 말은 돈을 싸게(낮은 이자를 주고) 빌릴 수 있다는 뜻이다. 금리가 낮아져 돈을 빌리기가 쉬워지면 기업들의 투자와 가계소비가 늘어나고, 이는 국가경제의 총생산을 늘리면서 물가를 끌어올린다.

각국 중앙은행이 보다 정교해지면서 시장의 경제주체들은 중앙은행이 어떤 신호를 주면 미리 움직이려 한다. 즉 기대감이 크게 작용하는 것이다. 사람들이 금리의 '예상' 움직임에 미리미리 반응하게 되면 금리조정의 정책효과도 보다 빠르게 나타날 수 있다.

금리 움직임에 따른 '신용경로'라는 것도 있다. 이 경로는 독립적인 경로라기보다 앞에서 언급한 금리경로, 자산가격경로, 환율경로 등을 통해 통화정책이 실물경제에 파급되는 과정을 설명할 때 쓰는 말이다. 신용경로는 크게 '은행대출경로'와 '대차대조표경로'로 나눌수 있다.

은행대출경로는 금리의 변화가 은행의 대출에 영향을 미쳐서 기업과 가계의 경제활동에 영향을 주는 과정을 말한다. 한국은행이 금리를 인상하게 되면(이를 긴축이라고 표현한다) 쓸 수 있는 돈의 양이 줄어들어 금융기관의 대출여력도 쪼그라든다. 이러면 투자와 소비가 줄어들게 된다.

또 다른 신용경로인 대차대조표경로는 금리 변화가 기업과 가계의 재무상태에 영향을 줘 실물경제의 움직임을 특정 방향으로 이끄는 것을 말한다. 금리가 낮아지면 부동산 등 자산가격이 오르고 이자 비용이 줄어 사람들의 현금 사정이 좋아진다. 그 결과 가계와 기업의 재산이 늘어난다.

우리는 자산에서 부채를 뺀 순자산을 재산이라고 부른다. 소유한 집이나 자동차, 예금 등에서 내가 갚아야 할 은행 대출 등 빚을 뺀 것이 재산이 된다. 한 회사든 개인이든 재산이 늘어나면 돈을 급하게 빌릴 이유가 없어지고 자신의 담보력(재산규모 확대 등에서 온다)도 커지기 때문에 외부에서 돈을 빌리는 데 높은 이자를 내야 하는 이유가 줄어들게 되는 것이다. 이런 점은 전반적으로 가계나 기업의 사정을 개선시킨다.

금리변동이 경제에 미치는 영향

지금까지의 내용을 정리해보자. 앞의 내용은 금리가 움직일 때 금융시장과 실물경제가 어떻게 움직이는가에 대한 가장 기본적인 경로에 대한 설명이다. 물론 세상사는 너무나 복잡하기 때문에 반드시 앞의 설명처럼 움직이지 않는다. 하지만 기본적인 경로를 파악하는 것은 전체 흐름을 이해하는 데 필수적이다. 기준금리가 인상되어 시중금리가 오를 때 일어나는 일을 정리해보자. 기준금리가 인하되어 시장의 금리 전반이 내려갈 때는 반대로 생각하면 된다.

1. 금리경로

2. 자산가격경로

정책금리 인상 → 주식·부동산 등 자산가격 상승여력 축소 → 부(富)의 증가세 둔화 → 소비여력 감소 → 경제성장률과 물가상승세 둔화

3. 환율경로

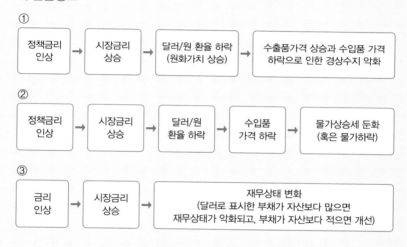

①

정책금리 인상 → 시장금리 상승 → 달러/원 환율 하락 (원화가치 상승) → 수출품가격 상승과 수입품 가격 하락으로 인한 경상수지 악화

②

정책금리 인상 → 시장금리 상승 → 달러/원 환율 하락 → 수입품 가격 하락 → 물가상승세 둔화 (혹은 물가하락)

③

금리 인상 → 시장금리 상승 → 재무상태 변화 (달러로 표시한 부채가 자산보다 많으면 재무상태가 악화되고, 부채가 자산보다 적으면 개선)

4. 기대경로

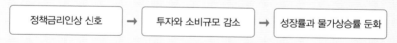

정책금리인상 신호 → 투자와 소비규모 감소 → 성장률과 물가상승률 둔화

금리와 투자의 역사 _
금리상승기와 금리하락기

금리의 수준과 함께 반드시 금리의 추세를 살펴야 한다. 결국 금리의 수준과 방향은 주식투자와 채권투자를 할 때 반드시 살펴야 할 가장 기본적인 사항이기 때문이다.

"그냥 상식적으로 한번 생각해보세요. 금리가 높으면 예금을 하거나 채권을 사서 만기까지 보유하면 되죠. 굳이 주식 같은 데 신경 안 써도 돈이 모이니까요. 그런데 금리가 낮으면 채권이나 예금에 돈을 맡겨도 쥐꼬리만 한 이자만 들어와요. 이러면 돈을 모을 수 없어요. 이 경우 돈을 모으려면 주식을 해야 해요. 이것이 가장 간단한 접근법이에요."

"하긴 1990년대만 해도 은행 신탁 상품 같은 데에 돈을 맡기면 연 10%대의 이자를 받을 수 있었어요. 그 시기라면 주식을 몰라도 재산을 모을 수 있었죠.

지금은 3% 예금금리도 찾기 힘든 시기니까 예금이나 채권만 해선 돈을 모을 수 없어요. 이런 경우엔 주식이든 뭐든 다른 투자수단을 생각할 수밖에 없을 것 같아요. 그 의견에 동의해요."

낮은 금리 시대엔 주식, 높은 금리 시대엔 채권이나 예금

금리가 오르는 시기와 내려가는 시기에 우리는 어떻게 행동해야 할까? 저금리라는 것은 무슨 의미일까? 이는 과거 평균보다 금리가 낮다는 의미다. 금리의 '속성'만 가지고 이야기를 끌고 가보자.

금리가 낮은 시기에는 기업이나 개인 모두 돈을 빌리는 데 대한 부담이 적다. 금리가 내려간다면 금융비용(이자비용)이 줄어들기 때문에 기업들도 사업을 하기에 용이해진다.

예를 들어 기업이 영업 활동을 통해 10%의 이익을 얻었다고 하자. 이후 이자비용으로 1년에 5%를 내는 것과 3%를 내는 것 사이에는 큰 차이가 있다. 즉 기업이 5% 금리보다 3% 금리를 사용할 수 있다면 기업의 금융비용이 줄어들어 수익성이 높아질 것이다.

기업의 건강상태라고 할 수 있는 재무구조 역시 개선될 수밖에 없다. 이런 상황이면 그 기업이 발행한 주식의 가격은 오를 수밖에 없다. 주식은 기업의 '미래 이익'을 반영하기 때문이다.

기업이 아닌 일반 개인들은 금리가 낮으면 예금에서 돈을 뺀 뒤 다른 투자수단을 강구하게 된다. 2020년 한국의 기준금리가 0.5%로 역사상 최저로 내려가면서 이자를 1%도 주지 않는 정기예금이 등장했다. 정기예금에 1억 원을 넣어도 1년에 100만 원도 건지지 못하는 상황이 발생한 것이다. 그마저도 이자 소득세를 떼면 손에 쥐는 돈은 정말 얼마 되지 않았다.

이처럼 낮은 금리에 불만을 가진 개인들이 주식시장으로 뛰어들면 '돈의 힘으로' 주가가 오른다. 주식을 사려는 사람들의 의지가 팔려는 사람들의 의지보다 상대적으로 강하면 주가는 오르는 게 너무나 당연하다.

2020년 코로나 사태로 미국, 한국 등에서 기준금리를 대폭 낮췄다. 결과적으로 시중의 금리가 대폭 낮아진 뒤 많은 사람들이 주식시장에 뛰어들자 코로나로 인해 폭락했던 주가가 급등했다. 이처럼 유동성, 즉 풀린 돈의 힘으로 주가가 강세를 보이는 현상을 '유동성 장세'라고 한다.

금리의 수준과 함께 반드시 금리의 추세를 살펴야 한다. 금리가 낮은 상태에서 더 낮은 상태로 갈 것인지, 금리가 낮은 상태에서 앞으로는 올라갈 것인지가 중요하다. 지금도 낮은데 향후 금리가 더 낮아질 수 있다면 주식가격과 채권가격이 같이 오를 수도 있다. 주식은 기업의 '차입비용' 감소로, 채권은 금리가 더 빠질 수 있다는 기대감으로 오르는 것이다.

금리가 내려간다는 것은 채권가격이 오른다는 이야기와 사실상 같다. 결국 금리수준과 방향은 주식투자와 채권투자를 할 때 살펴야 할 가장 기본적인 사항이다.

주식가격과 채권가격이 모두 폭락 후 폭등한 시기

지난 2008년 리먼 브라더스라는 미국의 대형 투자은행이 패망하면서 본격화된 글로벌 금융위기로 미국과 유럽의 중앙은행들은 기준금리를 0%까지 낮춘 뒤 그것도 모자라 시중에 있는 채권을 사서 유동성을 공급했다. 돈이 엄청나게 풀려나가자 주식과 채권 모두 가격이 뛰었다.

미국에선 2000년대 초반 '돈 없는 사람들'에게 빚을 내서 집을 사라고 부추겼다. 내집 마련은 아메리칸 드림 달성의 필수 요소였다. 하지만 가난한 사람들에게 낮은 금리로 돈을 빌려주는 일이 장기화되자 결국 일이 터지고 말았다.

당시 미국은 돈을 갚을 능력이 없는 사람들도 쉽게 은행이나 대부업체에서 돈을 빌릴 수 있었다. 은행들도 집값이 오를 것이란 기대로 직장이 없는 사람들에게도 돈을 빌려주었다. 이러한 부작용은 2000년대 중반을 넘어가면서 더욱 심화되었다. 2007년부터 미국의 모기지 업체(부동산 담보대출 업체)들이 어려움을 겪기 시작하면서 글로벌 금융위기의 전조가 나타나기 시작했다. 그러다가 2008년 들어 리먼 브라더스가 파산하면서 전 세계는 금융위기의 소용돌이 속으로 빠져들었다.

2008년 당시 국내에선 주가와 채권가격이 폭락했다. 1997년 IMF 외환위기처럼 글로벌 위기가 터지면 국내 주가와 채권가격은 모두 급하게 떨어진다. 이는 국내에 들어와 있던 해외 투자자들이 금융시

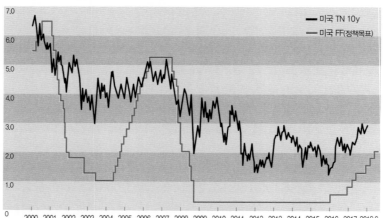

▼ 미국 기준금리와 국채10년물 수익률 (단위: %)

자료: 코스콤 CHECK

장에서 일시에 자금을 빼서 나갔기 때문이다. 하지만 이후 한국 중앙
은행인 한국은행이 기준금리를 내리면서 돈을 공급하자 채권가격은
급등했다. 중앙은행이 예상보다 큰 폭으로 금리를 내리게 되면 채권
가격뿐만 아니라 주식가격도 오른다.

코스피지수는 2008년 9월 15일 리먼 브라더스 파산 신청으로
1500선 내외에서 10월 22일 930대로 폭락한 뒤 엄청난 변동성을 이
어간다. 글로벌 금융위기를 시작으로 출렁이던 주가지수는 2009년
3월부터 본격적으로 상승해 위기발발 1년 후엔 1700선에 육박하게
된다.

주가가 랠리를 벌이기 전 한국은행은 2월 금융통화위원회에서 기
준금리를 50bp 낮춘 2.00%로 설정한다. 당시 역대 최저수준으로, 이

렇게 기준금리가 낮아진 뒤부터 얼마 지나지 않아 주가가 본격적으로 오르기 시작한 것이다.

2008년 금융위기 이후 미국은 '다른 금리를 낮추기 위해' 정책금리인 연방기금금리를 0% 수준으로 빠르게 내렸다. 또한 돈을 추가로 풀기 위해 양적완화(채권 매입)라는 정책도 내놓았다. 이 결과 한없이 풀린 돈이 미국의 각종 금리를 끌어내리고(채권가격을 올리고), 주가를 끌어올렸다.

2020년 3월 코로나19 사태가 본격화되자 주가가 폭락하고, 금리가 급등한다. 미국 연준은 한 달 동안 무려 1.5%p(150bp)에 달하는 금리 인하를 단행하고, 2008년 글로벌 금융위기 때보다 더 강력한 양적완화를 실시한다. 한국은행도 기준금리를 50bp 내리면서 유동성 공급을 강화하는 조치를 취한다.

각국 중앙은행이 금융위기 때보다 더 적극적으로 대응하자 국내 코스피지수는 3월 19일 1450대에서 저점을 찍은 뒤 2개월 남짓이 지난 시점엔 2천선을 회복하고 8월엔 2400선을 넘는 모습을 보였다.

이런 사례들에서 '큰 위기'는 주가폭락을 초래하지만 동시에 주식을 싸게 살 수 있는 기회라는 점을 알 수 있다. 리먼 브라더스 파산, 그리고 코로나19 발발로 주가가 폭락한 뒤 저가매수에 나선 사람들은 큰 이익을 챙기기도 했다. 이처럼 중앙은행들이 금리를 대폭 내린 뒤 주식매수 타이밍을 잘 잡으면 평소엔 상상하기 어려운 수익을 낼 수 있는 것이다.

채권 대학살기와 정책금리인상의 속도

채권가격은 곧 금리라고 할 수 있을 만큼 금리와 연관이 깊다. 금리가 오를 때 가격이 오르는 채권이 있기는 하지만 채권시장에서 차지하는 비중은 미미하다.

채권시장은 경기가 나빠지면 환호한다. 경기가 나빠질 것으로 보이면 중앙은행이 금리를 낮추게 된다. 중앙은행이 예상보다 더 빠르고 큰 폭으로 정책금리인 기준금리를 낮추게 되면 채권가격은 올라간다. 반면 예상보다 더 빠르게 기준금리를 올리면 채권가격은 떨어지게 된다. 채권은 2008년 금융위기 이후 각국 중앙은행이 기준금리를 예상보다 빠르게 내릴 때 강세를 구가했지만 2015년 12월부터 미국

▼ 1990년 이후 미국 정책금리와 시장금리(10년 만기 미국 국채 수익률) 흐름　(단위:%)

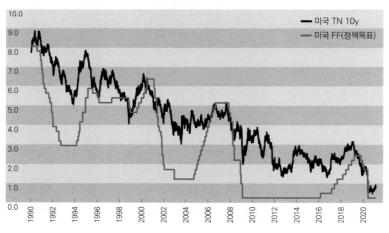

자료: 코스콤 CHECK

중앙은행인 연방준비제도이사회(연준)가 금리를 올리기 시작하면서 오랜 강세장을 서서히 마무리할 조짐을 보였다. 하지만 2019년 경기가 다시 악화되고 2020년 코로나 사태로 세계경제가 큰 타격을 입자 각국의 국채금리는 급락(국채가격 급등)했다. 많은 나라의 국채 금리는 역대 최저수준을 경신하는 등 그야말로 강세장을 구가했다.

채권시장이 어려웠던 사례로 흔히 1994년의 미국을 거론한다. 당시는 이른바 '채권 대학살기'로 불렸던 시기다. 연준은 1994년 1월부터 9월까지 금리를 큰 폭으로 올렸다. 예상보다 빠른 속도로 금리를 올리게 되면 채권가격이 급락하게 된다. 이 짧은 기간 미국의 30년 만기 국채금리는 200bps(1bp=0.01%p)나 급등했다. 이는 채권가격이 폭락했다는 뜻이며, 이로 인해 투자자들은 무려 1조 달러에 달하는 손실을 본 것으로 알려져 있다.

당시 미국 연준은 물가상승세가 두드러지고 고용상황도 좋아 금리를 빠르게 인상할 필요를 느꼈지만, 채권시장이 미처 준비를 못하면서 금리가 급등한 것이다. 중앙은행은 경기가 양호한 가운데 물가가 크게 오를 기미가 보이면 정책금리를 올려 채권금리 등 다른 금리를 올리려는 시도를 한다.

미국 연준은 2015년 12월, 2016년 12월 각각 금리를 한 차례씩 올린 뒤 2017년엔 세 차례에 걸쳐 금리를 올렸다. 이후 2018년에는 금리를 분기말에 한 번씩, 즉 네 차례에 걸쳐 인상했다. 일각에선 1994년 당시의 채권 대학살기를 거론하면서 채권시장이 망가질 수 있음을 거론하기도 했으나 미국 시장금리는 2018년 11월부터 오히려 급속히 내려갔다.

채권금리(채권가격)는 기준금리인상 기대를 미리 반영하면서 움직이기 때문에 기준금리 '인상기'라는 이유로 무조건 하락하지는 않는다. 기준금리인상 사이클의 후반기엔 시장금리는 더 오르지 않고 하락하거나 하락세로 전환하려는 모습을 보인다. 인상된 기준금리 때문에 경제성장이 위축될 수 있다는 것을 알고 시장금리가 미리 하락하는 것이다. 주식처럼 채권 역시 '미리' 움직이는 속성이 있음을 알아두자.

금리수준과 투자 _
글로벌 금융위기가 선사했던 기회

2008년 글로벌 금융위기가 터진 뒤에 외국 자본이 한국 금융시장을 빠져나가자 주가가 폭락하고, 채권금리는 폭등(채권가격은 폭락)했다. 이 금융위기 때문에 금리가 뛰자 몇몇 사람들에게는 기회가 왔다. 위기 이후 주식은 변동성이 너무 컸기 때문에 저가매수를 하기가 부담스러웠다. 당시 과감하게 주식을 사서 오랜 기간 기다렸다면 쏠쏠한 수익을 올렸을 것이다. 하지만 큰 수익을 얻기 위해서는 큰 위험을 감수해야 한다. 이런 위험이 싫은 사람들에게는 높아진 금리가 기회였다.

글로벌 금융위기 이후 위기 전에는 상상하기 어려웠던 수준으로 금리가 뛰었다. 당시 필자는 금융위기로 제2금융권(은행이 1금융권이며, 증권사, 보험사, 새마을금고 등이 2금융권) 금리가 아주 매력적인 수준으로 올라온 것을 본 뒤 여유자금을 인근 새마을금고에 맡겼다.

금융위기 직후 새마을금고의 정기예탁금 금리는 7%를 넘어가고 있었다. 필자는 당시 정기예탁금에 2천만 원을 맡겨 쏠쏠한 수익을 얻을 수 있었다. 이후 각국이 정책금리를 낮춘 탓에 1년이 지난 후 정기예탁금금리는 4%대로 뚝 떨어졌다.

당시 필자는 2천만 원을 맡겨 1년에 150만 원에 달하는 이자수입을 얻었다. 그러나 이후 이렇게 고금리를 만끽할 수 있는 기회는 오지 않았다.

한국은행이 2017년부터 정책금리인상 쪽으로 방향을 틀었으나 2017년과 2018년 11월에 각각 한 차례 정도만 금리를 올렸다. 2018년 금리인상은 한국은행의 '뒤늦은 숙제' 정도로 평가 받았다. 2019년 들어선 한국경제에 대한 비관론이 강해져 한국은행이 금리인하로 태도를 바꿀 것이란 예상들도 조금씩 고개를 들었다.

결국 투자에선 물 흐르는 대로 따라가는 자세도 중요하다. 억지로 위험을 감수하고 과감하게 나서다가는 큰 손실을 볼 수 있다. 반면 위험은 별로 없으면서도 비교적 높은 수익을 얻을 수 있는 기회도 간혹 온다. 위기 속에서도 기회는 있다. 늘 주식과 채권(예금금리), 부동산 등 자산시장을 공부하는 습관을 들여놓으면 언젠가 그 기회를 잡을 수 있음을 기억하자.

금리와 물가는
친척관계다

물가가 크게 오른다는 이야기는 돈의 가치가 없어진다는 뜻이다. 이처럼 물가가 오르면 금리는 어떻게 될까? 물가는 사실 금리가 결정되는 가장 중요한 요인이라고 볼 수 있다.

1923년 제1차 세계대전의 패전국이 된 독일은 영국과 프랑스에 거액의 전쟁배상금을 지불해야 했다. 당시는 독일의 1년 세입이 70억 마르크(독일 옛날 통화 이름, 현재는 유로화를 쓴다)를 채 넘지 않았던 시기다. 그런데 영국과 프랑스에 갚아야 할 돈은 무려 1,320억 마르크에 달했다. 1년간 독일 정부에 들어오는 돈의 20배에 가까운 돈을 갚아야 하는 상황에 놓였던 것이다.

그 당시 전범 국가 독일이 저지른 못된 짓은 논외로 하자. 독일 정부는 제1차 세계대전 이후 이 많은 돈을 갚을 방법이 없었다. 아니, 딱 한 가지 방법이 있었다. 엄청난 양의 돈을 찍어내는 방법이었다.

당시 독일의 무분별한 화폐 발행은 어떤 결과를 초래했을까?

1923년 독일의 물가가 엄청나게 뛰었다. 당시 독일의 물가상승률(인플레이션)은 200억%를 넘었다. 20%도, 200%도 아닌 200억%를 넘어섰던 것이다. 이 정도의 물가상승률이 되면 화폐가 아무 가치를 갖지 못하게 된다. 탈 때 돈을 내는 버스보다 내릴 때 돈을 내는 택시가 더 유리했다. 잠시 움직이는 짧은 시간에도 물가가 올랐기 때문이다. 독일인들은 지폐를 벽지나 땔감 대신 썼다. 거리에 지폐가 날아다녀도 아무도 줍지 않는 상황이 되었다. 독일 어린이들이 지폐 뭉치로 레고 놀이(탑 쌓기)를 했을 정도였다.

이처럼 물가가 폭등하는 상황을 '하이퍼 인플레이션hyper inflation'이라고 한다. 당시 영국과 프랑스가 아무 가치도 없는 마르크화를 받아줄 리가 없었다. 결국 독일 경제와 금융시장은 완전히 무너져버렸다. 참고로 독일이 당시의 전쟁배상금을 다 갚은 시기는 비교적 최근인 2010년이다.

현대 사회에서 고물가에 대한 이야기는 주로 라틴 아메리카 쪽에서 나온다. 지금과 비교적 가까운 1980년대 후반 아르헨티나에서는 2만%에 달하는 하이퍼 인플레이션이 발생하기도 했다. 당시 아르헨티나 경제는 완전히 무너졌다. 한때 남미의 선진국이었던 아르헨티나에게 과거의 영화는 다시 돌아오지 않았다. 물가와 금리는 떼려야 뗄 수 없을 정도로 민감한 관계를 지닌다. 중앙은행들은 물가를 안정적으로 관리하는 게 최우선 목표다. 한국은행 안에 들어가보면 본관 벽에 쓰인 '물가안정'이라는 큰 글귀를 볼 수 있다.

물가는 금리에 무엇보다 직접적인 영향을 준다

앞의 물가상승 예들은 극단적인 경우들이다. 물가가 급등하면 돈의 가치가 떨어진다는 점을 말하기 위한 사례였다. 어찌 되었든 물가가 크게 오른다는 이야기는 돈의 가치가 없어진다는 뜻이다. 이처럼 물가가 오르면 금리는 어떻게 될까?

물가는 사실 금리가 결정되는 가장 중요한 요인이다. 예를 들어보자. 내가 100만 원을 친구에게 빌려준다고 가정해보자. 친구는 이 100만 원으로 사업을 하기 위해 국화빵 기계를 산다. 그런데 1년 후 물가가 올라서 국화빵 기계가 110만 원으로 상승한다.

나는 100만 원을 빌려준 뒤 1년 뒤 적어도 얼마를 돌려받아야 할까? 국화빵 기계가 10% 올랐으니 적어도 110만 원을 돌려받아야 한다. 최소한 물가가 오른 부분, 즉 10%는 이자로 돌려받아야 손해가 나지 않는다. 이처럼 물가는 금리와 바로 직결되는 요인이다.

쉽게 생각해서 돈을 빌려주는 사람은 적어도 앞으로 물가가 얼마나 오를지 예상해서 이자를 받으려 한다는 이야기다. 너무나 당연하다. 물가가 오르는데 빌려준 만큼만 받는다는 것은 손해를 본다는 의미다. 따라서 아무리 선한 은행이라도 최소한 물가가 오르는 부분만큼은 예상해서 이자를 더 받으려 할 수밖에 없다.

조금 더 어려운 이야기를 해보자. 경제학 교과서에 나오는 '피셔 방정식'이라는 개념을 들어본 사람이 많을 것이다. 피셔 방정식은 '화폐수량설'을 주장한 미국의 피셔 교수가 제시한 간략한 식이다.

이 식을 간단히 표현하면 '명목이자율＝실질이자율＋기대 인플레이션율'이다. 즉 우리가 은행에서 예금을 하거나 대출을 받을 때 접하게 되는 '명목이자율'을 실질이자율과 기대 인플레이션의 합으로 표현할 수 있다.

실질이자율은 우리가 돈을 들여서 얼마나 더 산출을 늘릴 수 있는가, 즉 '자본의 한계효율'과 관련된 개념이다. 실질이자율을 계산하는 방법은 너무 복잡해서 통상 국내총생산(GDP) 성장률을 실질이자율 대용으로 사용하곤 한다.

물가를 통해 적정한 금리를 계산해보기

한국은행은 분기마다 GDP 성장률을 발표한다. 예를 들어 GDP 성장률이 3%, 물가상승률 예상치가 2%라면 적정금리는 5% 정도로 생각해볼 수 있다. 따라서 이 경우 돈을 빌려서 사업을 하는 기업들이 발행하는 회사채의 적정금리는 5% 정도가 될 것이다.

물론 실제 경제에서 각 회사별로 발행하는 회사채의 금리들은 모두 다르다. 등급에 따라 5%를 밑돌기도 하고, 이를 넘기도 한다. 어떻든 논리적으로 접근할 때 이 정도의 금리를 생각해볼 수 있다는 이야기다.

이젠 물가가 금리를 예상하는 데 아주 중요하다는 사실을 알았다. 우리가 통상 "국고채금리가 얼마다, 회사채금리가 얼마다, 금융채금리가 얼마다"라고 말하는 금리 개념에는 이 물가상승률에 대한 예측치가 들어 있는 셈이다.

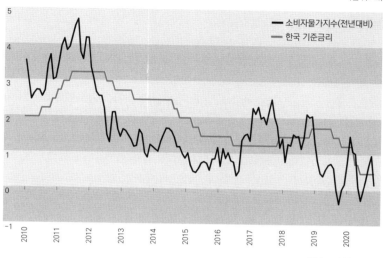

▼ 소비자물가와 기준금리 （단위: %）

— 소비자물가지수(전년대비)
— 한국 기준금리

자료: 코스콤 CHECK

이처럼 "은행 예금금리가 얼마다, 채권금리가 얼마다"라고 하는 이 개념이 명목금리다. 즉 물가상승률이 감안된 금리 개념이다. 반면 명목금리에서 물가상승률을 빼준 것이 실질금리가 된다. 즉 명목금리는 실질금리에 물가상승률을 더한 것이다.

예를 들어 은행 예금금리가 3%라고 해도 물가상승률이 3%라면 실질금리는 0%인 셈이다. 물가를 감안했을 때 3%에 돈을 맡겨도 딱히 돌아오는 수익은 없다는 이야기가 된다. 따라서 앞에서 말한 '피셔 효과'를 간단히 정리하면 '물가가 3% 오르면 명목금리도 3% 오른다'는 뜻이 된다. 실제 피셔는 이 같은 말을 하면서 일반인들에게 금리를 쉽게 설명하기도 했다.

인플레이션, 기대인플레이션, 리플레이션, 디플레이션, 디스인플레이션

인플레이션은 '물가상승'을 의미한다. 조금 더 정교하게 설명하면 통화량 증가로 화폐가치가 하락하고 물가가 '전반적으로' 오르는 경제현상을 뜻한다. 경제학을 공부하지 않았더라도 경제에 대한 관심이 조금이라도 있으면 이 용어는 알고 있을 것이다.

1920년대 독일이나 1980년대 라틴 아메리카에서 발생한 물가 폭등처럼 물가가 정상 수준 이상으로 높이 오르는 경우는 하이퍼 인플레이션이라고 부른다. 이 경우 돈이 휴지조각이 되고 경제가 망가진다.

지난 2008년 글로벌 금융위기 발발 이후엔 리플레이션이라는 용어가 자주 등장했다. 각국 중앙은행들이 금리를 낮추고 돈을 풀어서 물가를 올리려고 할 때 많이 등장한 용어다.

즉 리플레이션은 기대 인플레이션을 높이고 통화를 팽창시켜 경기회복을 추구하는 정책이다. 이 리플레이션 정책은 물가를 급등시키지 않는 수준에서 물가를 끌어올려 경기를 자극하는 방법이다.

일본의 경제정책, 즉 '아베노믹스(아베 전 총리의 경제정책)'는 리플레이션 정책을 통해 기대 인플레이션을 끌어 올리고 명목금리를 낮추는 정책이다. 기대 인플레이션은 말 그대로 인플레이션에 대한 기대심리, 즉 물가가 앞으로도 계속 상승할 것이란 사람들의 '생각'이다.

리플레이션 정책을 통해 기대 인플레이션 상승과 명목금리 하락이 결합하면 실질금리가 낮아지고 엔화가 약세로 가면서 투자와 수출 증가에 긍정적인 영향을 주게 된다. 사실 기대 인플레이션이 상승하면 금리가 오르는 게 상식이기 때문에 이 정책에선 상식을 비트는 과정도 필요했다.

금리를 잡아두기 위해 일본 중앙은행인 일본은행은 채권을 매집해야 했다. 일본은 디플레이션에서 탈피해 분위기 전환을 꾀하는 루트로 리플레이션 정책을 오랜 기간 사용해왔다.

디플레이션, 즉 물가하락은 사실 매우 특이하고 예외적인 현상이다. 디플레이션 국면에선 물가가 하락하기 때문에 사람들이 소비를 늦추게 되고 이는 경기를 더 악화시킨다.

한국에선 일부 경제학자들이 2013년 정도부터 디플레이션을 걱정하기 시작했다. 매달 통계청이 발표하는 소비자물가상승률이 전년 동월에 비해 1%대 상승에 그치는 모습을 보면서 한국이 장기 저성장에 빠진 일본처럼 될 수 있다는 점을 우려했기 때문이다. 그러면서 이 일단의 경제학자들은 정책금리를 계속 내려 경기를 부양하라고 주문했다. 하지만 한국에 디플레이션 상황은 오지 않았다.

당시는 디스인플레이션 상황이었다. 디스인플레이션은 인플레이션이 양(+)의 값을 나타내지만 그 증가율이 음(-)인 경우를 뜻한다. 물가상승률 자체가 둔화되는 것이지, 물가 수준이 낮아지지는 않는 것이다.

오래전 1970년대 석유파동이 났을 때 스태그플레이션이 화제였다. 스태그플레이션은 스태그네이션stagnation(경기침체)과 인플레이션이 합쳐진 말로, 경기불황 속에 물가상승이 동시에 발생하는 경우를 지칭한다. 스태그네이션이 과도한 경우를 슬럼프플레이션slumpflation이라고 한다.

일반적인 경제 사이클에선 호황기엔 물가가 상승하고, 불황기엔 물가가 오르지 못하거나 하락한다. 과거에는, 그리고 일반적으로는 중앙은행의 가장 중요한 책무가 물가가 '많이 오르지 못하도록' 하는 일이었다.

하지만 2008년 글로벌 금융위기 이후 각국 중앙은행들은 '물가가 너무 안 올라서' 골치를 앓았다. 일본, 미국, 유럽 모두 물가상승률을 높이기 위해 애를 썼다. 일본과 같은 나라는 여전히 물가를 띄우는 데 애를 쓰고 있다. 물가가 적정하게 오르는 가운데 착실히 성장하는 경제가 '건전한 경제'다.

리플레이션 트레이드

2021년 초 리플레이션이라는 말이 다시 크게 유행하기 시작했다. 2008년 글로벌 금융위기 때처럼 리플레이션, 즉 물가가 하락하거나 하락 압력을 받던 상황에서 완만한 물가상승으로 전환하는 상황이 전개됐다. 금융시장에선 다시 '리플레이션 트레이드'라는 말이 유행했다. 리플레이션 트레이드는 물가가 완만한 상승으로 전환하는 것을 감안한 금융거래를 포괄하는 말이다.

이런 경우엔 일단 채권을 팔려는 압력이 커진다. 채권가격은 물가가 오르면 떨어지기 때문에 채권매도 욕구가 커진 것이다. 동시에 만기별 금리를 선으로 연결한 수익률 곡선(일드 커브)의 스티프닝(가팔라지는 것)에 베팅하는 사람이 늘어난다.

일드 커브 기울기가 확대된다는 말은 긴 채권의 금리가 더 오른다는 것을 의미한다. 물가상승 압력이 커지면 장기채권 금리(가격)가 크게 오르는(떨어지는) 현상이 나타난다. 이런 현상은 '단기채권 매수-장기채권 매도', 혹은 '단기 이자율스왑(IRS) 금리수취(리시브)-장기 IRS 금리지급(페이)'을 통해 강화된다. 경기가 좋아지고 물가가 오르면 장기금리와 단기금리의 차이(장단기 금리차)가 확대되기 때문에 이런 식의 거래를 하는 것이다.

리플레이션 트레이드가 채권에만 영향을 미치는 건 아니다. 물가가 완만하게 오르는 상황에선 저평가된 위험자산, 즉 주식 등을 매수하려는 움직임도 강화된다. 물가가 완만하게 오른다는 것은 경기회복을 시사하는 의미이기도 하다. 따라서 주식 등 위험자산(금융시장에서 국채를 안전자산, 주식을 위험자산이라고 부른다)에 대한 매수 압력도 강화된다. 바이든 정부의 경기부양책이나 코로나19 백신에 대한 기대감 등이 위험자산 매수를 자극했다.

그런데 리플레이션 트레이드가 어느 정도의 강도로 전개되느냐에 따라서 실물경제나 금융시장이 큰 영향을 받기도 한다. 펀드매니저나 일반 투자자들의 리플레이션 트레이드 강도가 적절한 경우 경기회복 등에 기여할 수도 있다. 인플레이션이 적절한 수준으로 진행돼 실물경기 회복에 도움이 되기 때문이다. 또한 이런 경우 정부나 중앙은행은 완화적 정책(저금리 정책, 재정확대 정책)을 좀더 끌고 갈 수 있을 것이란 기대감이 유지된다.

2021년 들어서는 미국의 테이퍼링(양적완화 규모 축소)에 대한 우려가 커져 금융시장이 경기를 일으키는 일이 종종 일어나곤 했다. 리플레이션 트레이드 강도를 보면서 테이퍼링에 대한 금융시장의 우려를 느낄 수 있었다.

리플레이션 트레이드 강도가 강해지면 어떤 일이 일어날까? 이 경우엔 금리가 급등해 주식시장 등 위험자산에 대한 불안이 커지고, 금융당국은 금리급등을 잡기 위해 애를 쓴다. 금리가 너무 빠르게 오르면 경기회복을 저해하기 때문이다.

리플레이션 트레이드로 금리가 급등할 경우 높아진 차입비용(금리) 때문에 기업들의 디폴트가 늘어날 수 있다. 기업, 가계, 정부 등 경제주체들의 빚(부채)에 대한 부담이 커져 경기반등이 제약을 받을 수 있는 것이다. 금융시장에선 금리급등시 주식시장과 채권시장 모두 큰 타격을 입는다. 따라서 각국 중앙은행이나 정부는 금리가 너무 빠르게 오르지 않도록 조치를 취하게 된다. 한국은행은 2021년 겨울에서 봄으로 바뀌는 시점에 금리가 너무 빠르게 오르자 상반기 중에 5조~7조 원의 채권을 사주겠다는 약속을 하기도 했다.

특히 거시건전성(한 나라 경제의 건강상태를 뜻하는 말로 외환보유액, 국가재정 등을 통해 측정한다)이 취약한 국가들은 자국에서 외자가 빠져나가지 않도록 정책금리(기준금리)를 올리기도 했다. 브라질, 터키, 러시아 등이 금리를 올렸다. 터키는 중앙은행이 금리를 대폭 올리자 대통령이 나서서 중앙은행 총재를 해임해버리기도 했다. 중앙은행은 외자를 붙잡아두기 위해 금리를 올렸으나 대통령은 금리인상에 따른 경기둔화를 염려해 중앙은행 총재를 해임한 것이다.

금리상승에 따른 주가급락 등을 금융시장 사람들은 금리 탠트럼(tantrum, 발작)이라고 부른다. 또한 이 같은 탠트럼이 주가의 급격한 조정을 유발한 트리거 수준에 대한 관심이 높아지기도 했다. 다만 금리가 완만하게 오르고 금융시장이 이를 경기회복에 따른 자연스러운 움직임으로 받아들이면 주식시장은 금리에 적응하는 과정을 거치게 된다. 결국 주식시장은 기업의 이익이 금리상승에 따른 비용을 능가할 정도로 양호하게 늘어난다면 금리의 위협에서 벗어날 수 있는 것이다.

2017년 미국 중앙은행인 연준이 기준금리(정책금리)를 세 차례 올렸다. 미국이 금리(기준금리)를 올리는 상황에서는 한국도 금리를 인상하는 경우가 많다. 한국경제의 흐름이 기본적으로 미국으로 대표되는 글로벌 경제와 같이 움직이는 경우가 대부분이기 때문이다. 당시 금융시장은 2018년에도 연준이 금리를 세 차례 혹은 네 차례 올릴 것으로 예상되었다. 하지만 한국의 중앙은행인 한국은행은 금리를 한 차례 혹은 두 차례 정도 인상할 것으로 예상했다. 경제에 관심있는 사람들은 금융시장의 이 같은 예상을 놓고 "미국이 네 차례까지 올릴 수 있다는 데 한국은행이 1~두 차례 올린다니 금융시장이 왜 그래?"라는 질문을 던지기도 했다.

하지만 한국과 미국은 동일한 강도로 금리를 조정하지 않는다. 결론적으로 2018년 미국은 네 차례, 한국은 한 차례(11월) 금리를 올렸다. 한국과 미국의 금리차 역전폭은 더욱 커졌다. 투자자들은 '금융시장의 예상'을 예의주시할 필요가 있다. 단순히 자신의 주장이나 주변 얼치기 전문가들의 말만 믿어서는 안 된다.

중앙은행의 금리 조정에 금융시장의 '컨센서스(다수의견)'는 투자의 기본 중하나다. 기준금리에 맞춰서 각종 금리들이 움직인다. 그리고 대략 기준금리를 기반으로 은행 대출금리 등 시장금리수준을 감안해 '레버리지'를 얼마나 일으킬지 판단해야 한다. 2019년 초 연준이 금리를 두 차례 이하로 더 올리고 한국은행이 금리를 1.75%에 동결할 것이란 게 시장의 컨센서스였다. 하지만 시간이 흐르면서 시장 컨센서스는 금리인하로 변했고, 실제 그해 하반기부터 한국과 미국 모두 금리를 내리기 시작했다. 금융시장의 정책금리에 대한 컨센서스가 바뀌면 주식, 채권 등 가격변수의 변동성이 커진다.

2장

금리정책으로
투자위험을
알 수 있다

한국은행은 왜 금리정책으로
경제흐름을 조정하는가

한은과 연준은 왜 금리를 올리고 내릴까? 금리인상은 경기 과열이나 인플레이션 심화를 방지하는 행위이며, 금리인하는 경기침체 심화나 물가하락을 막는 행위 이다.

오래전 한국은행에 가기 위해 택시를 탄 적이 있다.

"기사님, 한국은행으로 가주세요."

"한국은행요? 한국은행에서 일하는 모양이죠? 마침 궁금한 게 있는데, 뭐 좀 물어봅시다."

필자는 한국은행 직원이 아니라고 답했다. 그런데도 택시 기사는 필자에게 질문을 던졌다.

"왜 한국은행에선 돈을 찾을 수가 없어요?"

"신한은행이나 농협 ATM으로는 돈을 찾을 수 있는데 왜 한국은행에선 못 찾느냐는 말씀이시죠? 안타깝지만 일반인을 위한 한국은행

CD기 같은 건 없어요. 한국은행은 화폐를 발행하고 은행의 은행, 정부의 은행 역할을 합니다. 조폐공사에서 돈을 제조하면 한국은행이 그 돈에 법적인 권리를 부여하죠."

"그래요? 한국은행도 은행인데 돈을 못 찾는다니 이상하네요. 돈을 발행하는 일 외에 그럼 또 무엇을 하나요?"

"한국은행의 가장 중요한 임무 중의 하나는 금리를 결정하는 일입니다."

"무슨 소리예요? 금리는 신한은행 같은 데서 결정하던데."

"물론 시중은행들이 예금금리, 대출금리 같은 걸 결정하긴 해요. 그런데 모든 금리의 기준이 되는 정책금리(기준금리)를 한국은행에서 결정하고, 그 금리에 맞춰서 시중은행들도 금리를 얼마로 할지 결정하게 됩니다."

"그렇군요. 아무튼 고마워요. 돈은 신한은행에서 찾을게요."

중앙은행의 금리 조정으로 벌어지는 일들

미국은 2015년 12월부터 정책금리인 '연방기금금리'를 올렸다. 한국은행은 2017년 11월부터 정책금리인 '한국은행 기준금리'를 인상했다. 이처럼 기준이 되는 금리가 오르면 다른 금리들도 덩달아 올라가게 된다.

한국은행이 2017년 11월 6년 5개월 만에, 정책금리를 올리니까 무슨 일이 벌어졌는가? 은행들이 기다렸다는 듯이 대출금리를 올렸다.

물론 예금금리도 올렸다. 중앙은행들은 자신들이 가진 가장 중요한 정책수단, 즉 '정책금리'를 통해 한 사회의 금리를 움직인다.

사실 2008년 글로벌 금융위기 이후 한국은행은 금리를 내리는 데 몰두했다. 한국은행은 2016년 6월엔 기준금리를 사상 최저 수준인 1.25%까지 내렸다. 이러다 보니 은행에 예금을 해도 2%의 이자도 받지 못하는 일이 벌어졌다.

대신 돈을 빌리기는 훨씬 쉬워졌다. 정책금리가 낮아지자 신용이 좋은 사람들은 주택을 담보로 3% 정도의 이자만 내고 돈을 빌릴 수 있었다. 한국의 지속된 금리인하는 주택가격 상승의 원인이 되면서 사회문제가 되기도 했다.

그러나 2017년 11월부터 금리인상 사이클이 시작되면서 주택담보대출금리가 4%로 오르는 등 돈을 빌리기가 만만치 않아졌다. 하지만 한국의 금리인상 사이클은 오래 지속되지 못했고, 인상도 단 두 차례에 그쳤다. 한은은 2019년 하반기에 두 차례 금리를 내린 뒤 2020년엔 기준금리를 0.5%까지 낮췄다.

중앙은행이 금리를 조절해 국민 경제 '전반'에 영향을 미치려는 정책을 '통화정책'이라고 한다. 통화정책은 정부의 재정정책(세금 조정이나 국채 발행 등을 통해 경제에 영향을 미치는 정부의 행위)과 더불어 국가의 양대 거시경제 정책이라고 할 수 있다.

경기가 좋아지면 물가가 상승 폭을 키울 가능성이 커진다. 이 경우에는 금리를 올려야 한다. 반대로 경기가 나빠지고 물가상승률이 둔화되거나 하락할 조짐이 보이면 금리를 내려야 한다.

즉 금리인상은 경기과열이나 인플레이션 심화를 방지하는 행위이다. 그리고 금리인하는 경기침체 심화나 물가하락을 막는 행위인 것이다.

한국은행은 왜 금리를 조정하는가

경기가 과열될 때 금리를 올리면 기업들의 투자가 위축되고 소비 증가세가 꺾이면서 경기가 진정된다. 반대로 경기가 침체되었을 때 금리를 낮추면 기업들이 싸게(낮은 금리에) 돈을 빌릴 수 있어서 경기가 활성화된다.

중앙은행의 행위는 경기 사이클을 부드럽게 만드는 행위다. 경제 사이클은 늘 호황기와 불황기를 거치게 된다. 경기불황이 다가올 때 금리를 내려주면 경기가 급작스럽게 악화되는 사태를 막을 수 있다. 호황, 즉 경기 과열도 좋은 것은 아니다. 경기 과열이 심화되면 부동산 가격 폭등 등 각종 부작용을 불러오게 된다. 이때 역시 중앙은행이 나서서 과열된 경기를 식힐 필요가 있다. 이 경우 한국은행은 금리를 올려서 부드럽게 경기 사이클이 유지되도록 한다.

물가 역시 금리의 영향을 받는다. 시중에 풀린 돈의 양이 많다는 것은 무슨 의미일까? 우리가 살 수 있는 물건의 수는 정해져 있는 상태에서 통화량(돈)이 많이 풀렸다면 물건의 값이 올라가게 된다. 이것은 돈의 가치가 떨어진다는 의미다.

그러면 금리와 돈의 양은 왜 중요할까? 금리와 돈의 양은 사실 바로 연결되어 있다. 금리가 오르면 은행에서 대출을 받는 사람이 적어진다. 이 이야기는 돈이 덜 '창출'된다는 의미다. 결국 금리가 올라 시중에 돈이 덜 풀리면 물가는 내려가게 된다. 반대로 금리가 낮아지면 대출이 늘어나서 시중에 돈도 많아진다. 이 경우 물가는 올라가게 된다. 이처럼 금리와 물가는 떼려야 뗄 수 없는 관계다.

금리는 돈의 '가격'이라는 관점에서 볼 수 있다. "돈의 가격이 돈이지, 무슨 뚱딴지같은 소리인가?" 할 사람이 있을 것이다. 하지만 돈을 빌려주고 빌리는 데 기준이 되는 것이 '금리'인 점을 감안하면 금리를 돈의 값이란 측면에서 볼 수도 있는 것이다.

경제학의 가장 기본적 원리인 '수요와 공급' 측면에서도 금리를 볼 수 있다. 은행에서 돈을 빌리려는 사람이 많으면 어떻게 될까? 이 경우 돈을 빌리는 값, 즉 대출금리는 올라가게 된다. 서로 돈을 빌리려 하기 때문에 은행 입장에서는 사용료를 올리기도 쉬워진다.

반면 돈을 빌리려는 사람이 없어지면 은행들은 어떻게 할까? 은행들은 금리를 내려서 열심히 빌리라고 설득하게 된다. 그러면 사람들은 돈을 빌리고 싶은 마음이 없다가도 "어, 금리가 싸네" 하면서 돈을 빌릴 수도 있다.

중앙은행인 한국은행은 이와 같은 시중 자금의 흐름에 대해 늘 주시하고 있다. 2017년에는 집값이 급등하는데도 돈을 빌리려는 사람이 많았다. 한국은행의 이주열 총재는 그해 6월부터 '통화완화 정도의 축소'를 언급하면서 향후 금리를 올릴 수 있다는 점을 시사하기 시작했다.

통화완화의 축소는 '현재 너무 낮은 금리를 앞으로 올릴 수 있다'는 점을 돌려서 말한 것이다. 금리가 올라가도 돈을 빌리려는 사람들이 계속 많아 문제가 된다면 한국은행이 좀더 적극적으로 나서서 금리를 계속 올리면 된다.

금리는 이처럼 경기와 물가, 부동산 등 우리 경제 각 분야와 긴밀하게 얽혀 있는 문제다. 중앙은행은 분위기를 파악해 금리를 올리거나 내려 '건전한 경제 생태계'를 조성하기 위해 힘써야 한다. 이것이 바로 한국은행이 하는 가장 중요한 일이다.

이성태 전 총재가 금리조정을
'정치적 행위'라고 말한 이유

이성태 전 한국은행 총재는 2006년 4월부터 2010년 3월까지 4년간 제23대 한국은행 총재를 지낸 인물이다. 그가 총재로 재직하던 시절 점심을 함께 먹으면서 금리 결정의 '무차별적인' 효과에 대한 이야기를 나눌 때였다. 작은 논쟁을 벌일 당시 이 총재가 갑자기 "금리 결정은 정치적 행위"라는 말을 꺼냈다. 금리 결정은 경제 전반에 영향을 미치는 중대한 경제정책 행위인데, 무슨 뚱딴지같은 소리인가?

사실 금리 결정은 정치적인 색채도 갖고 있다. 당시 이 총재의 발언은 여당 혹은 야당의 입맛에 맞춰서 금리를 결정한다는 뜻은 아니었다. 금리 결정이 지니는 정치적 성격을 말하는 것이었다.

정치의 정의에 대해서는 다양한 관점들이 있다. 필자는 개인적으로 정치에 대한 견해 가운데 '국민 다수가 인간적인 삶을 영위할 수 있도록 도우면서 사람들 간의 이해관계를 조정하는 일'이라는 해석을 좋아한다. 정치는 사람들이 먹고사는 문제, 즉 경제생활에 끊임없이 영향을 미친다. 정치를 좁게 해석하자면 '경제의 분배에 관한 문제를 결정하는 것'으로 해석할 수 있다.

이런 차원에서 보면 금리 결정은 매우 중요한 '정치적 행위'다. 금리 결정으로 사람들의 이해관계가 크게 달라지기 때문이다.

한국은행이 기준금리를 인하해서 시중의 이자율이 내려가면 빚이 많은 사람이 유리하다. 채무자 입장에서 매년 내야 할 이자가 줄어들기 때문이다. 돈을 빌려서 부동산투기를 하고 싶은 사람에게도 유리한 환경이 조성된다.

반면 금리를 올리면 채권자가 유리해진다. 누군가에게 받을 게 있는 사람 입장에서는 금리가 올라 더 많은 이자를 받는 게 좋다.

은퇴를 해서 연금 소득으로 생활하는 사람에게도 저금리는 큰 위기다. 과거 은행 예금금리가 5%이던 시절엔 1억 원을 맡겨놓으면 연간 500만 원을 이자로 받을 수 있었으나 2020년처럼 기준금리가 0.5%까지 내려가면 시중은행 정기예금에 맡겨 100만 원의 이자도 건지기 어려울 수 있다.

이처럼 금리 결정은 부의 분배와도 직결된다. 이를 보다 잘 이해하기 위해서는 현대 한국경제사의 가장 큰 위기였던 1997년 IMF 외환위기를 떠올리면 된다. 당시 한국경제가 거덜나면서 금리가 수십 퍼센트로 급등했다. 경기가 나빠지면 금리가 내려가는 게 일반적이지만, '신용에 문제가 생기면' 금리는 급등해버린다. 당시 한국경제의 신용에 문제가 생겨 외국자본이 빠져나가자 외자를 붙잡기 위해 금리가 급등한 것이다.

그 시절 한국은 IMF의 경제식민지나 다름없었다. 한국은 국제통화기금(IMF)에 구제금융을 요청한 대가로 금리를 크게 올려야 했다. 살인적인 고금리 때문에 빚이 많은 기업들은 파산했다. 부채가 많은 서민들은 목숨을 버리기까지 했다.

하지만 현금 부자들에게는 엄청난 호시절이었다. 금리가 30%까지 치솟으면서 현금 부자들은 은행에만 맡겨도 큰돈을 벌 수 있었다.

부채가 많지 않던 기업들도 이 시절을 그럭저럭 버틸 수 있었다. 당시 기업들에게는 벌어들인 이익으로 이자를 갚을 수 있느냐가 가장 중대한 문제였다.

만약 당시의 위기 때 IMF가 한국에 고금리를 물리지 않았다면 어떻게 되었을까? 사실 IMF가 기업 구조조정을 명목으로 한국 정부에 높은 금리를 요구했지만, 그 덕분에 괜찮은 기업들마저 나가떨어지는 경우가 많았다. IMF는 서구 국가들이 위기에 처했을 때는 이 같은 고금리를 요구하지 않다가 아시아 금융위기 때만 특히 고금리를 요구해 비난을 받기도 했다. 금리 결정은 매우 중대한 정치적 행위임을 부인하기 어렵다.

레버리지 투자는 우리에게 독인가, 기회의 땅인가

> 부채는 적절하게 활용해야 한다. 감당할 수 없는 수준으로 레버리지를 사용해 돈을 빌리는 것은 엄청난 위험을 부른다. 레버리지는 엄청난 기회가 될 수도 있지만 독이 될 수도 있음을 늘 명심하자.

장씨는 2017년 2천만 원가량의 개인연금신탁을 담보로 돈을 빌려 주식투자를 했다. 적립한 돈의 80%가량을 대출받아 주식을 샀다. 대출이자는 개인연금신탁 이자보다 125bp(1.25%p)가량 높았다. 당시 장씨의 개인연금신탁 수익률은 2% 정도였고, 그가 빌린 이자는 3%를 약간 넘었다.

장씨는 1,600만 원가량의 돈을 빌려서 주식시장의 ETF(상장지수증권)인 코스피200레버리지를 샀다. 자신이 10년 넘게 거래해온 한 증권사의 HTS(홈트레이딩시스템)를 통해 이 ETF와 그 외에 관심 있는 종목들을 사고판다.

장씨는 2017년 주식시장이 활황일 때 자신의 돈 400만 원과 예금 (개인연금신탁)을 담보로 빌린 돈 1,600만 원을 투자해 1천만 원을 벌었다. 2017년 한국 주식시장의 대표 지수인 코스피지수는 25%가량 상승했다. 장씨가 산 ETF는 지수 상승률(하락률)의 2배를 추종하는 상품이다. 따라서 장씨는 투자금액의 50% 가까운 수익을 얻었다.

1년간 장씨는 주식투자로 쏠쏠한 재미를 봤다. 무려 투자한 금액의 50%에 달하는 수익을 얻은 것이다. 장씨의 수익률은 과연 50%일까?

장씨가 주식에 투자한 돈은 자신의 돈 400만 원과 은행에서 예금 (개인연금신탁)을 담보로 빌린 돈 1,600만 원이다. 실제 투자에 들어간 자신의 돈은 400만 원이다. 은행에 이자로 갚아야 할 돈은 1,600만 원의 3%, 즉 48만 원이다. 장씨의 수익률을 계산해보자.

상황
투자금 400만 원 · 이자 48만 원 · 주식투자로 늘어난 이익 1천만 원

장씨의 수익률은 $\frac{(1000-48)}{400} \times 100$, 즉 238%에 달하는 엄청난 수익률이다. 400만 원을 투자해서 952만 원을 번 셈이다.

만약 장씨가 은행에서 1,600만 원을 빌리지 않고 자기자본(자신의 돈)만으로 투자했다면 어떻게 되었을까? 장씨는 400만 원어치의 코스피200레버리지를 사서 200만 원가량의 수익을 거뒀을 것이다. 이 경우 수익률은 다음과 같다.

장씨의 수익률은 $\frac{200}{400} \times 100$, 즉 50%다.

위의 두 수식에서 보듯이 빚을 낼 때와 빚을 내지 않을 때의 수익률은 엄청난 차이를 보인다. 수익률과 벌어들인 돈 모두 큰 차이를 보이는 것이다.

이처럼 빚을 내서 투자할 때 우리는 '레버리지를 일으킨다'는 표현을 쓴다. 빌린 돈의 이자 이상을 벌 자신이 있을 때는 돈을 빌려서 투자하는 게 낫다는 사실을 알 수 있다. 그런데 만약 운이 나빠서 주가가 25% 하락해버렸다고 하자. 이 경우에는 정반대의 경우가 된다.

코스피지수가 25% 하락했다면 대략 코스피200레버리지는 50%가량 하락한다. 즉 투자한 2천만 원은 1천만 원으로 쪼그라들었을 것이다. 거기에 은행에 빌린 돈의 이자까지 감안해야 한다.

이 경우 장씨의 수익률은 $\frac{-1000-48}{400} \times 100$, 즉 -262%가 된다. 장씨는 400만 원을 투자해서 무려 1,048만 원을 날린 셈이 된다.

만약 장씨가 빚을 내지 않고 자기 돈 400만 원만 투자했으면 손실액은 200만 원이 된다. 즉 수익률은 -50%를 기록했을 것이다. 이처럼 빚을 냈을 때는 크게 벌수도 있으나 크게 잃을 수도 있다. 즉 레버리지 투자는 기회가 될 수도 있고, 위험이 될 수도 있다.

레버리지 투자는 일상적인 모습

레버리지 투자는 이익을 높이기 위해 부채(빌린 돈)를 활용하는 투자 전략이다. 내가 돈을 빌려서 갚아야 하는 금리 이상을 벌 자신이 있다면 레버리지 투자를 하는 게 낫다.

레버리지는 사실상 기업과 개인을 가리지 않고 많은 경제주체들이 활용한다. 흔히 우리가 알고 있는 증권사의 경우 전자단기사채 같은 짧은 채권을 발행해서 자금을 확보한 뒤 투자를 해서 돈을 번다. 전자단기사채는 만기 1년 미만의 단기자금을 종이가 아닌 '전자' 방식으로 발행하는 채권으로, 금융시장에선 줄여서 전단채라고 부른다. 기업들이 단기자금을 조달하기 위해 발행했던 기업어음(CP)을 대체하는 차원에서 2013년 1월부터 도입한 제도다. 아무튼 원칙은 같다. 남의 돈을 빌려서 더 높은 이익을 추구하는 것, 그것이 레버리지 투자의 기본이라고 할 수 있다.

기업들도 사업을 할 때 남의 돈까지 빌려서 하는 경우가 대부분이다. 즉 자기자본과 타인자본(부채)을 동시에 활용해서 높은 수익률을 거두려고 한다.

기업 입장에서도 돈이 되는 사업기회가 있다면 주식발행을 통하는 것(자기자본 조달)보다 채권발행을 활용하는 것(부채 조달)이 낫다. 정말 돈이 되는 사업 기회라면 주식보다 채권을 발행하는 것이 유리하다. 굳이 다른 사람을 주주(주주는 회사의 주인이다)로 끌어들이는 것보다 내가 돈을 빌려서 더 높은 이익을 얻는 게 낫다는 의미다.

부동산을 예로 들면 더욱 이해하기 쉽다. 주변 사람들 가운데 진짜 갑부는 드물다. 이 이웃들 중 집을 살 때 은행이나 저축은행 등에서 돈을 빌리지 않는 사람을 본 적이 있는가? 싼 집이 아니라면 자기 돈만으로 집을 사는 사람을 보기 쉽지 않을 것이다. 즉 대부분의 사람들은 집을 살 때 레버리지를 일으킨다.

레버리지는 양날의 칼

우리는 주변에서 레버리지에 대한 2가지 극단적인 반응을 확인할 수 있다. 어떤 사람들은 아무 일도 아닌 것처럼 남의 돈을 빌려 쓰는 데 망설임이 없다. 겁 없이 은행 등에서 돈을 빌리는 사람들이다. 반면 남의 돈은 죽어도 안 빌리겠다는 사람들도 있다. 레버리지에 대해 극단적인 거부 반응을 갖고 있는 보수적인 성향의 사람들이 이 같은 태도를 보인다.

레버리지leverage는 영어로 지렛대라는 뜻이다. 금융시장에서 자주 쓰이는 레버리지 효과, 즉 지렛대 효과는 빌린 돈을 활용해 이익률을 높이려고 할 때 쓰는 말이다. 장씨의 예를 다시 상기해보자. 내 돈 1억 원으로 1천만 원을 번다면 10%의 이익이 나지만, 내 돈 1억 원에 남의 돈 1억 원을 더해서 2천만 원을 벌고 500만 원(5%)을 이자로 낸다면 15%의 이익이 난다.

하지만 높은 이익엔 언제나 높은 위험이 따른다. 세상에 공짜 점심이란 없다. 돈을 빌리는 데 드는 비용보다 높은 이익을 낸다면 많이 빌릴수록 이익이다. 하지만 이익보다 비용이 커지면 그야말로 패가 망신할 수도 있다.

돈을 빌려 투자한 뒤 레버리지 효과로 상당한 재미를 보고 있는 와중에 한국은행이 갑자기 기준금리를 대폭 올려버린다면 어떻게 될까? 이런 경우 내가 돈을 빌린 은행의 대출금리도 올라가게 되고, 한동안 재미를 안겨줬던 레버리지 투자가 독이 될 수도 있다.

아울러 투자수익률보다 금액으로 접근하는 게 더 나을 수 있다는 점도 알아두자. 필자가 아는 이승미 씨는 200만 원을 투자해서 20만 원을 벌었다고 좋아하는 부류의 사람이다. 레버리지 투자도 마찬가지다. 아무리 수익률이 높더라도 투자금액 자체가 적으면 실제 생활에 보탬이 되지 않는다.

100만 원 투자로 10%의 수익, 즉 10만 원을 번 사람과 1천만 원을 투자해서 7%, 즉 70만 원을 번 사람 중 누가 더 훌륭한가? 결국 수익률이 높더라도 투자금액이 크지 않으면 실제 가계에 별 보탬이 되지 않는다. 투자수익률이라는 '비율개념'보다는 투자수익이라는 '금액개념'이 우리에게 훨씬 더 와닿는 측면이 있다.

아울러 부채는 적절하게 활용해야 한다. 내가 감당할 수 없는 수준으로 돈을 빌리는 것은 엄청난 위험이다. 심할 경우 파산할 수도 있다. 주변에는, 가진 돈이 2억 원밖에 없었지만 은행이자가 싸서 전세를 낀 상태로 집을 여러 채 산 사람이 있었다. 다행히(!) 문재인 정부 들어 아파트 값이 폭등하면서 이 사람은 순식간에 10억 원이 훨씬 넘는 돈을 벌었다. 이 지인의 과감한 투자는 해피엔딩이었던 것이다.

하지만 집값이 급락했다면 그는 신용불량자가 됐을지도 모른다. 향후 집값이 더 오를 수도 있지만 혹시 모를 집값 급락의 위험에도 대비하는 것이 합리적이다. 레버리지는 엄청난 기회가 될 수도 있지만 독이 될 수도 있음을 늘 명심하자.

엔 캐리 트레이드

금융시장에 종사하는 사람들 가운데 '엔 캐리 트레이드'라는 말을 들어보지 않은 사람은 드물 것이다. 엔 캐리 트레이드는 금리가 싼 엔화를 대출받아 일본보다 금리가 높은 한국 등 다른 나라의 채권이나 예금, 부동산, 주식 등에 투자하는 것을 말한다.

오랜 기간 일본의 금리는 세계 어느 나라보다 낮았다. 예금을 해도 거의 금리가 없는 수준이었다. 따라서 일본 투자자들은 금리 차를 이용한 투자에 열을 올렸다. 비단 엔화에만 국한된 일도 아니었다. 달러 금리가 낮을 때 미국인은 달러를 차입해서 금리가 더 높은 나라의 자산에 투자할 수 있다. 이 경우는 달러 캐리 트레이드에 해당한다. 유럽 사람이 유로화를 빌려 금리가 더 높은 나라의 자산에 투자하면 유로 캐리 트레이드가 된다.

이 같은 투자 행위들은 레버리지 투자의 일종으로도 볼 수 있다.

예를 들어 한국인이 원화 대출을 받아서 베트남 동화로 된 자산을 산다면 이는 원 캐리 트레이드가 될 것이다. 아무튼 캐리 투자 가운데 가장 익숙한 것은 엔 캐리 트레이드다.

엔 캐리 트레이드는 반드시 일본인만 할 수 있는 것은 아니었다. 우리나라는 2000년대에 강남권 의사들을 중심으로 엔화를 빌려서 병원시설을 확충하는 게 유행이었다. 의사들이 싼 엔화 대출을 받아서 시설 투자에 나섰던 것이다. 저금리로 엔화를 빌려서 국내의 고금리 자산에 투자하는 경우도 있었다.

하지만 이런 식의 투자를 했던 사람들 중 패가망신한 사람들이 속출하기도 했다. 빌린 엔화 가치가 급등해버렸기 때문이다. 빌린 돈 엔화 가치가 급등하면 향후 엔화 대출을 갚을 때 더 많은 원화가 필요하다. '싼 이자'만 보고 돈을 빌렸다가 빌린 통화의 가치가 올라가면 궁지에 몰릴 수 있는 것이다. 당시 그 머리 좋은 의사들도 이 같은 간단한 '환율의 위험성'을 이해하지 못해 피해를 본 이들이 많았다.

굳이 대출을 받지 않더라도 자신의 나라 금리가 낮다면 금리가 높은 해외자산에 투자할 수 있다. 일본에서 이와 같은 투자를 하는 여자들을 와타나베 부인이라고 부른다. 특히 와타나베 부인들의 거래 규모가 커지면서 이들은 일본 국내의 외환시장에서도 큰 영향력을 행사했다. 이 같은 투자를 하는 미국인 부인들은 '스미스 부인'이라고 부르기도 한다.

캐리 트레이드는 글로벌 외환시장에 큰 영향을 줄 때도 많다. 예를 들어 2008년 금융위기 같은 위기 상황일 때는 '안전자산(위기 때 가치

2장

▼ 일본 정책금리와 한국 정책금리

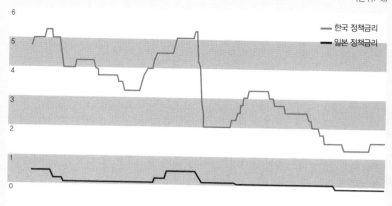

(단위: %)

자료: 코스콤 CHECK

가 올라가는 자산)'인 엔화를 사는 수요가 늘어나게 된다. 예를 들어 한국 자산에 투자하고 있던 와타나베 부인들이 금융위기를 맞아 원화를 팔고 엔화를 산다고 해보자. 이 경우 엔/원 환율(100엔당 원화 값)은 급등(엔화 강세, 원화 약세)하게 된다. 즉 해외로 나와 있던 일본인들의 투자자금을 다시 환수해 자국통화를 사는 과정에서 외환시장이 영향을 받는 구조다. 엔 캐리 자금의 '청산'이 엔화 가치 상승으로 이어지는 것이다.

캐리 자금들은 금리 차에도 영향을 받는다. 예를 들어 일본과 미국의 금리 차가 줄어들면 엔화를 빌려서 미국 국채 등 달러 자산에 투자했던 자금들이 청산될 수 있다. 이미 이야기한 것처럼 이 캐리 트레이드 문제를 엔화에 국한시켜서만 생각할 필요도 없다.

미국이 2015년부터 금리를 인상하기 시작한 뒤 2018년 3월엔 미국과 한국의 기준금리가 역전되었다. 미국 연방기금금리가 1.50~1.75% 수준으로 인상되면서 당시 한국의 기준금리(1.50%)보다 높아졌다.

이러면 캐리 트레이드로 한국 자산에 투자한 미국인이 한국 채권이나 주식을 팔고 나갈 수 있다. 일반적으로 잘 사는 나라의 금리가 못 사는 나라의 금리보다 낮아야 정상이다. 선진국의 성장률과 물가상승률이 신흥국보다 낮기 때문이다.

금리 차 문제는 이처럼 투자의 방향에 큰 영향을 미친다. 다만 금리 차가 외국인 자본유출입을 전적으로 결정하지는 않기 때문에 반드시 한미 금리역전이 미국 자본 유출로 이어지지는 않는다. 환율, 투자국의 거시건전성(경제의 건강도) 등 여러 가지 요인을 같이 봐야 한다. 한국에 투자한 미국인이 한미 금리 차 역전에도 불구하고 한국 원화가 계속 강해질 것으로 본다면 포지션(주식, 채권 등에 대한 투자 포트폴리오)을 '유지'할 수도 있는 것이다.

금융을 모르면
암호화폐에 투자해선 안 된다

"투자란 철저한 분석을 통해 원금의 안정성을 보장하면서 만족할 만한 수익을 얻는 행위다. 이 조건을 충족하지 못하는 모든 행위는 투기라고 볼 수 있다."

– 벤저민 그레이엄 –

2018년 1월의 어느 날, 반가운 친구에게 메시지가 왔다. 대략 20년 전의 직장동료였던 지영이었다.

"잘 지내요? 뭐 좀 물어보고 싶어요."

"뭔데?"

지영은 새해 인사도 건네는 둥 마는 둥 하면서 다짜고짜 질문을 했다.

"비트코인 거래소 문 닫는다면서요? 정부에서 가상화폐 대책반도 꾸렸다고 하고…."

"문을 닫기도 쉽지 않아. 비난이 빗발칠 건데. 그건 그렇고 비트코인에 투자한 모양이네."

"한 달 전에도 샀고, 저번 주에도 샀어요."

"이미 폭등한 뒤에 샀군. 뒷북 같은데."

"이런 투자는 안 하려고 했는데, 언니네 시동생이 8천만 원으로 3억 원을 벌어서 집 사는데 보태는 걸 보고 배가 아파서 샀어요. 어떻게 해요? 다 빼야 하나요?"

암호화폐(가상화폐) 비트코인 가격은 2017년 초만 하더라도 100만 원 남짓한 수준이었다. 하지만 그해 연말로 가면서 2천만 원 위로 치솟았다. 20배가 훌쩍 넘는 폭등세를 기록한 것이다. 당시 한국은 그야말로 비트코인 광풍에 휩싸여 있었다.

20, 30대 청년들 위주로 무려 300만 명 가까운 사람들이 이 기이한 물건을 사고팔았다. 필자는 특히 금융의 무서움을 경험하지 못한 젊은 층들이 이 시장에 대거 몰려 내심 불안했다. 급기야 오랜 지인 지영마저 분위기에 못 이겨 비트코인을 샀던 것이다. 그녀는 1비트코인당 2천만 원을 훌쩍 넘었던 시기에 비트코인을 산 뒤 어떻게 해야 할지 고민이 이만저만 아니었다. 20년간 금융시장을 취재하고 그 기간만큼 주식투자를 했던 필자는 솔직한 생각을 말했다.

"골치군. 더 오를 수도 있지만, 지금은 과열 같아. 이렇게 사람들의 흥분이 극도에 달했을 때 뒤늦게 사는 건 말로가 좋지 않아. 더구나 지속적으로 가격이 오른 뒤 급등락이 심해졌다는 것은 폭락할 수도 있다는 위험신호야. 내가 20년간 경험한 금융바닥의 오랜 교훈이지."

그녀는 필자의 지루한 설명에 짜증을 냈다. 수천만 원을 투자한 그

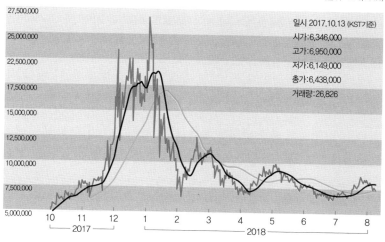

▼ 비트코인 가격 추이   (단위: BTC/KRW)

일시 2017.10.13 (KST기준)
시가: 6,346,000
고가: 6,950,000
저가: 6,149,000
총가: 6,438,000
거래량: 26,826

자료: 업비트

녀로선 한가한 조언 따위를 더 듣고 싶지 않았던 것이다. 단지 팔아야 하는지, 갖고 있어야 하는지만 말해달라고 했다.

"투자는 자신의 판단하에 하는 거야. 본인의 책임이라는 말이지. 금융바닥에 진정한 고수 따위는 없어."

"어떻게 해야 할지만 알려줘요. 책임은 묻지 않을게요."

"나중에 가격이 오르더라도 나를 비난하지 마. 지금 팔아."

이후 1월 중 비트코인은 1천만 원 아래로 대폭락을 하는 등 변동을 이어갔다. 그녀는 다시 메시지를 보내왔다.

"손해를 많이 봤지만 덕분에 살았어요. 계속 들고 있었으면 수천만 원을 더 잃었을 거예요."

필자는 그녀의 정확한 투자금액을 알지 못했다. 남편 몰래 이 위험한 물건에 손을 댔던 지영은 10년 감수했다는 듯이 말했다.

"주식투자도 안 해봤던 나에게 아무래도 이건 무리였던 것 같아요. 연초에 해준 조언 덕분에 손해를 더 안 볼 수 있었어요. 고마워요."

필자는 그녀의 성화에 못 이겨 비트코인을 팔라고 한 뒤 내심 걱정이 되었다. 비트코인 가격이 다시 오르면 그녀는 필자 때문에 본전 회복을 못 했다고 화를 낼지도 모를 일이었다.

어쨌든 금융지식이 별로 없는 사람마저 이런 위험한 투기에 나섰다는 사실에 내심 씁쓸했다. 대신 그녀가 대화를 마무리하면서 했던 말이 귓가에 맴돌았다.

"나는 투자 같은 건 담쌓고 그냥 성실하게 살아야 할 운명인가 봐요."

2017년 말, 암호화폐 시장의 '광기'

2017년 가을 이후 한국의 암호화폐 시장이 후끈 달아올랐다. 일부 20대 대학생들은 식음을 전폐하고 비트코인 투자에 열을 올렸다. 낮은 금리에 자산을 불릴 방법이 없었던 직장인들 중에도 이 새로운 투자수단에 열광하는 사람이 많았다.

금융시장을 제대로 접해보지 못했던 대학생들이 주식투자자라면 한번쯤 푹 빠지곤 하는 '기술적 분석'에 심취했다. 그 대상은 주식이 아닌 암호화폐였다. 대학가에선 암호화폐 기술적 분석 스터디그룹이 속출했다. 이 모임의 목적은 오로지 돈을 버는 것이었다.

정부는 이 같은 비이성적인 열기에 제동을 걸고 싶어했다. 공공연하게 거래소 폐쇄까지 거론해야 할 정도였다. 한국 사회의 많은 사람이 '투기', 아니 좀더 냉정하게 말하면 '도박'에 빠지던 때였다. 인프라를 제대로 갖췄다고 볼 수 없었던 당시의 암호화폐 거래소는 사실 도박장에 가까웠다. 거래소라는 말보다 오히려 중개소란 용어가 더 어울렸다. 하지만 정부의 규제 가능성에 젊은이들은 "정부는 돈 벌 기회를 막지 마라"면서 정부의 대책을 비난하기도 했다.

일반적으로 모두가 열광할 때는 돈을 벌 수 없다. 투자의 세계에서 돈을 버는 사람은 남들이 관심이 없을 때 먼저 투자하고, 모두가 관심을 가질 때 팔고 나오는 사람이다. 희망 없는 세상의 많은 젊은이에게 암호화폐 투자는 빈곤을 탈출할 수 있는 유일한 기회로 다가왔다. 그러나 냉정하게 말해 그들은 쪽박을 차지 않았으면 다행인 상황이었다.

2017년 연말로 가면서 금융가에서도 각종 소문들이 들렸다. 아무개 금융기관에 종사하는 누군가가 수십억 원을 벌어 은퇴를 고민중이라는 이야기들도 돌아다녔다. 그도 그럴 것이 그해 연초 100만 원 남짓에 불과하던 1비트 코인이 2천만 원을 넘어 무려 20배나 급등했기 때문이다. 원금 1억 원이 20억 원이 넘는 거액의 자금으로 바뀐 것이다.

이런 소식과 소문들에 금융에 아무런 관심도 없던 사람들마저 2017년 연말 즈음 이 시장에 뛰어들기 시작했다. 하지만 2천만 원을 넘었던 비트코인 가격은 2018년 1월에 1천만 원 아래로 곤두박질쳤으며, 많은 사람이 뒤늦게 뛰어든 것을 후회했다.

금융 문맹자들은 암호화폐 투기에 나서선 안 된다

"투자란 철저한 분석을 통해 원금의 안정성을 보장하면서 만족할만한 수익을 얻는 행위다. 이 조건을 충족하지 못하는 모든 행위는 투기라고 볼 수 있다."

이는 세계적인 투자자로 유명한 워런 버핏의 스승이자 투자의 구루인 벤저민 그레이엄이 한 말이다. 투자와 투기를 구분하는 완벽한 정의 같은 것은 없지만, 금융시장이나 투자에 관심이 있는 사람은 그레이엄의 이 말을 새겨들을 필요가 있다.

주식이든 채권이든, 상품이든 외환이든 투자를 하려면 '분석'을 해야 한다. 분석을 하지 않고 뭔가를 사는 행위는 건전한 투자로 볼 수 없다. 정상적인 분석을 해도 이익을 내기가 어려운 곳이 투자시장이다. 하물며 비트코인 같은 '새로운' 투자대상물을 살 때 그저 분위기에 휩쓸려 따라가는 것은 돈을 잃기 딱 좋다.

사실 비트코인은 매우 위험한 투자대상물이었다. 비트코인은 내재가치(그 자체로 가지는 가치)가 없으며, 최악의 경우 그 가치는 '제로'가 될 수 있다. 예를 들어 주식에 투자할 때 주식의 가치는 현재 시점에 그 회사를 청산한다고 가정할 때의 가치인 청산가치다. 하지만 비트코인은 분석할 툴 자체가 별로 없다.

2017년 말 비트코인에는 투기세력이 너무 많이 붙어 있었다. 시세를 조작하려는 세력들이 준동했고, 위험을 경고하는 합리적인 목소리도 찾기 어려웠다. 언론들은 그저 널뛰기를 하는 비트코인의 시세를 전할 뿐이었다.

당시 암호화폐의 거래량도 엄청났다. 2017년 말과 2018년 초에 암호화폐의 일평균 거래량이 5조 원대에 이르는 등 가히 상상하기 어려울 정도로 열기가 후끈 달아올랐다. 특히 리플이나 EOS(이오스) 같은 암호화폐의 절반 이상이 한국에서 거래될 정도였다.

2017년 국내 주식의 하루 평균 거래량이 전체 시가총액의 0.4%가 채 되지 않았지만 암호화폐의 자산대비 일평균 거래량은 무려 30%에 달할 정도로 높았다. 이는 사실 엄청난 투기라고밖에 설명할 수 없다.

주식시장에서는 매매의 과열 정도를 '회전율' 개념으로 설명하곤 한다. 회전율은 잔고 대비 거래액이다. 예를 들어 1천만 원의 주식 잔고를 가진 사람이 1천만 원어치의 주식을 산 뒤 1천만 원의 주식을 매도하면 회전율이 100%다. 주식투자자들 가운데에선 '연간' 회전율이 100%가 안 되는 사람이 많다. 하지만 비트코인의 경우 연간으로 따지면 상상하기 어려운 회전율이 나온다. 이런 일을 정상으로 볼 수는 없는 노릇이다.

간혹 비트코인 등 암호화폐에 투자해 일확천금을 얻은 사람들을 볼 수 있지만, 대부분은 재미를 보지 못했다. 사실 가장 큰돈을 번 곳은 중개소(거래소라 부르기 위해서는 보다 정교한 제도적·법적 안전장치를 갖춰야 한다)들이었다.

암호화폐는 화폐가 아니다

암호화폐가 화폐인지 아닌지 여부를 두고 그간 많은 논란이 오갔다. 화폐가 되기 위해서는 결국 사람들의 '신뢰'가 필수적이다. 우리가 쓰는 종이돈이 효력을 발휘하는 것은 그것이 '돈'이라는 사람들의 공감대가 모아져 있기 때문이다.

좀더 구체적으로 이야기해보자. 돈이 되기 위해서는 교환을 할 수 있어야 한다. 이 말은 비트코인과 같은 암호화폐로도 물건을 쉽게 살 수 있어야 한다는 이야기다. 하지만 암호화폐는 '법정통화(법적으로 보장하는 돈)'가 아니어서 교환가치가 없다. 일부 가게에서 비트코인을 받는다고는 하지만 극소수의 가게들만 이를 교환의 수단으로 인정한다. 그저 몇몇 가게들이 마케팅용으로 비트코인을 사용할 수 있게 하는 정도다.

돈이 되기 위해서는 가치의 안정성도 필수적이다. 즉 돈은 '저축'이 가능해야 하며, 물건의 값을 '측정'할 수 있어야 한다는 말이다. 하지만 비트코인 등 암호화폐는 변동성이 너무 크다. 24시간 거래되는 암호화폐는 하루에도 가치가 크게 변하고 있다.

예를 들어 커피숍에 들러서 한 시간가량 커피를 마신 뒤 계산을 하려고 하는데, 암호화폐의 가치가 10% 올랐다고 해보자. 이 경우 고객은 법정통화인 원화로 계산하려고 할 것이다. 왜냐하면 암호화폐가 원화보다 10% 더 올랐기 때문이다. 즉 비싸진 비트코인을 내기보다 원화를 내려고 할 것이다.

반대로 암호화폐가 10% 떨어졌다고 하면 어떻게 될까? 이 경우 가게 주인이 암호화폐를 받지 않을 것이다. 원화로 받는 게 유리하기 때문이다. 이처럼 변동성이 심하면 돈이 되기 어렵다. 변동성이 너무 심한 돈은 안정성이 없어 돈이라고 부르기 민망하다.

이 밖에 거래의 편리성도 있어야 한다. 우리는 물건을 산 뒤 지갑에 들어 있는 돈을 언제든 꺼내서 계산을 할 수 있다. 하지만 비트코인의 경우 최소 10분, 경우에 따라 그보다 훨씬 더 긴 시간을 기다려야 한다. 비트코인은 트랜잭션(거래)이 블록에 기록되어야 거래가 성사되는 형태를 띤다. 암호화폐는 이와 같은 기술적인 문제점도 해결해야 하는 상태다. 사실 실생활에서 10분, 아니 5분 정도만 기다려야 한다고 해도 정상적인 돈이 되기 어렵다.

블록체인과 암호화폐

암호화폐나 블록체인 같은 말들이 유행하면서 이 둘을 같은 개념으로 혼동하는 사람이 많다. 암호화폐의 대표주자인 비트코인은 블록체인 기술을 응용한 상품(장난감으로 부르는 사람도 있다)이다. 즉 블록체인이라는 기술이 암호화폐라는 분야에 최초로 사용된 것이며, 블록체인과 암호화폐는 엄연히 다른 개념이다.

블록체인은 제4차 산업혁명의 혁신적인 기술이다. 또 각종 기업이나 금융사 등은 블록체인 기술에 대규모 투자를 하고 있다. 이 기술의 활용 분야는 무궁무진하다. 사람에 따라서 사회 시스템을 바꿀 수 있는 혁명적 기술로 보기도 한다.

블록체인을 이해하기 위해서는 지금의 은행 시스템을 떠올리면 된다. 현재의 은행은 블록체인과 '반대되는 시스템', 즉 중앙통제 시스템으로 운영된다. 사실 은행업은 거대한 IT산업이다. 은행은 중앙

서버에서 모든 거래를 처리한다. 모든 거래 데이터는 중앙 시스템에 기록된다. 우리가 인터넷 뱅킹을 할 때 은행에 접속해 서비스를 요청하고 결과를 기다린다. 은행은 이 모든 일을 '중앙'에서 처리하고 거래 내역을 기록한다.

하지만 블록체인은 '탈중앙' 시스템이다. 중앙의 관리자 없이 각각의 컴퓨터들이 다른 컴퓨터에 연결되어 있다. 과거 중앙 서버에서 도맡아 하던 일을 수많은 컴퓨터가 분산해서 일을 처리한다. 블록체인이 진화하면 엄청난 돈이 들어가는 '중앙통제 시스템'은 필요 없어질 수 있다. 즉 이 기술을 이용하면 비용을 크게 줄이는 동시에 보안과 안정성을 강화할 수 있다. 부동산 등기, 운전면허 등록 등 각종 공공기관의 체계까지 바꿀 수 있는 기술이어서 사회에 큰 변화를 가져올 수 있다.

사회 변화에 관심이 있는 사람들, 아니 21세기에 사는 사람들은 블록체인 기술의 진화에 큰 관심을 가져야 한다. 이 분야가 많은 것을 바꿀 수 있기 때문이다. 이 블록체인 기술의 성장 과정에서 암호화폐가 어떤 역할을 할지도 지켜봐야 한다.

암호화폐에 대해 지나치게 낙관적일 필요도, 비관적일 필요도 없다. 암호화폐는 쓰레기가 될 수도 있지만 나름의 입지를 구축할 가능성도 있었다.

그리고 암호화폐의 가격 흐름은 투자와 관련해 중요한 사실을 알려줬다. 주식이든 암호화폐든 모두가 관심을 가질 때는 '과열일 가능성'이 높다는 점이다. 2017년 말~2018년 초 비트코인 가격이 2,500만 원을 훌쩍 넘어 암호화폐가 뭔지도 모르는 사람들마저 조바심을 낼 때가 꼭지였다. 1년 후인 2018년 말~2019년 초 비트코인 가격은 300만 원대까지 폭락했다.

하지만 모두가 비관할 때 주식 가격이 바닥을 다지고 오를 준비를 하듯이 이때부터 비트코인 가격은 바닥을 찍고 올랐다. 비트코인은 2019년 상반기가 끝나기 전에 1,700만 원 근처까지 다시 급등했다.

비트코인 가격의 흐름은 월가의 존경받는 투자자 존 템플턴이 남긴 유명한 격언을 떠올리게 했다.

"강세장은 비관 속에 태어나 회의 속에 자라고 낙관 속에서 성숙해 행복감 속에 사라진다."

2021년 비트코인의 폭등

비트코인은 2020년 4분기 급등 조짐을 보이더니 2021년 결국 폭등했다. 2021년 4월 비트코인 가격은 8천만 원을 넘어서면서 2년 남짓 전에 비해 20배 이상 폭등했다. 이런 일이 벌어지면 언제나 '행복한 은퇴자'에 대한 얘기가 들려온다. 이 시절 서울 여의도 금융가 등에선 유명 대기업에 다니는 직원 아무개 씨가 1억 원을 투자해 400억 원을 번 뒤 은퇴했다는 얘기가 돌기도 했다.

2019년 2월 300만 원대까지 폭락했던 비트코인 가격이 이렇게 뛸 것이라고는 아무도 예상하지 못했다. 다시 비트코인으로 엄청난 투자자들이 몰려들었다. 비트코인의 예상치 못한 폭등 이유는 무엇이었을까? 대대적인 경기부양에 따른 유동성 확충, 투기수요, 수급상의 이유 등 다양한 요인들이 손꼽혔다.

우선 미국의회는 2021년 들어 1조 9천억 달러에 달하는 대규모 경기부양책을 가결했다. 정부나 중앙은행의 대규모 부양책은 위험자산 등 각종 자산의 가격을 끌어올릴 가능성이 커진다. 다만 비트코인의 상승세가 가장 두드러졌기 때문에 이 환경만으로 급등세를 설명하기엔 한계가 있었다.

비트코인 투자엔 많은 기업들, 그리고 유명한 사람들의 투자가 큰 역할을 했다. 그중에서 빼놓을 수 없는 인물이 테슬라의 CEO인 일론 머스크다. 2021년 들어 테슬라가 비트코인에 15억 달러를 투자했다는 소식이 투자자들을 자극했다.

머스크는 트윗을 통해 비트코인 상승을 후원하는 멘션을 달았으며, 심지어 앞으로 비트코인으로 전기차를 구매할 수 있도록 하겠다는 입장을 드러내기도 했다. 테슬라뿐만 아니라 다수의 기업들이 비트코인 투자에 나섰던 사실이 밝혀졌다.

아울러 금융회사들은 비트코인 트레이딩 환경을 개선했다. 비트코인 관련 ETF들이 속속 등장하는 등 비트코인에 대한 관심을 더욱 높일 수 있는 환경이 조성됐다. 비트코인이 가치가 있는 물건이냐를 놓고 많은 논쟁이 일었지만, 결국 수요와 공급 앞에 장사는 없었다. 비트코인은 미래의 공급이 제한돼 있는 암호자산이다.

이런 상황에서 테슬라의 CEO인 머스크와 트위터 창업자 잭 도시 등 유명 기업인과 기업 등이 이 물건을 사면서 가격을 한껏 끌어올렸으며, 개인투자자들도 이들을 추종하면서 가격은 천정부지로 치솟았다. 분위기가 이렇게 되자 비트코인이 1억 원, 더 나아가 수억 원 이상 올라갈 수도 있다고 분위기를 띄우는 목소리도 강해졌다.

하지만 중앙은행들은 비트코인 투기에 대해 부정적인 의견을 나타냈다. 머스크가 비트코인으로 차도 살 수 있게 하겠다고 장담했지만, 미국 연준 인사 등은 계속해서 경고음을 냈다. 제롬 파월 미국 연준 의장은 비트코인에 대해 "투기를 위한 수단"에 불과하다면서 결제수단으로 사용되지 않는 이 코인 투자에 대한 주의를 당부했다. 연준 의장을 지낸 뒤 바이든 행정부의 초대 재무장관이 된 재닛 옐런은 "비트코인은 매우 투기적인 자산이며, 정부는 비트코인 취급 기관을 규제할 것"이라고 했다.

세계에서 가장 유명한 투자자 워런 버핏도 경고의 목소리에 힘을 실었다. 버핏은 "암호화폐는 기본적으로 아무 가치가 없다. 아무것도 만들어내지 못한다"면서 투자자들에게 위험성을 알렸다. 이주열 한국은행 총재도 2021년 4월 비트코인의 투자가치에 대한 질문을 받자 "비트코인은 지급수단으로 사용되는 데 제약이 많고 내재가치가 없다는 입장엔 변한 게 없다"고 했다.

비트코인을 17세기 네덜란드의 튤립 투기와 비교하는 사람들도 많다. 당시 튤립 한 뿌리 가격이 집값을 웃돌 정도로 폭등했으나 결국 원래의 가치로 돌아갔다. 뒤늦게 투기했던 사람들은 패가망신했다. 하지만 암호화폐 업계나 블록체인 연구자들 가운데엔 지금은 화폐라고 부를 수 없는 이 위험한 자산에 대해 옹호하는 경우도 적지 않았다. 심지어 1억 원을 넘어 5억 원, 10억 원까지 오를 수 있다고 주장하는 사람들까지 있을 정도였다.

전 세계의 유명인사들은 비트코인의 미래가치를 두고 0원(궁극적으로 휴지 조각이 될 것이란 주장)에서 수억 원까지 각자 나름의 전망을 내놓기도 했다. 암호화폐의 예상 밖 폭등을 두고 논란은 끊이지 않았다.

약 10년 전인 2010년 5월 프로그래머 라스즐로 핸예츠는 1만 비트코인으로 피자 두 판을 사먹었다. 그때의 피자 값을 기준으로 판단해보면, 비트코인은 10년이 좀 지난 시점에 1천만 배나 오른 것이다. 1천 배가 아니라 1천만 배다. 핸예츠가 피자 두 판과 맞바꾼 그 돈은 2021년 4월 기준으로 8천억 원 내외에 달하는 거금이었던 것이다.

비트코인은 중앙은행이 발행하는 화폐에 대한 도발이다. 우리가 쓰는 돈은 '법정 화폐'이며 중앙은행에서 돈이라는 물건에 가치를 부여한다. 하지만 비트코인은 탈중앙으로 운영되는 디지털 자산이다. 암호자산의 속성 자체가 중앙은행, 그리고 우리가 일반적으로 알고 있는 화폐에 대한 도전인 셈이다.

필자의 한 친구는 다시 비트코인을 샀다고 했다. 필자가 조언했던 2018년 초에 팔지 않고 가지고 있었다면 그는 1억원 이상을 벌 수 있었을 것이다. 그러나 친구는 필자를 비난하지 않았다. 그때 팔지 않았으면 더 큰 손해를 보고 지금 같은 폭등이 오기 전에 팔 수밖에 없었을 것이기 때문이다.

그러면서 자신은 다시 비트코인 투자를 하고 있다고 했다. 주변 친한 지인이 돈을 벌었다는 얘기를 그냥 흘려보내기는 어려운 법이다. 대신 투자규모는 과거의 1/10도 되지 않았다. 혹시나 하는 마음에 몇 백만 원 정도 투자했다고 한다. 친구는 이런 얘기를 남겼다.

"큰언니네 시동생이 비트코인을 해서 자꾸 몇 억씩 벌어. 나는 한 300만 원 정도밖에 안 해."

모두가 행복해지는
그런 투자는 없다

개인투자자들이 큰돈을 벌기는 쉽지 않다. 안타깝게도 모두가 행복한 투자는 불가능에 가까운 소리다. 시쳇말로 시장에서 '봉'이 되지 않기 위해서는 스스로 냉정해지는 수밖에 없다.

앙드레 코스톨라니는 헝가리 출신의 전설적인 투자자로, 주식투자를 하는 사람이라면 한 번쯤 들어봤을 법한 이름이다. 코스톨라니는 천문학적인 수익률을 올린 투자자지만 정직한 자본주의와 건전한 투자 문화를 위해 누구보다 노력한 사람이었다. 그런 코스톨라니가 투자 강의를 할 때 늘 하는 말이 있다.

"나에게 어떤 투자 비법도 기대하지 마세요." 그는 누구에게나 적합한 투자 비법은 없다고 봤다. 대신 투자자들에게 '냉정'을 주문했다. 코스톨라니가 던진 유명한 질문이 있다.

"주식시장에 주식보다 바보들이 많은가? 아니면 바보들보다 주식이 많은가?"

주식시장은 사실 바보들로 가득 찬 도박판과 비슷하다. 실제 주식
투자로 성공을 거두는 사람은 극소수다. 대부분은 분위기에 휩쓸려
친구 따라 강남 가는 식의 투자를 한다. 이런 바보들 덕분에 코스톨
라니 같은 위대한 투자자들은 엄청난 자산을 모을 수 있었다. 모두가
행복한 투자 따위는 애시당초 없다.

미래에셋 인사이트펀드의 비극

2007년 말 투자, 아니 주식에 조금이라도 관심 있는 사람들에게 유행
하던 인사말은 "인사이트펀드에 들었니?"였다. 한국을 대표하는 금
융사 미래에셋에서 운용하는 중국 펀드에 가입했냐는 질문이다.

당시의 열기는 대단했다. 사람들은 무리하게 빚을 내서라도 이 펀드
에 가입했다. 중국 주식에 투자하는 이 펀드에 올라타지 못하면 돈을
벌 기회를 놓치는 것으로 인식되었다. 국내 자산운용업계의 최강자가
된 미래에셋 역시 마케팅에 열을 올리고 높은 수수료를 받아 챙겼다.

중국 상하이종합지수는 5000을 넘어 금세 6000까지 갈 듯한 기세
를 보이고 있었다. 미래에셋은 그간의 해외투자 경험을 바탕으로 사
람들의 돈을 끌어모았다. 이 펀드에 가입하기 위해서는 선취수수료
1%와 2.5%에 달하는 연간 보수 등을 지급해야 했다.

그럼에도 불구하고 사람들은 한국 펀드시장의 최강자인 미래에셋
이 심혈을 기울여 만든 이 펀드에 가입하기 위해 안달이었다. 당시

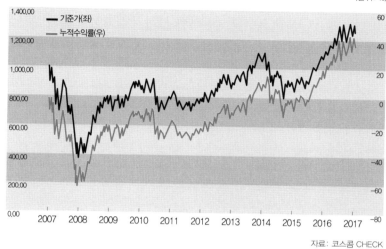

▼ 미래에셋 인사이트펀드 수익률 흐름 (단위: %)

자료: 코스콤 CHECK

필자 주변의 많은 사람도 이 펀드에 가입했다.

2007년 10월 말에 설정된 이 펀드엔 일주일이 채 안 되어서 3조 원이 훌쩍 넘는 돈이 모여들었다. 그해 말이 되자 펀드에 모인 자금은 5조 원에 달했다.

이 펀드에 간신히 돈을 집어넣는 데 성공한 사람들은 목돈 마련의 꿈에 부풀어 있었다. 한국 최고의 투자기관이 여전히 고성장을 구가하는 나라인 중국의 주식에 투자하는 펀드였기에 이런 기대는 당연시되었다. 하지만 인사이트펀드에 인사이트(통찰력)는 없었다.

당장 이듬해부터 펀드 수익률은 마이너스를 보이기 시작했으며, 2009년에 접어들자 펀드 수익률이 -50%를 보이기 시작했다. 1억 원을 이 펀드에 태운 투자자는 원금이 5천만 원으로 쪼그라드는 상황을 목격해야 했다. 투자자들의 기대는 배신감으로 바뀌었다. 반토막이 나버린 수익률을 붙잡고 펀드에서 빠져나오지 못하는 사람들이 주변에 많이 있었다. 수익률이 반토막 난 상황에서 원금을 회복하려면 이후엔 수익률 100%를 달성해야 한다.

펀드 설정 이후 줄곧 마이너스를 보이던 이 펀드는 설정 5년 후인 2013년 말에도 마이너스 10%를 밑도는 수익률을 기록했다. 설정 후 줄곧 마이너스를 보인 것이다. 그 시점에 필자는 이 펀드에 가입했던 지인들이 참지 못하고 그냥 해지했다는 이야기들을 들어야 했다.

미래에셋 인사이트펀드는 한국 펀드 역사상 가장 단시간에 가장 많은 돈을 끌어 모은 주식 펀드로 손꼽힌다. 하지만 많은 사람에게 큰 상처를 준 펀드이기도 하다. 아울러 모두가 흥분할 때 같이 부화뇌동하면 어떤 결과가 초래되는지를 보여주는 좋은 사례이기도 하다.

투자의 세계에서 모두가 '해피'한 경우는 거의 없었다. 사람들이 관심을 가지기 전에 미리 투자한 사람들만 과실을 취하는 게 투자의 세계에선 불문율에 가깝다.

2017년 초만 하더라도 100만 원 남짓하던 비트코인 가격은 그해 말 2천만 원을 넘어섰고, 2018년 1월 초엔 2,700만 원 위로 치솟기도 했다. 투자자 혹은 투기꾼들은 이 시기에 비트코인을 못 사서 안달이었다. 하지만 그 결과는 역시나 비극이었다. 2018년이 시작된 지 얼마 지나지 않아 비트코인 가격은 1월초 가격의 1/3 이하로 폭락하고 말았다.

주식투자자의 대부분은 실패자

서울대 컴퓨터공학부 문병로 교수는 2014년 흥미로운 연구결과를 소개했다. 컴퓨터 알고리즘을 연구하는 문 교수는 당시 '확률'적으로 주식투자의 성공 가능성을 연구했다.

우리는 어떤 일이 발생할 확률을 얼추 알고 있어야 큰 그림을 파악할 수 있고, 실수를 최소화할 수 있다. 예를 들어 7장의 카드로 벌이는 포커 게임에서 원 페어 이하를 잡을 확률은 61%나 된다. 대략 3번 중 2번은 '죽어야' 포커 게임에서 장수할 수 있다는 이야기다.

투 페어를 잡고 있을 때 다음 카드가 풀 하우스를 만들어줄 확률은 9%밖에 되지 않는다. 하지만 인간의 심리는 투 페어를 손에 쥐고 있으면 풀 하우스에 대한 욕심을 버리기 어렵다. 마치 복권을 사는 것처럼 '혹시 나에게' 하는 기대를 버리기 어렵다는 것이다. 이런 요행수를 바라는 것은 힘들게 모은 소중한 돈을 하우스에 그냥 바치는 꼴밖에 되지 않는다.

투자의 세계에서도 포커판의 격언은 그대로 들어맞는다. 포커판의 유명한 격언 중 "누가 봉인지 알 수 없으면 자리를 뜨라. 당신이 바로 봉이기 때문이다"라는 말이 있다. 코스톨라니가 설파했듯이 영리한 투자자는 뒤늦게 불나방처럼 달려드는 바보들을 위한 선물을 준비하고 있다. 영리한 투자자는 비싼 값에 바보들에게 주식을 넘기고 유유히 자리를 뜬다.

컴퓨터공학자인 문병로 교수는 개인투자자들 대부분이 투자자로

서 실패자의 길을 걷는다고 분석했다. 그는 개인투자자의 98%는 본인의 의사와 상관없이 '공익투자자'로 자신의 투자경력을 마무리한다고 밝혔다.

장기적으로 주가지수가 오르는데도 개인투자자들의 실상이 이렇다는 게 문 교수의 분석이다. 문 교수가 말한 공익투자자의 개념은 결코 좋은 뜻이 아니다. 공익투자자들은 잦은 거래로 국가에 세금을 내고 증권사에게는 수수료를 선물하는 사람들이라는 의미다. 개인투자자들은 시장에 유동성을 제공하면서 시장이 잘 돌아가게 만드는 데 크게 기여를 한다. 하지만 정작 자신들이 돈을 벌지는 못한다.

안타깝게도 모두가 행복한 투자는 불가능에 가까운 소리다. 시쳇말로 시장에서 '봉'이 되지 않기 위해서는 스스로 냉정해지는 수밖에 없다. 그리고 "나는 바보가 아니다"라고 말하는 대부분의 개인투자자들이 실은 코스톨라니가 말하는 바보에 가깝다. 안타깝지만 주식투자에선 이 말이 진실이다.

뉴턴의 작은 성공과 큰 실패

투자가 얼마나 어려운지를 이야기할 때 천재 과학자 아이작 뉴턴의 사례도 종종 거론된다. 뉴턴은 만유인력의 법칙을 발견해 우리 사회를 한 단계 업그레이드시킨 인물이다.

뉴턴은 대영제국의 식민지 침탈이 한창이던 1720년 남미 지역 무역 독점권을 갖고 있는 사우스씨SouthSea라는 회사에 투자해 원금을 단기간에 2배로 불렸다. 천재 과학자답게 100%라는 경이적인 수익률을 거둔 것이다. 하지만 뉴턴도 투자의 세계에선 한낱 나약한 인간일 뿐이었다. 자신이 사우스씨 주식을 판 뒤에도 이 회사 주가가 끊임없이 오르자 결국 다시 그 주식을 사모으기 시작했다. 사우스씨 주식을 팔지 않고 갖고 있던 친구들이 엄청난 수익을 올리자 뉴턴 역시 부화뇌동해 그 주식을 다시 산 것이다.

우리가 주변에서 보는 보통 사람들처럼 뉴턴도 친구나 지인들이 주식투자로 큰 재산을 모으는 것을 보고 참지 못했던 것이다. 뉴턴은 재산의 전부를 털어서 사우스씨 주식을 공격적으로 매입했다. 하지만 다시 주식을 산 뒤 사우스씨 주식은 폭락하기 시작했으며 그는 결국 파산하고 말았다. 당시 뉴턴이 입었던 손실은 2만 파운드, 현재 원화로 환산하면 대략 40억 원에 달했다. 이후 뉴턴은 사우스씨의 '사' 자만 들어도 경기를 일으킬 정도였다고 한다. 친구들은 뉴턴 앞에서 사우스씨 이야기를 꺼낼 수 없었다.

냉정한 천재 과학자조차 주식의 흐름을 정확히 계산하기 어려웠다. 뉴턴 자신도 욕심을 버리지 못하는 보통의 투자자와 다를 바 없었다. 뉴턴의 사례는 주식투자가 얼마나 어려운지, 욕심을 제어하지 못하는 한 주식투자는 실패하기 십상이라는 점을 잘 말해준다. 주식투자로 전 재산을 탕진한 뒤 뉴턴은 투자의 세계에서 너무나도 유명한 명언을 남긴다.

"천체의 운동은 계산할 수 있지만 사람들의 광기를 계산하는 것은 불가능하다."

연준의 AIT

지난 2015년 말부터 2018년까지 금리를 인상했던 연준은 2019년부터 금리를 내리기 시작했다. 연준은 2018년 말 정책금리 상단을 2.5%까지 올렸으나 2019년 하반기 들어 세 차례에 걸쳐 모두 금리를 0.75%p(75bp) 인하했다.

이후 기준금리를 움직이기보다는 지켜보겠다고 했으나 2020년 3월 코로나 사태가 발발하자 미국 연준은 '제로금리와 유례없는 양적완화'를 도입했다. 3월 한 달 만에 금리를 1.5%p(150bp) 내린다. 연준은 보통때는 베이비스텝, 즉 0.25%p(25bp)으로 금리를 조정하지만 중국발 전염병이 경기에 미칠 위험을 크게 인식하고 두 차례에 걸쳐 50bp, 100bp씩 금리를 내려 제로(0~0.25%) 금리 시대로 회귀했다. 이 모든 일이 말 그대로 순식간에 벌어졌다.

연준은 금리인하에 이어 글로벌 금융위기 때를 뛰어넘는 양적완화에 나서기도 했다. 연준이 시중의 채권을 사게 되면 자신들의 장부(대차대조표)는 부풀어 오른다. 금융위기 이후 양적완화 과정에서 4조 달러(우리 돈 4천조 원을 넘는 규모)를 넘었던 연준의 장부는 곧 무려 7조 달러를 훌쩍 뛰어넘는 수준으로 커진다. 사상 유례없이 돈을 푼 것이다. 돈이 풀리자 3월 중 폭락했던 주식 가격이 크게 뛰었다.

제롬 파월 연준 의장은 8월에 평균물가목표제AIT, Average Inflation Targeting를 도입한다고 발표했다. 물가상승률이 '평균적으로' 2% 수준으로 오르기 전까지는 정책금리를 올리지 않겠다는 '통화정책상의 큰 변화'를 선포한 것이다. 연준은 코로나19 확산세가 끝나더라도 미국 경제 부진은 장기화될 수 있다고 봤다. 특히 코로나로 입은 상처 때문에 기업이 정상적인 투자로 전환하기까지 시간이 걸리면서 상당 기간 저성장이 이어질 수 있다고 관측했다.

당시 연준이 2022년 말까지 물가상승률을 1.7%로 예상하고 있다는 점을 감안해 금융시장에선 연준이 적어도 2023년 혹은 2024년까지는 제로금리를 유지할 것이란 예상을 내놓기도 했다. AIT는 상당 기간 동안 평균한 물가상승률을 고려한 금리정책이기 때문에 경기가 좋아지고 물가상승률이 2% 이상 높아지더라도 금리인상은 '먼 훗날'이 될 것으로 해석한 것이다. 다만 연준이나 금융시장 모두 전망을 하지만 중요한 점은 그 전망이 늘 변한다는 사실이다. 연준이 장기간 금리를 올리지 않겠다고 한 '기본 약속'을 감안하되, 미래의 어느 시점에 금리인상이나 양적완화 축소를 연상시키는 발언을 하면 주식과 채권가격은 충격을 받을 수도 있다는 점도 염두에 두어야 한다.

어느 날 40대의 평범한 직장인인 친구 A가 다소 의외의 질문을 던졌다.

"예금과 적금 중 적금이 좋은 거야? 금리가 더 높은데…."

"예금은 목돈을 일정 기간 동안 맡겨두는 상품이고, 적금은 다달이 불입하는 상품이야. 상품 성격이 달라."

"그래? 아무튼 지금 목돈이 좀 생겼는데, 그래도 정기적금에 맡겨두는 게 낫겠지? 여기 봐. 금리가 정기예금보다 더 높잖아."

A는 1년 만기 정기예금과 정기적금 가운데 정기적금의 금리가 더 높다는 점을 계속 언급하면서 이곳에 돈을 맡기겠다고 했다. 필자는 일시적으로 생긴 '목돈'이면 적금과 예금 중 예금에 맡겨야 한다고 조언했다. 이자가 계산되는 기간이 다르기 때문에 단순히 적금금리가 예금금리보다 높게 '표시'된다고 좋은 것은 아니다.

주변에 보면 의외로 A처럼 가장 기본적인 금융상품도 구분하지 못하는 사람들이 있다. 안타까운 일이다. 대략적으로라도 금리에 대한 개념을 이해하고, 은행이 무슨 일을 하는지 알아두는 것은 금융소비자의 필수덕목이다.

3장

금리와 은행의
선순환구조를
파악하자

은행금리는
가계 재산증식의 기본이다

은행은 우리가 경제생활을 하면서 꼭 거쳐야 하는 곳이다. 지금은 스마트폰에 애플리케이션을 설치해 예금이나 적금 등에 가입할 수 있으니 예전보다 은행 갈 일은 없지만, 은행에 대한 기본적인 것은 알아두어야 사는 데 편리하다.

직장인들에게는 모두 급여통장이 있다. 회사에 취직을 하면 회사는 특정 은행이나 본인이 거래하는 은행의 급여통장을 만들라고 한다. 이처럼 누구에게나 '경제생활'의 중심이 되는 은행계좌가 있다.

이 중심이 되는 계좌를 통해 우리는 자동이체를 하고, 부모님에게 용돈을 보내고, 신용카드도 결제한다. 우리가 가장 자주 쓰는 '수시 입출금 통장'에는 이자가 거의 붙지 않는다. 수시 입출금 통장에 1년간 잔액 100만 원을 유지해 이자가 몇 천 원이라도 붙으면 다행이다. 지금과 같은 저금리 시대에 수시로 돈을 적립하거나 인출할 수 있는 통장에는 사실상 이자가 없다.

그럼에도 불구하고 많은 사람들에게는 각자의 '주거래 은행'이 있다. 특정 은행을 지정해서 주로 활용하면 편리하기도 하고, 은행에서 각종 혜택을 얻을 수도 있기 때문이다. 예를 들면 시중은행에서는 고객의 급여이체 여부, 신용카드 이용실적, 특정 예적금 상품이나 대출 활용 여부, 거래기간 등을 고려해 고객의 등급을 매긴다.

은행들은 자신들에게 '도움이 된' 고객들 가운데 '우수 고객'을 선정해 혜택을 준다. 예를 들어 각종 수수료 면제나 환율 우대 등을 제공하면서 자신들이 고객을 소중히 하고 있음을 알리는 것이다. 하지만 그 혜택이라는 것은 사실 쥐꼬리만 해서 별다른 도움이 되지 않는다. 주로 거래하던 은행을 계속 이용하는 것은 거래은행을 바꾸는 게 '귀찮아서'인 경우가 많다.

은행들이 제공하는 이자도 쥐꼬리만 하다. 2016년 6월 한국은행이 정책금리(한국은행 기준금리)를 1.25%로 내렸을 때 은행들의 1년 만기 정기예금금리는 1.5%도 되지 않았다. 그런데 은행예금을 사랑하는 사람들을 둘러싼 상황은 더 나빠졌다. 2020년엔 한국은행이 기준금리를 0.5%로 내렸고, 이제 세금을 떼면 이자가 1%도 되지 않는 예금들이 등장했다.

그럼에도 불구하고 우리는 주변에서 은행 적금에 꼬박꼬박 돈을 불입하는 사람들을 쉽게 찾을 수 있다. 힘들게 번 월급으로 주식 같은 위험한 금융상품을 사는 것을 극도로 꺼리는 사람도 많다.

은행은 우리가 경제생활을 하면서 꼭 거쳐야 하는 곳이다. 지금은 스마트폰에 애플리케이션을 설치해 예금이나 적금 등에 가입할 수 있으니 예전보다 은행갈 일은 없지만, 은행에 대한 기본적인 것은 알아두어야 사는 데 편리하다.

돈을 모으는 현실적인 방법

재산을 늘리기 위해서 어떻게 해야 할까? 지금처럼 금리가 낮은 시대에는 아무리 꼬박꼬박 저금을 하더라도 부자가 될 수 없다. 부모로부터 물려받은 재산이 많거나 돈이 많은 사람과 결혼을 하면 부유하게 살 가능성이 높아진다. 또 하나 부자가 되는 방법은 돈을 많이 주는 직장에 취직하거나 창업을 해서 성공하는 것이다.

그러나 창업을 해서 성공하는 일은 매우 어렵다. 능력과 행운이 따라주는 소수에게나 가능한 일이다. 2000년 전후의 IT붐 때는 그야말로 창업자들이 넘쳐났다. 하지만 당시 창업을 해서 살아남은 기업들은 소수였다. 창업을 해서 멋지게 성공하는 스토리는 안타깝게도 일반적인 일은 아니다.

부모로부터 물려받은 재산이 없는 사람이 그나마 부자가 될 수 있는 현실적인 방법은 '급여수준이 높은' 직장에 취직하는 길이다. 예를 들어 '무無'에서 시작하는 두 친구가 있다고 해보자. 한 친구는 10년간 평균 연봉이 1억 원인 회사에 들어가고, 다른 친구는 3천만 원인 회사에 들어갔다.

어려서부터 비슷한 환경에서 같이 놀았던 두 친구의 씀씀이는 비슷하다. 소비 패턴이 비슷한 두 친구는 1년에 3천만 원 정도를 쓰면서 가족을 부양한다. 세금을 생각하지 말고 아주 단순하게 접근해보면, 10년이 지난 뒤 두 친구의 재산의 차이는 크게 벌어져 있을 것이다.

예를 들어 연봉이 3천만 원이었던 친구는 10년간 가족을 부양하느라 한 푼도 모으지 못했을 것이다. 반면 10년 평균 연봉이 1억 원인 친구는 매년 3천만 원가량을 소비하고도 매년 7천만 원 가까운 돈을, 즉 지금까지 7억 원 가까이를 모았을 것이다. 세금을 생각한다면 이보다 상당히 적겠지만, 그래도 꽤 많이 재산을 불렸을 것이다.

흔히들 월급쟁이 생활이 "그게 그것 아니냐"는 말들을 한다. 내 주변에서 직장을 다니는 대부분의 친구들이 이런 이야기를 한번쯤은 했던 것 같다. 하지만 앞에서 예로 들었던 두 친구의 경우처럼 시간은 친구들의 격차를 크게 벌려놓았다. 실제 필자의 친구 중에서도 앞의 사례에 딱 부합하는 두 친구를 쉽게 찾을 수 있다.

그러면 이제 한국 사회의 평균적인 가구가 얼마나 버는지 살펴보자. 통계청과 한국은행 등이 2019년 12월에 발표한 가계금융·복지조사 통계를 보면 한국 가구의 연간 소득은 2018년 기준으로 5,828만 원을 기록했다. 한국 가구의 소득은 2016년 처음으로 5천만 원을 넘어선 뒤 6천만 원에 근접했다.

이 조사 결과에는 맞벌이 부부, 외벌이 부부, 독신자 모두가 포함되고 회사에서 받는 급여 외의 다른 수입까지 포함되었다. 즉 한국의 가구는 평균mean 이 정도의 돈을 벌어들이고 있었다. 이렇게 힘들게 모은 돈 가운데 일부는 세금 등 '비소비지출'로 나간다. 이 금액이 1,099만 원이어서 실제로 쓸 수 있는 처분가능소득은 4,729만 원 수준이었다.

현실적으로 따져봤을 때 이 같은 소득만으로 재산을 불리기는 어렵다. 그렇다고 소중한 재산을 담보로 과감한 모험을 시도하는 것도 쉬운 일은 아닐 것이다. 큰돈을 벌지는 못하더라도 위험한 투자로 힘들게 번 돈을 까먹지 않길 바라는 이들이라면 가장 확실한 창구인 은행을 십분 활용해야 할 것이며, 그렇다면 일단 은행의 기본적인 구조를 알아야 한다.

은행예금은 재산 형성의 출발점

우리는 힘들게 모은 돈의 상당 부분을 소비한다. 집이 없는 사람은 월세에 많은 돈을 쓰기도 하고, 놀기 좋아하는 사람은 여행경비로 많은 돈을 사용하기도 한다. 여하튼 번 돈의 일부는 저축을 해야 한다.

이때 많은 사람이 1차적으로 고려하는 것은 은행의 예금금리다. 원금을 까먹을 수 있는 투자에 대해 극도로 꺼리는 사람들 중엔 금리가 높든 낮든 은행만 한 곳이 없다고 믿는 이들도 많다. 이 은행의 가장 전통적인 저축수단이 예금과 적금이다. 예금과 적금의 장점은 아무리 이자가 낮더라도 1년 후 원금이 얼마나 커질지 알 수 있다는 것이다. 즉 2%짜리 1년 정기예금에 1억 원을 맡기면 세전으로 200만 원이 이자로 붙는다는 사실을 알 수 있다.

은행들의 금리는 한국은행 기준금리 변화에 따라 움직인다. 한국은행이 금리를 낮추면 예금금리와 대출금리 모두 낮아질 수밖에 없다. 반대로 금리를 올리면 둘 다 올라간다.

금리가 이처럼 낮긴 하지만 예금과 적금, 즉 예적금을 통해 우리는 계획대로 종잣돈을 모을 수 있다. 그런데 주변에 보면 가장 기본적 저축수단인 예금과 적금의 차이를 모르는 사람들도 꽤 있어서 안타까울 때가 있다.

적금은 은행에 매달 약속한 적은 돈의 금액을 꾸준히 불입한 뒤 이자를 받는 상품이다. 매달 돈을 은행에 저축하기 때문에 자동이체를 해놓으면 편하다. 반면 예금은 큰돈을 한 번에 불입해 은행에 맡긴 뒤 약속한 기간이 지난 뒤에 이자를 받는 상품이다.

이제 은행의 대표적인 저축상품의 개념을 파악했으니 어떤 은행의 어떤 상품에 가입할지를 결정해야 한다. 지금은 인터넷이나 모바일을 통해 각 은행들의 이자를 손쉽게 비교할 수 있다. 은행연합회 사이트(kfb.or.kr), 금융감독원의 '금융상품 한눈에 사이트'(finlife.fss.or.kr), 각종 재테크 포털 등에 들어가면 여러 은행들의 금리를 비교할 수 있다.

예를 들어 금감원의 금융상품 통합비교 공시 사이트인 '금융상품 한눈에'에 들어가면 저축은행과 시중은행 등의 저축상품 금리를 일목요연하게 볼 수 있다. 시중은행보다 신용도가 낮은 저축은행들의 예금이나 적금금리가 당연히 시중은행보다 높게 나온다. 저축은행은 신용도가 낮기 때문에 자신들에게 돈을 맡긴 예금자들에게 시중은행보다는 더 높은 금리를 주는 것이다.

금리를 좀더 주는 저축은행에 돈을 맡기고 싶은데 신용도가 걱정인 사람은 원금과 이자를 합쳐 5천만 원까지만 예금하면 된다. 이 금액까지는 법적으로 예금자보호가 되기 때문이다. 물론 저축은행 파산시 돈을 돌려받기까지의 기간 등 귀찮은 면이 있다. 또 저축은행이 영업정지 된 후 특정 기간 내에 정상화되거나 다른 금융사에 인수되지 않으면 최초에 약속한 높은 이자는 보장을 받기 어렵다. 예금보험공사가 은행금리 등을 감안해서 이자를 주기 때문이다. 그럼에도 불구하고 여유자금이 있는 사람이라면 저축은행의 조금 더 높은 금리를 활용할 필요가 있다.

하지만 경제위기가 닥치면 아무래도 저축은행 등에 대한 안정성에 따른 걱정이 많아진다. 이 경우엔 단순히 금리만 보지 말고 시중은행이나 저축은행의 '건전성'을 따져보는 게 필요하다.

뉴스나 신문의 경제면 등에서 'BIS 자기자본비율'이라는 말을 들어본 적이 있을 것이다. BIS 자기자본비율은 위험자산(대출금 등) 대비 은행의 자기자본비율이다. 일례로 저축은행의 경우 이 비율이 8% 이상이라면 크게 위험하지 않다는 식의 이야기를 많이 하곤 한다. 은행들의 경우 상반기·하반기 마감 전에 예금을 특별판매하거나(특판예금) 채권(후순위 채권)을 발행해 이 건전성 지표를 높이기 위해 노력하기도 한다.

이 밖에 '고정이하 여신 비율'이라는 지표도 자주 등장한다. 여신은 고객에게 돈을 빌려주는 일, 즉 대출을 말한다. 이 대출 가운데 연체기간이 6개월을 넘긴 대출의 비율이 고정이하 여신 비율이다. 당연히 이 비율은 낮으면 좋다.

이에 따라 과거 저축은행에 돈을 맡길 때 고정이하 여신 비율이 8%를 넘지 않고 BIS 자기자본비율이 8%를 넘는 '88클럽 가입 저축은행'에 돈을 맡기라는 말을 하곤 했다. 시중 은행들은 당연히 저축은행보다 건전성이 양호하고 그런 까닭에 금리는 더 낮다.

세금을 계산해 실제 손에 쥘 이자를 살펴보자

금융감독원 등의 사이트에서 금리 비교를 마치고 어떤 은행(저축은행)에 예금(혹은 적금)을 할지 결정했다고 하자. 그러면 돈을 맡긴 기간이 끝난 후 내가 실제 손에 쥘 수 있는 금액을 파악해야 한다. 이를 위해서는 세후 이자율을 따져야 한다. 금융상품에 가입하면 이자소득에 대해 일반적으로 세금을 내기 때문이다.

금감원의 '금융상품 한눈에' 사이트에 들어가면 세전 이자와 세후 이자가 따로 나와 있다. 1천만 원을 맡겼을 때 이자로 얼마나 받을 수 있는지 계산을 해놓았다. 2020년 11월 기준 머스트삼일저축은행의 e-정기예금을 보면 세전 이자율이 2.13%, 세후 이자율이 1.80%가 나온다. 저축은행 가운데 높은 예금금리가 이 정도다. 신용이 양호한 시중은행들의 금리는 더 낮다. 예컨대 신한은행의 신한S드림 정기예금 금리는 0.60%에 불과하다. 세금을 뗀 세후 이자율은 0.51%다. 1천만 원을 맡기면 1년에 5만 원 조금 넘는 이자가 붙는다.

일반 금융상품은 이자에 대해 15.4%의 세금을 뗀다. 따라서 '2.1%×(1−0.154)=2.1%×0.846'이라는 산식을 활용하면 2.13%의 세후 이자가 1.80%임을 알 수 있다.

그러면 세금을 절약할 수는 없는 것일까? 세금이 없는 비과세 상품이나 낮은 세율로 과세하는 저율과세 상품을 찾아서 우선 가입하자. 비과세, 저율과세, 분리과세, 일반과세 순으로 세금을 절약할 수 있다. 우선 개인종합자산관리계좌인 ISA는 5년간 수익을 합쳐서 200만 원 한도까지는 비과세된다. 연봉이 5천만 원이 안 되는 사람에게는 250만 원까지 비과세다. 이 한도를 초과하는 수익에 대해서는 9.9%로 분리과세한다.

무엇보다 한 푼이라도 더 받으려면 세금을 아껴야 한다. 저금리 상황에서는 세금을 최대한 줄일 수 있는 상품을 찾는 것도 중요하다. 우리 마을에 있는 새마을금고, 신협, 단위 농협이나 수협 등을 이용하면 1인당 3천만 원 한도에서 연 1.4%의 농어촌특별세만 과세한다. 결국 같은 금리를 제시하더라도 세금을 감안하면 새마을금고 등에서 정기예탁금을 드는 게 유리할 수 있다.

예를 들어 연 2%짜리 은행의 1년 만기 정기예금에 일반과세로 들었다면 세후 수익률은 1.69%로 떨어진다. 새마을금고의 1년 정기예탁금(정기예금) 금리도 똑같이 2%이고, 저율과세를 받는다면 세후 수익률은 '2%×(1 − 0.014)=1.972%'다. 그런데 일반적으로 은행에 비해 저축은행이나 신협, 새마을금고 등 제2금융권의 금리가 더 높다. 따라서 상대적으로 높은 금리와 함께 세금 혜택까지 누릴 수 있는 상품에 한도껏 가입하는 것이 좀더 많은 이자를 받을 수 있는 길이다.

적금이자는 예금의 '절반'

일부 사람들은 적금금리가 예금금리보다 높다는 이유로 적금에 들기도 한다. 나에게 목돈이 있음에도 불구하고 '적금금리가 더 높다'라고 하면서 적금에 드는 것이다.

하지만 과연 그럴까? 의문을 가질 필요가 있다. 정기예금금리와 정기적금금리가 3%로 동일하다고 가정해서 구체적으로 얼마나 차이가 나는지 계산해보자.

1월 초를 시작으로 매달 100만 원씩 적금에 불입하는 경우와 연초에 한번 1,200만 원을 불입하는 경우를 살펴보자.

적금의 경우 1월 초에 넣은 100만 원은 1년에 3만 원의 이자를 번다. 2월에 넣은 100만 원은 2만 7,500원의 이자를 발생시킨다. 그리고 마지막 달인 12월에 넣은 100만 원은 2,500원의 이자를 발생시킨다. 이에 따라 매달 100만 원씩 1년에 1,200만 원을 적립하는 정기적금의 경우 1년 이후 이자는 19만 5천 원이 된다.

반면 연초에 1,200만 원을 넣었을 경우 1년 후 이자는 '1,200만 원 ×3%'로 계산하면 36만 원이다. '19만 5천 원 vs. 36만 원'이 정기적금과 정기예금의 이자 차이다. 이처럼 목돈이 있으면 당연히 정기적금보다 정기예금에 돈을 불입하는 게 옳은 것이다. 이를 표로 작성하면 다음과 같다.

월	1년만기 정기적금, 금리 3%		1년만기 정기예금, 금리 3%	
	원금	이자	원금	이자
1	1,000,000	30,000	12,000,000	360,000
2	1,000,000	27,500		
3	1,000,000	25,000		
4	1,000,000	22,500		
5	1,000,000	20,000		
6	1,000,000	17,500		
7	1,000,000	15,000		
8	1,000,000	12,500		
9	1,000,000	10,000		
10	1,000,000	7,500		
11	1,000,000	5,000		
12	1,000,000	2,500		
합계	12,000,000	195,000	12,000,000	360,00
1년 후 원리금 (원금+이자)		12,195,000	1년 후 원리금	12,360,000

앞의 표에서 보듯이 이자는 19만 5천 원과 36만 원으로 크게 차이가 난다. 이는 사실 당연한 것이다. 정기적금의 경우 첫 달에 부은 100만 원에는 1년 치의 이자가 붙었지만, 마지막 달에 부은 100만 원에는 1개월 치의 이자만 붙었기 때문이다.

반면 정기예금의 경우 처음에 불입한 1,200만 원에 모두 1년 치의 이자가 붙었다. 결국 금리는 같지만, 정기적금의 이자는 정기예금의 절반을 조금 넘는 수준밖에 되지 않는 것이다. 산수에 대한 감이 있다면 이런 결과가 당연하다고 느낄 것이다.

예금금리와 대출금리는
어떻게 결정되나

은행에서 돈을 빌릴 때 어떤 종류의 대출을 받을지, 고정금리 대출과 변동금리 대출 가운데 어떤 것을 선택할지 등을 결정해야 한다. 아울러 어떻게 돈을 갚아나갈지도 미리 판단해야 한다.

"대출금리는 뛰는데 왜 예금금리는 쥐꼬리만 한 걸까요?"

"2017년 11월에 한국은행이 금리를 올린 뒤 예금금리도 좀 올랐잖아요."

"아주 조금 올랐죠. 예금금리는 별로 안 오르고 대출금리만 빠르게 올랐어요. 대체 은행들은 왜 이렇게 욕심이 많은 거죠. 땅 집고 헤엄치는 이자 장사에만 재미 들렸네요."

2018년 4월에 필자가 지인과 나눈 대화다. 살다 보면 이런 이야기를 하는 친구들을 주변에서 쉽게 찾을 수 있다. 사람들은 예금금리는 높기를 바라고, 대출금리는 낮기를 원한다.

예금금리와 대출금리의 차이는 한국은행이 한 달에 한 번씩 발표하는 '금융기관 가중평균 금리 동향'에서 확인할 수 있다. 우선 한국은행이 기준금리를 올리면 예금금리와 대출금리가 모두 오른다. 하지만 대출금리가 좀더 빠르게 올라 예금금리와 대출금리의 차이인 '예대금리차'가 커진다.

은행의 손쉬운 이자 장사

사람들은 은행이 대출금리는 빠르게 올리면서 예금금리는 천천히 올린다며 은행을 질타하곤 한다. 2018년 4월에 한국은행이 발표한 데이터를 보면 잔액을 기준으로 한 은행의 총수신금리는 1.24%, 총대출금리는 3.59%였다. 총수신금리가 한국은행 기준금리(1.50%)보다 크게 낮은 이유는 사실상 이자가 없는 수시입출식 예금 등의 비중이 높기 때문이다. 은행이 맡긴 돈들의 평균 금리는 1.5%가 채 안 되지만 대출금리는 4%를 향해 가고 있는 것이다. 아울러 예대금리차는 235bp, 즉 2.35%p로 확대되었다. 이는 40개월 만에 최대치였다.

너무 당연한 이야기지만 예대금리차가 벌어지면 은행의 수익성은 좋아진다. 아닌 게 아니라 2018년 1분기 은행들의 수익성은 크게 좋아졌다. KB국민은행, KEB하나은행, 신한은행, NH농협은행, 우리은행, IBK기업은행 등 6개 시중은행이 벌어들인 당기순이익이 3조 3천억 원에 가까웠다. 은행들은 전년 같은 기간에 비해 15%나 높은 이익을 거두었다.

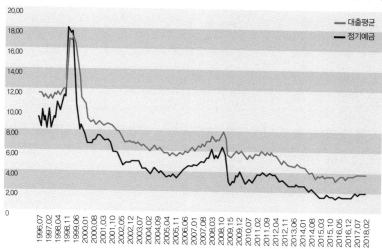

▼ 은행 정기예금금리와 대출금리 　　　　　　　　　　　　　　　(단위: %)

자료: 한국은행

　은행들의 이익에서 이자수입이 차지하는 비중은 80%가 넘는다. 이는 선진국들보다 크게 높은 수준으로 한국의 은행들은 이자 장사에 열을 올리고 있는 게 사실이다. 금융가에서 흔히 님NIM, Net Interest Margin이라고 부르는 순이자마진이 커지면 은행들의 실적이 좋아진다. 이는 냉정하게 말해서 고객들에게 저금리자금을 받아 고금리대출을 하기 때문에 가능하다. 사실 은행의 본질은 '이자 차이' 장사인 것이다.

　하지만 과도한 이자 장사 때문에 "국내 은행들은 수익구조 다변화보다 예대금리 차이를 이용한 손쉬운 돈벌이에만 몰두한다"는 비난에 시달리기도 한다. 사실 한국의 평균적인 은행원들은 전 세계 은행원들 가운데 가장 많은 돈을 버는 사람들이기도 하다. 한국처럼 평균적인 은행원에 대한 대우가 좋은 나라를 찾기는 어렵다. 우리나라 은행원들은 40대로 진입하면 연봉 1억 원을 받는 것은 기본이다.

사실 대출금리는 시중금리에 연동이 되어 있는 경우가 많아 채권금리 등 시장금리가 오르면 은행 대출금리도 자연스럽게 올라가는 경향이 있다. 은행 입장에선 예금금리를 대출금리만큼 급하게 올리지 않으면 그만큼 이익이다.

예금금리와 대출금리의 결정 방식

우리가 은행에 돈을 맡기면 이자를 받는다. 은행이 이자를 주는 이유는 고객들이 맡긴 돈으로 대출을 해서 돈을 벌 수 있기 때문이다. 은행들은 사람들에게 돈을 더 받기 위해서 경쟁을 하기도 한다. 대출에 대한 수요가 많으면 은행들은 예금 유치에 열을 올린다.

은행들이 돈을 받아서 마음대로 예금금리를 책정하는 것은 아니다. 만약 어떤 은행이 이익을 더 내기 위해 예금금리를 아주 낮게 설정한다면 고객들은 다른 은행으로 옮길 것이다. 즉 은행은 다른 은행과 경쟁도 해야 하고, 금융감독원 등 감독 당국의 눈치도 봐야 하기 때문에 마음대로 예금금리를 책정할 수는 없다. 하지만 IMF 외환위기 이후 은행들 절반이 망한 뒤 은행 간의 경쟁 강도는 줄어들었다.

대출금리는 은행들이 자금을 조달하는 원가(예금금리 등)와 손실(고객이 대출금을 못 갚는 경우), 자신들이 가져갈 이익 등을 고려해 책정한다. 은행이 대출금리를 책정할 때 기준이 되는 것은 '기준금리'다. 이 기준금리는 모든 금리의 기준이 되는 '한국은행 기준금리'와는 다른 것이다.

은행이 대출을 내줄 때 기준으로 삼는 금리에는 3개월 만기 양도성예금증서(CD)금리와 코픽스(COFIX)금리가 있다. 이 밖에 금융채금리, 국고채금리, 은행이 자체로 산정한 금리, KOLIBOR(코리보)금리 등이 기준이 된다. 과거에는 대출시에 CD금리가 가장 중요했으나 지금은 COFIX를 기준으로 삼는 경우가 많아졌다. COFIX는 '은행의 조달비용'과 연계된 금리다. COFIX금리는 잔액 기준과 신규취급액 기준으로 나누어진다.

잔액 기준은 은행이 현재 유지중인 금융상품들에 적용하는 금리고 신규취급액 기준은 이 달에 새롭게 유치한 금융상품에 적용되는 금리다. 결과적으로 신규취급액 기준 COFIX금리는 시중금리변동에 민감할 수밖에 없다. 반면 잔액 기준은 이미 보유하고 있는 상품의 금리와 합쳐서 금리가 산정되기 때문에 금리변화가 더디다. 한국은행이 정책금리를 올리는 사이클, 즉 금리상승기라면 변화에 민감한 신규취급액 기준보다 잔액 기준으로 대출을 받는 게 나을 수 있다. 잔액 기준과 신규취급액 기준을 꼼꼼히 살펴서 자신에게 유리한 (낮은) 금리를 선택하는 게 필요하다.

지금까지 살펴본 것처럼 대출금리는 기준금리에 가산금리와 목표수익률을 더해서 결정한다. 목표수익률은 은행이 대출 상품을 통해서 이익을 얼마나 낼지 재량으로 결정한 것이다. 이런 금리 결정 구조를 생각한다면 당연히 대출금리는 '협상'이 가능하다. 일반인들 중에는 은행이 제시하는 대출금리를 무조건 받아들여야 한다고 생각하는 경우도 많다.

하지만 은행 지점장의 '재량'으로 조절할 수 있는 금리의 폭이 있는 만큼 최대한 낮은 대출금리를 적용받기 위해 협상을 해야 한다. 아무 말도 없이 은행이 제시하는 금리를 받아들이는 것은 은행 좋은 일만 시켜주는 꼴이다.

고정금리와 변동금리

금리는 크게 고정금리와 변동금리로 나눌 수 있다. 고정금리는 상품에 가입한 기간 동안 시장금리가 어떻게 변하든 관계없이 변하지 않는 금리다. 우리가 가입하는 대표적인 예금상품인 정기예금과 정기적금은 금리가 정해져 있다. 이런 상품들은 고정금리인 셈이다.

반면 변동금리는 시장금리의 변동 상황에 따라 특정 기간마다 변하는 금리를 말한다. 3개월 만기 CD금리를 기준으로 대출을 받았다면 3개월마다 금리가 변할 수 있다.

"정부가 변동금리 대출 비중이 높아서 이 비중을 줄이려고 한다"는 언론 보도를 본 적이 있을 것이다. 왜 이런 이야기를 할까? 변동금리는 금리가 오르면 대출자들의 부담이 커지기 때문이다. 정부의 발표 이후 변동금리 대출을 고정금리 대출로 갈아탔는데, 오히려 시장금리가 떨어져 손해를 보는 경우들도 많았다. 고정금리와 변동금리가운데 어느 것이 '좋은 것'이라고 딱 부러지게 말할 수 없다는 게 진실이다.

변동금리는 금리변동에 따른 위험을 대출자 등 금융소비자가 지는 것이다. 금리가 오르면 갚아야 할 이자가 늘어나기 때문에 이는 당연하다. 이에 반해 고정금리는 금리변동에 대한 위험을 은행이 지는 식이다.

이 위험은 '좋다, 나쁘다'고 일률적으로 말할 수 없다. 예를 들어 은행이 4%에 고정금리 대출을 했는데, 시장 상황이 변해서 이후 대출금리가 5% 수준으로 올라갔다면 4% 대출은 은행이 싸게 준 셈이다. 반면 금리가 3%로 내려간다면 은행은 바뀐 시장 상황에서 적용될 금리보다 더 많은 금리를 받는 셈이 된다.

아무튼 고정금리는 금리변동의 리스크를 은행이 지는 셈이어서 변동금리보다 금리수준이 높은 게 일반적이다. 대출을 받는 사람들은 고정금리로 받는 게 유리한지, 변동금리로 받는 게 유리한지 관심을 가져야 한다. 앞으로 금리가 상승할 것으로 예상된다면 고정금리 대출을 받고, 장기적으로 금리가 떨어질 것으로 전망되면 변동금리 대출을 받는 게 유리하다. 이는 너무 당연하다.

미국 중앙은행인 연준이 정책금리를 계속 올리고 있는 상황에선 한국은행도 금리를 올릴 가능성이 높다. 한국은행이 계속 금리를 올리면 대출금리도 덩달아 뛴다. 이런 경우라면 고정금리가 유리할 수 있다. 하지만 은행이 설정한 고정금리엔 이런 상황들도 반영되어 있기 때문에 향후 금리 방향 시나리오에 따라 판단을 해야 한다.

변동금리와 고정금리를 교환하는 곳이 이자율 스왑 시장이다. 일반인들에게는 낯설지만 채권시장에 종사하는 사람들에게는 이자율 스왑 시장이 익숙하다. 이를 거래하는 금융권 사람들을 스왑 딜러라고 하는데, 이들은 금리 방향을 예측해서 거래를 한다. 향후 금리가 오를 것으로 예상되면 이자율 스왑 페이IRS pay를 한다.

이자율 스왑(IRS)은 고정금리를 중심으로 말을 한다. 즉 이자율 스왑 페이 거래는 고정금리를 주고 변동금리를 받는 거래다. 금리가 오를 것으로 예상되면 당연히 고정금리를 지불하고 변동금리를 받는 게 유리하다.

반대로 금리가 낮아질 것으로 예상된다면 이자율 스왑 리시브IRS receive를 해야 한다. 즉 향후 금리가 떨어질 것으로 전망된다면 고정금리를 받고 변동금리를 지불하는 게 낫기 때문이다.

대출은 어떻게 상환할까

은행에서 돈을 빌릴 때 어떤 종류의 대출을 받을지, 고정금리 대출과 변동금리 대출 가운데 어떤 것을 선택할지(은행원이 변동금리 대출을 당연시하는 경우들도 많다) 등을 결정해야 한다. 아울러 어떻게 돈을 갚아나갈지도 판단해야 한다.

대출금 상환 방식도 다양하다. 원금과 이자를 합해서 대출 기간 동안 매월 같은 금액으로 돈을 갚아나가는 방식이 '원리금균등(분할)상환'이다. 반면 '원금균등(분할)상환'은 매달 같은 금액의 원금을 갚아나가는 방식을 말한다. 원금균등방식은 시간이 지날수록 갚아나가는 원리금(원금과 이자를 합친 금액)이 줄어든다. 이는 돈을 갚을 때 이미 상환된 원금을 제외하고 이자가 계산되기 때문에 당연하다.

대출자 입장에선 원금균등상환이 초기에 많은 부담이 된다. 왜냐하면 초기에 많은 원금을 갚아야 하기 때문이다. 하지만 대출 기간 동안 은행에 내야 하는 대출이자의 합을 비교해보면 원리금균등상환보다 원금균등상환의 이자가 더 적다.

산수를 좋아하는 사람이라면 직접 표를 그려서 계산해봐도 좋다. 예를 들어 연 4%로 1억 원을 10년간 대출받을 경우, 원리금균등상환의 경우 2,149만 원가량의 이자를 낸다. 반면 원금균등상환은 2,017만 원의 이자를 낸다. 즉 원리금균등상환이 원금균등상환보다 133만 원의 이자를 더 내는 셈이 되는 것이다.

대출자 입장에선 두 대출의 장단점을 살펴서 선택해야 한다. 원금균등상환의 경우 전체적으로 내는 이자가 적지만 초기에 부담이 크기 때문에 연체할 위험이 크다. 반면 원리금균등상환의 경우 일정한 금액을 갚아나간다는 장점이 있으나 전체적으로 내는 이자가 더 많다. 성실한 대출자라면 생활이 좀 힘들어지더라도 초기에 많은 이자를 내는 원금균등상환을 권하고 싶다. 전체적으로 이자를 덜 낼 수 있기 때문이다.

우리가 집을 살 때 1억 원을 연 4%로 빌려서 20년이라는 긴 기간 동안 갚아나간다고 해보자. 다음 페이지의 표를 보면서 이야기를 좀 더 해보기로 하겠다.

▼ 연 4% 원리금균등상환 vs. 연 4% 원금균등상환

연 4% 원리금균등상환

납입횟수	대출잔액	월상환 원금	월상환 이자	원리금	이자총액
1회	99,727,353	372,647	333,333	605,980	-
120회	59,852,833	405,120	200,860	605,890	-
240회	0	604,089	2,014	606,103	45,435,323

연 4% 원금균등상환

납입횟수	대출잔액	월상환 원금	월상환 이자	원리금	이자총액
1회	99,583,333	416,677	333,333	750,000	-
120회	49,999,960	416,667	168,055	584,722	-
240회	0	416,587	1,389	417,976	40,166,636

이 표에는 처음과 중간, 마지막에 갚아야 하는 대출 원리금이 나와 있다. 원리금균등상환의 경우 초기에 갚아야 하는 원금 규모가 작고, 마지막으로 갈수록 갚아야 하는 원금 규모가 커진다. 반면 원금균등상환의 경우 매달 같은 원금을 갚기 때문에 월상환 이자는 시간이 갈수록 감소한다.

20년이 지난 뒤 이자로 나간 돈은 두 대출 모두 4천만 원이 넘는다. 그런데 500만 원 넘게 이자 차이가 난다. 원금균등상환 방식에선 매달 똑같은 원금이 상환되었기 때문에 이자가 더 적은 것이다.

한편 초기엔 이자만 갚다가 한꺼번에 원금을 갚는 방식도 있다. 이같은 거치식 대출은 사실 위험하다. 돈을 빌린 사람 입장에선 초기엔 이자만 갚으니 편하다고 생각할 수 있지만, 결국 대출금을 감당하지 못하는 경우가 많다. 2008년 글로벌 금융위기의 도화선이 된 미국의 주택담보대출도 이런 식의 '미끼 대출'이 많았기 때문에 발생했다. 처음엔 이자만 갚으니 부담이 안 되는 것처럼 보이지만, 결국 미래의 위험이 커질 수밖에 없기 때문이다. 이런 식의 대출은 결국 서민들의 지갑을 터는 '약탈적 대출'이었다.

상식적으로 볼 때 내가 감당할 수 없는 수준의 대출을 일으키는 것 자체가 문제다. 사실 주변에 보면 '마이너스 통장'을 마치 직장인이면 당연히 있어야 하는 통장인 것처럼 말하는 사람들이 많다. 마이너스 통장은 설정한 '마이너스 한도' 내에서 언제든 대출을 하고 또 갚을 수도 있기 때문에 편리한다. 하지만 마이너스 통장은 저축하는 습관을 망가뜨리고 과소비를 부추길 수도 있다. 월급을 받을 때마다 마이너스 통장을 메우는 습관은 돈을 모을 수 없게 만든다.

은행 특판예금이 말해주는 것

2019년 7월 카카오뱅크의 '특판예금'이 인터넷 실시간 검색어 1위에 오른 일이 있었다. 당시 카카오뱅크가 저금리 시대에 상상하기 어려운 '5%' 예금금리상품을 '특별히 판매'한다고 밝혔기 때문이다.

시중은행의 연 2%짜리 예금도 사라지던 상황에서 이 상품은 많은 사람들의 이목을 끌었다. 하지만 이는 '특판 대란'으로 이어졌다.

카카오뱅크는 당시 1,000만 가입자 달성을 기념해 5% 고금리 특판 예금을 내놓았으나 판매가 시작된 지 단 1초 만에 100억 원 한도가 완판되었다. 간만에 고금리상품 가입을 노리던 대다수 사람들에게 이 상품은 그림의 떡이 되었다.

당초 특판 한도가 100억 원에 불과했고 가입금액이 100만 원에서 1천만 원이었기 때문에 100만 원씩 가입한다고 하더라도 1만 명이 가입할 수 있는 최대 수준이었다.

2019년 7월 당시엔 한국은행이 기준금리를 1.5%로 내린 상태였다. 따라서 시중은행, 저축은행들의 예금 금리와 적금 금리가 더 내려가고 있었다. 이때 카카오뱅크가 고금리상품을 내놓자 사람들이 대거 몰렸던 것이다. 운이 좋은 사람이 1천만 원을 '카뱅' 5% 특판 예금에 넣었다면 1년 후 세후 이자로 42만 3천 원을 벌 수 있었다. 하지만 대부분은 이 상품 가입에 실패했다.

은행들이 고금리 '특판 상품'을 간혹 파는 이유는 고객을 늘리기 위한 것이다. 은행 입장에서도 5%짜리 예금은 밑지는 장사다. 그럼에도 불구하고 이런 식의 마케팅을 하는 이유는 미래의 고객을 늘리기 위함이다.

다만 이런 마케팅이 진행될 때는 전체 혹은 1인당 가입한도에 제한이 있는 경우가 많다. 많이 팔면 팔수록 손해인 상품을 은행이 대거 팔 수는 없지 않은가. 대신 이런 고금리상품을 통해 사람들의 눈길을 끌 수 있다는 것은 장점이다.

하나은행은 2020년 2월 3일부터 5일까지 단 3일간 최대 연 5.01%의 특판 '적금'을 출시했다. 당시 무려 130만 명이 훌쩍 넘는 고객이 몰렸다. 하나은행은 브랜드명을 KEB하나은행에서 하나은행으로 변경한 기념으로 이 상품을 출시했다.

시중의 적금금리가 2%를 약간 넘는 수준에서 최대한도 5% 정도의 상품에 사람들이 흥분한 것이다. 워낙 많은 사람이 몰리다 보니 인터넷 접속도 원활하지 않았고, 영업점엔 많은 사람들이 대기표를 받고 기다리는 진풍경이 펼쳐졌다.

하지만 은행은 손해보는 상품을 많이 팔지는 않는다. 하나은행은 'DLS 사태(해외금리 연계 상품에 가입한 사람들이 큰 피해를 본 사건)'로 이미지가 추락한 상태여서 쇄신 차원에서 마케팅도 필요한 상황이었다.

또한 1년짜리 상품의 가입한도는 '10만 원 이상 30만 원 이하'로 작았다. 여기에다가 그냥 5%를 주는 것도 아니었다. 기본금리 연 3.56%에 온라인 채널을 통한 가입(연 0.2%), 자동이체 등록(연 1.25%) 등의 조건을 충족해야 이 금리를 받을 수 있었다. 1년간 매달 30만 원씩 1년간 360만 원을 불입하면 이자소득세(15.4%)를 떼고 8만 2,650원의 이자를 받을 수 있었다.

은행은 고객들을 위한다는 이미지를 구축하면서 미래 고객을 확보하는 차원에서 간혹 '특판'을 실시한다. 하지만 실제 이런 상품에 가입하기도 쉽지 않고 고객들도 가입한도 제한 등으로 큰 이익을 내기 어렵다. 저금리 상황에서 쥐꼬리만 한 이자라도 소중한 세상이 되었으니 사람들이 몰리는 것이다.

2020년 5월 한국은행이 기준금리를 사상 최저인 0.5%로 내린 뒤엔 1%대 예금상품이 '특판'이라는 이름을 달고 나오기도 했다. 조금이라도 높은 금리상품에 목마른 한국 사회의 풍경이었다.

2000년대 이후 도래한
저금리 시대는 지속될 것인가

글로벌 경기 회복세로 금리가 오르더라도 길게 보면 과거처럼 높은 수준을 보여주긴 어렵다. 즉 은행금리를 받으면서 속 편하게 재산을 불릴 수 있는 시대가 다시 오기 어렵다는 점을 말해준다.

새로운 밀레니엄, 즉 2000년 이후 금리는 크게 떨어졌다. 1990년대까지만 해도 10%대의 금리를 받을 수 있는 상품이 꽤 많았다. 금리가 크게 낮아지면 은행상품만으로 재산을 불리기 어렵다.

사실 우리는 2000년대부터 '저금리 시대'라는 말을 써왔다. 그 시절 필자도 재테크의 암흑기 도래에 맞춰 '재테크의 기본은 아웃복싱'이라는 의미의 칼럼을 쓴 적이 있다. 오래 전에 썼던 글이지만 여전히 시사하는 바가 크다. 어렵사리 그 글을 찾아 여기에 다시 실어본다. 이 칼럼을 읽어본 뒤 조금 더 이야기를 전개해보자. 이 칼럼은 2001년경에 작성했다.

2명의 복서가 있었다. 문성길과 허영모는 국내 아마복싱 역사에서 어떤 짝보다 빛나는 라이벌이었다. 이들은 1980년대 아마복싱 중흥기를 대표하는 걸출한 선수들이었다. 당시 세계타이틀전을 제외한 국내 복서들의 경기 가운데 둘이 벌인 라이벌전만큼 세인들의 이목을 집중시킨 시합도 없었다.

우리에게는 이름값 때문에 문성길이 친숙하다. 문성길은 아마시절 국내 최초로 세계선수권 우승자의 월계관을 썼고, 1987년 프로로 전향한 뒤 WBA와 WBC에서 두 체급을 석권하기도 했다.

화려했던 문성길과 늘 문성길의 뒤를 밟았던 허영모. 둘은 라이벌이었지만 스타일은 아주 딴판이었다. '돌주먹'을 앞세운 문성길은 상대를 한 방에 때려눕힐 기세로 덤벼드는 전형적인 인파이터였던 반면, 허영모는 빠른 발과 정교한 몸놀림으로 상대의 펀치를 피하며 착실히 점수를 따는 아웃복서로 기억되고 있다.

언제부터인가 재테크에 대해 조언하거나 투자전략을 짜주겠다는 사람들은 모두 '저금리 시대'라는 말을 빼놓는 법이 없었다. 그 조언이란 것들은 환경이 바뀐 만큼 과감한 투자에 나서라는 것이었다. 즉 고위험을 짊어지라는 우격다짐식의 조언을 내놓는 경우도 많아 불안했다.

이른바 성장시대가 끝나면서 돈 벌 구멍은 더욱 좁아진 반면, 재산 형성에 대한 욕구는 더욱 커졌다. 우리 경제가 크게 성장곡선을 그릴 때엔 그저 은행에 돈을 맡겨 두는 것으로 족했다. 이자만으로도 짭짤한 소득을 올릴 수 있었던 것이다.

하지만 새로운 밀레니엄과 함께 순식간에 저금리 시대가 막을 올리면서 상황이 급변했다. 무리수가 따르는 재테크 비법들이란 것들도 쏟아져 나오고 있는 상황에서 우리는 복서들의 스타일로부터 시사점을 얻을 수 있다.

재테크에 대한 접근법도 크게 2가지로 나눌 수 있을 듯하다. 공격적인 돈 불리기와 안정적인 돈 불리기, 즉 인파이터형 재테크와 아웃복서형 재테크로 구분이 가능하다. 문성길의 파이팅 스타일처럼 과감하고 공격적으로 투자를 하는 것과, 허영모처럼 방어에 신경을 쓰면서 차곡차곡 자산을 늘려가는 방법이다.

인파이터형 재테크의 가장 큰 특징은 고수익이 가능하다는 점이다. 투자자에 따라서는 극단적인 레버리지 효과를 노리는 경우도 있다. 레버리지 효과란 이름에서 엿볼 수 있듯이 마치 지렛대처럼 가지지 않은 돈도 투자에 활용하는 것이다. 이를테면 100만 원을 가지고 200만 원을 투자한 것과 같은 효과를 내는 것을 말한다.

이 같은 재테크 방법의 가장 큰 문제는 원금보장을 확신할 수 없다는 점이다. 문성길은 화끈하게 상대를 몰아쳐 관중을 매료시켰지만, 수비는 허술한 편이었다. 양훅을 날릴까, 어퍼컷을 칠까 하고 신경을 온통 공격하는 데 쏟고 있는 선수가 수비마저 완벽하기를 바라는 것은 지나친 욕심이다.

큰돈을 벌 목적으로 덤벼드는 투자자는 그만큼 쪽박을 차게 될 가능성이 높은 것이다. 화끈한 KO 승부를 좋아하는 인파이터형 투자자들은 이른바 위험자산에 대한 선호도가 높다. 은행예금이나 채권보다는 주식을 선호하고, 주식 가운데에서 현물주식보다는 선물이나 옵션 같은 파생상품 쪽에 눈을 돌리는 경우가 많다.

아웃복서들은 다르다. 이들은 대체로 몸을 사리며, 과거와 같은 매력은 없지만 안전자산 중에서 고르고 또 고르는 일을 마다하지 않는다. 예금을 들어도 금리 차를 요모조모 따져보며, 소득공제나 세액공제 같은 자투리 소득을 얻는 법에도 민감하다.

진정한 아웃복서들은 그러면서 챙길 것은 챙긴다. 간혹 투자상품의 위험도가 상대적으로 낮으면서 고수익이 가능한 물건들이 나타날 때에는 과감하게 투자를 하는 경우도 있다. 은행권에서 판매해 상당한 인기를 누렸던 후순위채 같은 상품을 예로 들 수 있을 것이다. 후순위채는 보통 예금보다 이자를 높게 쳐주는데, 위험도는 여타 실적배당 상품보다 높다고 보기 힘들다.

허영모는 사실 대단한 테크니션이었다. 복싱 기술면에서는 문성길을 능가하고도 남았던 선수였다. 문성길처럼 화려하지는 못했지만 그의 부드러우면서 경쾌했던 복싱 스타일은 여전히 많은 사람의 뇌리에 남아 있다.

그는 상대를 짜증나고 지치게 하면서 링 주위에 자리잡은 부심들을 자기 편으로 만들곤 했다. 그리고 기회가 나타나면 과감히 카운트 펀치를 날려 상대방을 캔버스 위에 누이는 모습을 보여주기도 했다.

재테크에 대한 접근은 허영모 스타일이 보다 대중적일 수밖에 없다. 문성길이 시원하긴 하지만 위험이 크다. 이 때문에 투자자가 보유한 전 자산을 위험에 노출시키는 것은 어리석은 일이다. 아울러 전체 자산을 일정부분 이상 불려 때가 되었을 때 화려한 KO승부에 도전해봐도 좋을 것이다. 이 대목에선 허영모가 차곡차곡 상대를 두들겨 경기 막판에 주도권을 완전히 장악하던 모습이 오버랩된다.

투자자 성향에 따라 예금, 채권, 주식, 부동산 등에 대한 자산배분 정도는 천차만별이다. 위험을 감내하는 정도가 투자금액이나 사람의 성향에 따라 다르기 때문이다. 안전하면서도 고수익을 보장하는 투자는 발전된 사회에서는 존재하지 않는다. 그래서 하루 이틀 살고 그만둘 게 아닌 보통사람에게는 아웃복싱이 필요한 것이다. 재테크 전략에서는 허영모 스타일이 문성길 스타일보다 훨씬 교과서에 가깝다.

은행예금의 추락

이 칼럼은 2000년 이후 급격하게 낮아진 금리 환경에서 투자 전문가들이 너도나도 주식 등 위험자산 투자를 강권할 때 필자가 쓴 것이다.

1990년대만 해도 은행예금만으로 자산을 불릴 수 있었다. 이후 새로운 밀레니엄에 들어 금리가 5% 이하로 낮아지자 은행에서 이자를 받아서 살던 사람들과 은행예금을 재테크의 수단으로 이용하던 사람들 모두가 당황했다.

과거 데이터를 보자. 한국은행의 경제통계시스템(ecos.bok.or.kr)에 들어가서 과거부터 지금까지의 금리 변화를 살펴봤다. 에코스(한국은행 경제통계시스템)에 들어가보면 1996년부터의 데이터를 찾을 수 있다. 저축성 수신, 즉 정기예금 등 저축 목적으로 맡긴 예금금리들의 추이들이 확인된다. 이전 데이터가 없어서 아쉽지만 1996년과 1997년에 신규로 취급한 저축성 수신금리들이 10%를 넘는 것으로 나온다.

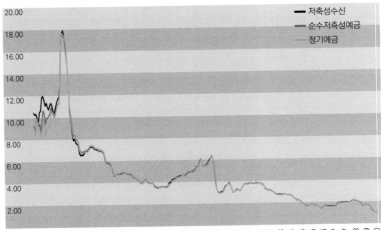

▼ 은행 정기예금금리 흐름　　　　　　　　　　　　　　　　(단위: %)

자료: 한국은행

　　1997년 말 IMF 외환위기가 터졌을 때는 IMF의 강요에 의해 정책
금리 등 금리를 더 올렸으니 이 당시의 저축성 수신금리는 어마어마
했다. 1998년 3월엔 저축성 수신 평균 금리가 무려 17.98%, 즉 18%
정도였다. 지금으로선 상상하기도 어려운 고금리다.

　　이랬던 저축성 수신금리가 2001년 9월엔 4.98%로 떨어져 드디어
5% 아래로 내려왔다. 이때부터 저금리 시대라는 말이 부쩍 많이 사
용되었다. 불과 얼마 전만 해도 은행에 맡기면 두 자릿수의 금리를
받을 수 있었는데, 이때 단시간에 금리가 5% 아래로 떨어져버렸기
때문이다.

　　필자는 1990년대에 조흥은행(현 신한은행)에서 처음 직장생활을 시

작했다. 당시만 해도 은행의 '특정금전신탁' 같은 상품엔 자산가들이 대거 몰렸다. 이런 상품에 가입하면 한 해 15% 넘는 이자를 받아갈 수 있었다. 1억 원을 맡겨놓으면 1년에 1,500만 원 이상을 벌 수 있었다. 즉 1억 원을 맡기고 매달 150만 원 정도의 돈을 받아 쓸 수 있었던 시대였다.

고금리 시대는 대출자에게는 힘들지만 성실한 직장인이 재테크를 하기는 쉬웠던 시대이기도 하다. 변동성이 큰 주식시장에 기웃거릴 필요도 없이 그저 은행에 돈을 맡겨놓기만 하면 재산을 불릴 수 있었기 때문이다.

즉 1990년대만 해도 예금·적금에 맡겨놓으면 연 15% 정도를 보장받을 수 있었다. 그때까지만 해도 은행예금은 가장 안전하면서도 편하게 재산을 불릴 수 있는 수단이었던 것이다. 하지만 앞서 본 것처럼 2000년대 초반에 금리는 5%도 안 되는 수준으로 크게 내려갔다. 지금 시점에서 본다면 당시의 5%도 '매우' 높아 보이는 금리다. 하지만 1990년대 두 자릿수 금리에 익숙했던 사람들에게는 5%는 말도 안 되는 금리였다.

이후 금리는 더 낮아진다. 한국은행은 자꾸만 정책금리(당시 정책금리는 기준금리가 아니라 '콜금리 목표'였다)를 내렸으며, 2003년 8월 은행의 저축성 수신금리는 3.94%까지 내려가 4%도 밑돌게 되었다. 더 이상 은행에 돈을 맡겨서 재산을 불리기 어려운 시대가 된 것이다.

이런 상황과 맞물려 2000년대 중반 적립식 펀드 열풍이 불었다. 적립식 펀드 투자는 마치 매달 은행에 불입하는 적금처럼 매달 펀드에 돈을 집어넣는 것을 말한다. 하지만 이 같은 '펀드 붐'은 2008년 글로벌 금융위기로 촉발된 주식시장 폭락으로 막을 내린다. 주식 펀드의 수익률이 반토막 나면서 소비자들은 깜짝 놀라 돈을 뺄 것이다. 주식형 펀드는 '주식 뭉치'일 뿐이다. 따라서 주가가 망가지면 주식형 펀드의 수익률도 급락하는 게 당연했다.

2008년 9월 글로벌 금융위기가 터진 뒤 한국에 들어온 외국인 자본이 빠져나가자 금리가 뛰었다. 그 당시 저축성 수신금리는 6.31%까지 뛰어올랐다. 금융위기가 일어나면 한국의 금리는 외자 이탈로 인해 뛰어오른 이후 급속하게 낮아지는 패턴을 보인다. 즉 여유자금이 있으면 외자, 즉 외국자본이 빠져나가 금리가 뛸 때를 이용해야 한다. 필자는 당시 살고 있는 집 근처에 있는 새마을금고의 정기예탁금에 가입해 연 7%를 훌쩍 넘는 이자를 받았다. 이런 기회는 좀처럼 오지 않기 때문이다.

글로벌 금융위기가 터진 몇 달 사이 한국은행은 정책금리를 대폭 내렸으며, 2009년 3월엔 은행의 저축성 수신금리가 2.97%로 내려갔다. 불과 몇 달 사이에 금리가 폭락해버린 것이다.

하지만 은행금리의 추락은 이게 끝이 아니었다. 금융위기가 진정된 뒤 3%대로 복귀했던 예금금리는 한국은행이 '경기부진과 물가상승률 둔화'를 이유로 기준금리를 1%대로 내리자 그야말로 과거엔 상상조차 할 수 없었던 수준으로 떨어져버렸다.

은행 저축성 수신금리는 2015년 3월 1.92%로 떨어져 드디어 본격적인 '1%대 예금금리' 시대를 열었다. 2016년 6월 한국은행이 기준금리를 1.25%로 내린 후인 그해 8월 저축성 수신금리는 1.31%까지 떨어져버렸다.

이후 2017년 11월 한국은행이 정책금리를 6년 5개월 만에 1.25%에서 1.5%로 25bp(1bp=0.01%p) 올리자 저축성 수신금리는 2018년 들어 1.80%대로 올라왔다. 하지만 2019년 들어 경제성장률이 2%로 떨어지는 과정에서 한국은행이 기준금리를 두 차례 내리고 2020년 코로나 사태로 기준금리가 0%대로 진입하자 예금·적금 등 수신금리는 역대 최저수준을 경신했다. 2020년 5월 한국은행이 기준금리를 0.5%로 내린 뒤인 그해 8월엔 저축성 수신금리가 0.81%로 내려갔다.

다시 고금리 시대가 찾아올까?

주변을 살펴보면 고금리 시대를 그리워하는 사람도 많다. 금리가 높아 은행에 돈을 맡겨놓으면 특별히 '재테크'에 신경을 쓸 필요가 없었던 시절을 그리워하는 것이다.

한국은행이 2017년 11월 금리인상을 단행하면서 은행 금리가 약간 올라오는 듯했지만 2019년부터 경기와 물가가 다시 둔화되면서 금리는 재차 낮아졌다. 한국의 고성장 시대가 끝난 만큼 경기가 좋아지더라도 금리상승의 한계 역시 비교적 명확하다고 봐야 한다.

1990년대만 하더라도 한국은 연 7~8%대의 고성장을 보였으며, 물가상승률도 높았다. 이에 따라 두 자릿수의 예금금리를 받을 수 있었다. 하지만 2000년대 들어 성장률이 4~5%대로 떨어지더니 2010년대엔 2~3%대 성장이 이어졌다. 2020년대 중엔 1%대로 낮아질 수 있다는 우려도 커졌다.

지난 2018년에만 하더라도 한국은행 내에선 한국의 잠재성장률, 즉 생산요소를 모두 투입해 무리하지 않고 성장할 수 있는 최대 성장률이 2%대 후반이라는 시각들이 엿보였으나 2020년 들어 이주열 한은 총재는 2%대 중반에 미치지 못할 것이란 입장을 보였다. 한국경제가 코로나19 사태로 2020년 마이너스 성장률을 기록한 뒤 그에 따른 반작용(기저효과)으로 성장률을 높이더라도 머지않은 시간에 한국의 성장률이 1%대에 안착하게 될 것이란 예측이 높다.

경기 흐름엔 사이클이 있다. 미국이나 글로벌 경기가 둔화된다면 수출 위주의 한국경제 역시 타격을 입을 수밖에 없다는 사실은 너무나 자명하다. 특히 장기적으로 보면 한국경제 상황을 크게 낙관하기는 어렵다.

나는 한국경제의 가장 큰 문제를 '아이를 낳을 수 없는 경제구조의 고착화'로 꼽는다. 경제가 성장하기 위해서는 생산 가능한 인구가 늘어나거나 유지되어야 한다. 하지만 2017년 중 경제활동인구는 줄어들기 시작했으며, 이 문제는 향후 한국경제가 높은 성장률을 달성하는 데 한계로 작용할 것이다.

정부의 싱크탱크인 한국개발연구원(KDI)은 2030년 정도엔 한국의 성장률이 1%대까지 떨어질 수 있을 것이란 암울한 전망을 내놓기도 했다. 다소 머지않은 10년 후의 미래는 그리 밝지 않다.

각 정부는 경제성장률이 떨어지면 내수부양을 위해 부동산시장

활성화 정책을 쓰곤 했다. 성장률을 높이기 위한 아이디어가 많지 않은 상황에서 한국경제의 구조는 계속 왜곡되어갔다. 계속되는 정부의 대증 요법으로 국가 재정의 건전성은 위협받고 있으며, 젊은층의 소멸 등으로 한국경제의 미래는 어두워졌다.

특히 문재인 정부 들어서는 수도권 아파트 가격이 폭등하면서 모아놓은 자산이 많지 않은 젊은층의 삶은 더욱 힘들어졌다. 무능한 정부의 연이은 부동산 정책실패로 '노동의 가치'는 땅에 떨어졌다. 문재인 정부는 노동을 배반함으로써 좌파 혹은 진보 정권의 가장 중요한 덕목을 뭉개버렸다. 이러면 더더욱 출산이 부담스러운 일이 된다.

글로벌 경기 회복 등으로 금리가 오르더라도 과거처럼 높은 수준으로 올라가긴 어렵다. 과거처럼 은행예금에만 돈을 넣어둬도 재산을 불릴 수 있는 시대는 다시 오기 쉽지 않다.

저금리 시대에도
복리의 마술은 통한다

금리엔 단리와 복리가 있다. 단리는 원금에 대한 이자만 계산하는 방법이다. 복리는
이자에 대한 이자도 함께 계산하는 방식, 즉 이자에 이자가 붙는 것까지 같이 계산
하는 방식이다.

천재 과학자 알버트 아인슈타인은 '복리'를 극찬했다. 아인슈타인은
복리에 대해 '인류 최고의 발명품' '우주에서 가장 강력한 힘' '세계
8대 불가사의' 등의 찬사를 늘어놓은 적이 있다고 한다.

너무나 유명한 투자자 피터 린치는 과거에 복리의 힘을 뉴욕의 금
싸라기 땅 '맨해튼'을 예로 들어 설명했다.

"1626년 인디언들이 24달러에 해당하는 장신구를 받고 네덜란드
이민자에게 맨해튼을 팔았습니다. 하지만 363년이 지난 1989년까지
그 24달러를 8%의 수익률로 복리 투자했다고 가정할 경우 인디언들
은 32조 달러의 원리금을 벌 수 있었을 겁니다."

만약 이 일이 가능했다면 인디언들은 맨해튼 토지 가치보다 500배 넘는 자산을 보유하게 되었을 것이라고 피터 린치는 설명했다.

복리의 개념을 이해하자

어떤 개념에 익숙해지기 위해서는 그 개념과 대비되는 개념을 같이 이해하는 게 좋다. 특정 현상을 잘 이해하기 위해 비교 대상을 찾아보는 것이다. 복리와 상반되는 개념은 단리다.

금리에는 단리와 복리가 있다. 단리는 원금에 대한 이자만 계산하는 방법이다. 복리는 이자에 대한 이자도 함께 계산하는 방식, 즉 이자에 이자가 붙는 것까지 같이 계산하는 방식이다.

가상의 인물 태민이가 친구인 세량이에게 5천만 원에 대해 연 10%의 이자를 받기로 하고 2년간 빌려줬다고 하자. 2년이 지난 후 태민이는 세량이로부터 총 6천만 원을 돌려받았다. 즉 매년 5천만 원의 10%, 즉 500만 원씩 이자가 붙었으니 당연할 것이다.

태민과 세량이의 이 계약에선 '단리이자'가 적용되었다. 만약 태민이가 '복리이자'를 받기로 했다면 세량이는 태민이에게 얼마나 돌려줘야 했을까?

1년이 지난 뒤 태민이가 세량이에게 받을 돈은 5,500만 원이다. 그런데 2년 차부터는 1년이 지난 뒤 붙은 500만 원의 이자에 대해서도 이자가 발생한다. 즉 계약기간 2년이 끝난 뒤에 세량이는 5천만 원 원금에 대한 2년치 이자 1천만 원과 계약 1년 후 발생한 이자 500만 원에 대한 1년치 이자 50만 원을 모두 갚아야 한다. 즉 두 사람이 복리로 계산했다면 세량이는 태민이에게 2년 후 6,050만 원을 돌려줘야 하는 것이다.

만약 이런 계약이 '장기'로 맺어졌다면 단리와 복리로 계산한 '이자의 차이'는 크게 벌어진다. 이제 시간을 늘려서 계산해보자.

계산의 편의를 위해 지금 경제상황에선 비현실적인 금리인 10%를 사용해서 이야기해보자. 타임머신을 타고 1990년대로 돌아갔다. 태민이는 복리로 연 10%의 이자를 주는 10년 만기 은행예금에 1천만 원을 넣었다고 해보자. 10년 후 이 복리예금을 찾았을 때 태민이는 손에 2,593만 원을 쥐게 된다. 원금 1천만 원에 이자가 1,593만 원이 붙은 것이다.

단리로 가입했다면 1천만 원에 대한 연간 이자 100만 원을 10번 받았을 테니 원리금 2천만 원을 손에 쥐게 된다. 단리 상품의 경우 이자는 간단히 1천만 원으로 계산된다. 복리로 계산한 이자가 593만 원이나 더 많은 것이다. 복리는 이자에 대한 이자까지 감안하기 때문에 시간이 지날수록 단리와 복리상품의 차이가 커지는 셈이다.

시간을 더 늘리면 엄청난 일이 계속 벌어진다. 앞의 예에서 기간을 20년으로 늘리면 어떤 일이 벌어질까? 단리방식은 원금에만 이자가 붙기 때문에 이자가 2천만 원 생긴다. 그러면 원리금은 3천만 원이 된다. 하지만 복리의 경우 이자가 5,727만 원이 붙어 원리금이 6,727만 원이 된다. 이는 단리로 계산한 원리금 3천만 원의 2배가 넘는 돈이다.

이 예를 통해 복리와 단리의 차이는 기간을 늘리면 늘릴수록 커진다는 사실을 알 수 있다. 아인슈타인과 피터 린치가 복리의 힘을 강조한 이유는 바로 '시간의 힘' 때문이었다.

다만 현실 세계의 은행에선 복리상품을 찾기 어렵다. 은행 입장에서는 고객을 위하는 척하지만, 자신들이 돈을 더 버는 데 목적이 있다. 안타깝지만 고객에게 유리한 복리상품을 찾기는 어렵다.

복리 계산식을 알아두자

2010년대 은행에서는 복리상품을 찾기도 어렵고 이자율도 너무 낮아 '10% 이자' 등은 비현실적인 이야기로 들린다. 하지만 복리의 개념을 알아두는 것은 상당히 중요하다. 금융의 세계에서 '복리의 개념'을 알고 있으면 채권투자 등 여러 측면에서 유리하다.

이번엔 1천만 원을 채권에 투자해 5년 뒤 50%의 수익률을 얻었다고 해보자. 복리의 개념이 없는 사람이라면 1년 평균 10%의 수익률을 거뒀다고 생각할 것이다. 하지만 이 채권투자에서 나온 연 수익률은 8.45%다. 즉 수익률 8.45%를 주는 채권에 5년간 맡겨두면 만기 때 1,500만 원을 벌 수 있다는 이야기가 된다. 1천만 원을 가지고 10% 수익률(금리)을 주는 채권에 투자하면 5년 뒤 원리금은 1,610만 원이 된다.

금융회사의 경우 고객들에게 상대적으로 높은 금리를 제공한다는 점을 강조하고 싶어 한다. 이럴 때 고객들에게는 단리로 말을 해서 금리가 높은 것처럼 현혹하기도 한다. 하지만 복리의 개념을 알고 있으면 이런 사탕발림에 속지 않을 수 있다.

이제 복리의 개념을 수식으로 정리해보자. 사실 앞에서 설명한 내용의 반복이지만, 수식으로 이해하는 것도 필요하다.

$$미래가치 = 원금 \times (1 + 금리)^{투자기간}$$

계산 편의를 위해 다시 10%의 금리(수익률)를 사용해보자. 1천만 원에 10%의 이자가 붙으면 1년 후 1천만 원은 '1천만 원$\times(1+0.1)$'로 변한다. 2년 후엔 '1천만 원$\times(1+0.1)(1+0.1)$', 즉 '1천만 원$\times(1+0.1)^2$'로 바뀐다. 계산기나 MS 엑셀 시트를 이용해서 쉽게 계산해볼 수 있다.

미래가치를 구하는 식을 활용하면 현재가치도 쉽게 구할 수 있다. 즉 앞의 식을 보면 현재가치(지금의 원금)는 미래가치를 $(1+금리)^{투자기간}$으로 나누면 된다는 사실을 알 수 있다. 다음은 10%의 금리를 주는 상품에 투자했을 때 원금 1만 원이 어떻게 변하는지 보여주는 표다.

투자기간	계산식	원리금
1년	$10,000 \times (1 + 0.1)^1$	11,000
2년	$10,000 \times (1 + 0.1)^2$	12,100
3년	$10,000 \times (1 + 0.1)^3$	13,310
4년	$10,000 \times (1 + 0.1)^4$	14,641
5년	$10,000 \times (1 + 0.1)^5$	16,105

앞의 설명을 읽었으면 당연히 알 수 있지만, 단리로 계산하는 식은 '원금×(1+투자기간×금리)'다. 즉 10%의 단리이자율로 3년간 투자하면 원금 1만 원은 '10,000×(1+3×0.1)', 즉 1만 3천 원이 된다. 즉 단리이자는 복리로 계산할 때보다 310원이 덜 붙은 것이다.

미래의 1만 원을 10%의 수익률(금리)을 이용해 현재가치로 바꾸는 표도 만들어보자. 보통 미래의 금액을 현재가치로 만드는 과정을 '할인한다'고 표현한다. 다음은 미래의 1만 원을 10%의 수익률(금리)로 할인해서 살펴본 현재가치다.

할인기간	계산식	원리금
1년	$10,000 \div (1 + 0.1)^1$	9,091
2년	$10,000 \div (1 + 0.1)^2$	8,264
3년	$10,000 \div (1 + 0.1)^3$	7,513
4년	$10,000 \div (1 + 0.1)^4$	6,830
5년	$10,000 \div (1 + 0.1)^5$	6,209

이 표를 통해 금리가 10%인 상황에서 3년 이후의 1만 원은 현재가치 7,513원임을 알 수 있다. 아울러 미래가치를 구하는 공식을 이해하면 당연히 현재가치도 자연스럽게 계산 가능하다는 점도 이해할 수 있을 것이다.

복리의 72법칙

금융권에 종사하거나 금융에 관심이 있는 사람들 사이에 '72법칙'은 꽤나 유명하다. 72법칙은 어림짐작으로 투자원금이 2배가 되는 데 걸리는 시간을 계산하는 방식이다. 정확한 값이 아니기 때문에 '70법칙'으로 불리기도 한다. 복잡하긴 하지만 이를 수학적으로 증명할 수 있다.

아무튼 복리의 경우 72를 금리로 나누면 원금이 2배가 되는 시간이 대략 나온다. 예를 들어 연 수익률(금리)이 5%라면 '72÷5＝14.4', 즉 대략 14년 만에 원금이 2배가 된다.

금리가 6%라면 원금이 2배 되는 데는 '72÷6', 즉 12년가량의 시간이 걸린다. 매년 10%의 수익률을 낼 수 있다는 자산에 투자했다면 원금이 2배가 되는 데엔 '72÷10', 즉 7년가량이 소요된다.

하지만 2010년대처럼 저금리가 지속되어 연 3%의 수익률을 내는 것마저 만만치 않은 시기에는 원금을 2배로 만드는 데 더 많은 시간이 걸릴 수밖에 없다. 매년 3% 정도의 수익률을 거둔다면 투자원금이 2배로 늘어나는 데엔 대략 24년이나 걸린다.

그럼에도 불구하고 복리의 효과는 대단하다. 만약 연 3%의 '단리'를 받으면서 원금을 2배로 만들려고 하면 무려 67년이나 걸린다. 시간은 복리의 편이다. 복리의 경우 투자기간이 길면 길수록 그 효과가 발휘되는 것이다.

은행예금만으로 자산을
충분히 불릴 수 있나?

> 매년 2%의 이자를 손에 받아 쥔다고 하더라도 내 재산이 2배로 불어나는 데 30년
> 이 넘는 시간이 걸린다. 사실 은행예금만으로 자산을 불리기는 생각보다 쉽지
> 않다.

"은행금리가 낮아도 은행이 제일 편하고 믿을 수 있잖아요. 증권
사는 너무 어렵고, 자산운용사는 뭐 하는 곳인지도 잘 모르겠어요."

"모르는 곳에 대한 두려움이 큰 것은 당연합니다. 그렇다고 은행
만 평생 이용하는 것도 바보 같은 짓이죠. 은행도 고객들의 이익보다
는 자신들의 이익을 극대화하는 데 혈안이 되어 있습니다."

의외로 주변에 보면 은행만 이용한다는 사람이 적지 않다. 평생 금
융거래를 은행하고만 했다는 사람도 적지 않다. 하지만 은행만 이용
하고 새로운 경험을 쌓지 않으면 금융 문맹자가 될 가능성이 높다.
그래서 필자는 은행만 이용하는 보수적인 사람들에게 시간이 날 때

증권사 지점이라도 들러 투자 상품이 뭐가 있는지 물어보라는 이야기를 한다.

지금은 모바일 뱅킹이 대세여서 은행 지점에 갈 일이 많지 않다. 이런 상황에서 낯선 증권사에 들르는 일은 더욱 마음이 내키지 않을 것이다. 하지만 다양한 금융경험을 쌓는 게 사는 데 도움이 된다.

우리는 흔히 급여통장으로 오랜 기간 거래해온 은행 혹은 회사에서 '정해준' 은행만 이용하는 경우가 많다. 급여통장으로 사용하는 은행의 보통예금 통장엔 이자가 연 0.1% 내외가량 붙어 사실상 이자를 주지 않는다고 볼 수 있다.

2020년 현재 기준금리가 0.5%인 상황에서 1년짜리 은행 정기예금에 가입한다고 하더라도 세금을 떼고 나면 연 1%의 이자도 못 받는다. 수시로 돈을 넣고 뺄 수 있는 은행의 수시입출식 예금에는 사실상 이자가 붙지 않는다. 하지만 증권사의 수시입출식 통장에는 이자가 붙는다. 그런데도 여전히 많은 사람들이 은행만 이용하는 습관 때문에 증권사의 가장 기본적인 상품을 모르고 있다.

단기자금은 CMA나 MMF에 맡겨라

우리는 대개 당장 사용할 데가 없는 돈은 이자가 사실상 없다시피한 은행 보통예금 계좌에 넣어두곤 한다. 하지만 이런 돈은 CMA나 MMF(머니 마켓 펀드)에 넣어두는 게 낫다. 먼저 CMA 이야기를 해보자.

자산관리계좌Cash Management Account 의 영문 이름인 CMA는 증권사의 수시입출식 상품이다. 이자가 거의 없는 은행 보통예금에 비해 이 자를 '주는' 상품이다.

CMA는 원래 종합금융회사(종금사)가 고객으로부터 받은 돈을 어음이나 단기 채권 등으로 운용한 뒤 그 수익을 고객에게 지급하는 상품이었다. 지금의 은행 수시입출식 예금에 해당하는 증권사의 상품으로 보면 된다. 사실 2000년 이후 저금리 시대가 도래하면서 CMA는 금융에 관심이 있는 일반인들에게도 안면을 트기 시작했다.

은행들의 입장에선 고객들이 보통예금에 맡긴 돈이 고마울 수밖에 없다. 보통예금으로 들어오는 돈에 대해 이자를 지불하지 않는 대신 대출 등으로 이 돈을 활용할 수 있기 때문이다. 은행 입장에서는 이 공짜 돈이 많을수록 이자 마진(대출금리와 예금금리의 차이)이 커져서 돈을 벌기 쉬워진다.

사실 1997년 외환위기 이후 은행들은 편하게 영업을 해왔다. IMF 외환위기로 은행들이 통폐합되며 은행 수가 줄어들어 과점 체제가 형성된 데다 정부는 은행을 살리기 위해 각종 지원을 해줬기 때문이다. 은행들은 금리가 낮아도 별다른 불평이 없는 '충성 고객'들 덕분에 더욱 편하게 영업을 할 수 있었다. 물론 은행들도 '주거래 고객' 등에게 대출이나 환전시 혜택을 주긴 하지만, 사실 그 혜택이라는 것이 몇 푼 안 되는 적은 금액이다. 대출을 받을 때도 주거래를 따질 것 없이 낮은 이자를 주는 은행을 택하는 게 합리적이다. 특정 은행과 오랜 기간 거래를 하면 '우수 고객'으로 '우대'한다고 하지만 실질적으로 가사에 도움이 별로 안 된다.

그런데 2000년대 중반 금리가 크게 떨어지자 일부 '깨어 있는' 고객들을 중심으로 증권사 상품에 관심을 가졌다. 그 선두에 선 상품이 증권사 CMA였다. 2009년 자본시장통합법 시행 이후 증권사 상품들의 불편한 점도 많이 개선되었다.

CMA는 재테크의 기본이라고 할 수 있다. 당장 투자할 곳이 없을 때 여전히 많은 사람은 이자도 붙지 않는 은행 보통예금에 돈을 맡기는 경우가 많다. 그런데 2007년 상반기에 CMA로 사람들이 대거 몰렸다. 당시 CMA 잔고가 몇 달 만에 2배 이상 급증하는 등 CMA 붐이 불었다. 증권사의 마케팅 등에 힘입어 CMA에 맡기면 이자를 받을 수 있다는 소문이 급속도로 퍼졌기 때문이다.

CMA는 원래 오래된 상품이다. 1984년 종금사가 선보였던 예금상품이었다. 당시 가입 금액에 제한이 있어서 일반인들이 접근하기 어려운 측면도 있었고, 모르는 사람도 많았다. 하지만 2000년대 중반 이후 종금사나 증권사들의 적극적인 마케팅이 가미되면서 대중화되기 시작했다. 증권사들은 CMA 그 자체보다 자신들이 파는 다양한 상품을 홍보하기 위해 CMA를 미끼로 활용하기도 했다.

증권사는 주식, 채권과 관련된 다양한 상품들을 판매한다. 사람들이 낮은 금리에 방황하고 있을 때 CMA를 내세워 영업에 열을 올린 적이 있었던 것이다. CMA의 가장 큰 장점은 단 하루만 맡겨도 이자를 준다는 점이다. CMA는 단기적인 목적으로 잠시 돈을 맡겨두기에 적합한 상품이다.

CMA의 종류를 알아보자

먼저 RP형(환매조건부채권형) CMA가 있다. CMA 통장에 입금된 돈을 RP에 투자해서 그 수익금을 '정해진' 이자로 돌려주는 상품이다. RP는 Repurchase Agreement의 약자인 만큼 일정 기간이 지난 후 채권을 다시 사거나 파는 조건으로 이를 팔거나 사는 거래를 말한다. RP는 돈이 필요한 금융회사가 단기자금을 조달하기 위해 발행하는 채권의 일종이라고 이해하면 되고, CMA-RP에 돈을 넣어두면 증권사가 그 돈으로 시중의 RP에 투자해 이자를 챙겨준다.

CMA-MMF형은 무엇일까? 우선 MMF는 Money Market Fund의 약자다. 펀드는 자산운용사(과거 투자신탁회사 혹은 투신사라고 부르던 곳)가 만들어 파는 금융상품이다. 고객이 CMA-MMF형에 가입하면 고객의 돈은 자산운용사로 들어가고, 자산운용사는 돈을 짧은 만기로 운용해 수익을 낸다. 즉 MMF는 자산운용사의 대표적인 단기투자상품으로 만기가 짧은 채권이나 CD 등으로 운용해서 낸 수익을 고객에게 돌려주는 상품이다.

CMA MMW형도 안전한 단기상품에 투자해서 수익을 내는 상품이다. MMW는 Money Market Wrap의 약자다. MMW형은 고객과 증권사가 랩 계약을 체결하고, 증권사는 그 계좌의 돈을 '한국증권금융 예치금'에 투자한다.

이름들이 복잡하지만 비슷한 상품들이다. 우리가 가장 쉽게 접하는 CMA는 RP형이다. 중요한 점은 CMA에 돈을 맡기면 단기채권 투자 등을 통해 은행의 보통예금과 달리 이자를 준다는 것이다.

CMA에는 약점이 있다. 은행예금의 경우 5천만 원 한도에서 원리금을 보호해주지만 CMA는 예금보장이 되지 않는다. RP형은 RP를 발행한 회사나 증권사 중 하나가 망한 경우엔 원금보장을 해주고, 둘 다 망하는 경우엔 원금보장을 받을 수 없으나 현실적으로 이럴 가능성은 거의 없다.

은행만 이용하는 사람들은 증권사 지점에 찾아가거나 온라인에서 CMA 통장을 개설하길 권한다. CMA 통장도 과거보다 불편한 점이 많이 개선되어 신용카드 결제나 인터넷 뱅킹, 현금입출금기(ATM기) 입출금 등도 가능해져 은행 보통예금처럼 쓸 수 있다. 또한 급여통장으로 CMA통장을 활용할 수도 있다. 다만 전반적으로 금리들이 너무 낮은 상태여서 큰 수익을 기대하긴 어렵다.

2020년 가을 시점을 기준으로 살펴보면 1년 동안 돈을 묶어둬야 하는 시중은행의 정기예금 금리가 연 0.7% 정도다. 반면 은행 보통예금은 이자가 사실상 없고, 증권사 CMA는 연 0.4% 정도의 이자를 건질 수 있었다.

그런데 전통 은행들의 고객을 빼오길 원하는 인터넷 은행들의 이자가 좀더 높았다. 이 시절 케이뱅크 플러스박스는 연 0.7%, 카카오뱅크의 세이프박스엔 연 0.5%의 이자를 줬다.

다만 CMA나 MMF는 어디까지나 '단기상품'이다. 즉 투자할 곳을 정하지 못한 자금이나 조만간 돌아올 대출금 만기 등에 대비하기 위해 일시적으로 돈을 맡겨두기 적합한 상품이라는 의미다. 은행 보통

예금에 넣어둬봐야 이자가 붙지 않기 때문에 이런 증권사 상품을 이용하는 게 유용하다. 또 급여통장으로 CMA를 이용하면 통장에 들어온 돈에 자연스럽게 이자가 붙기 때문에 신경을 덜 써도 된다.

재테크의 시작은 '아이들 머니' 줄이기

아이들 머니Idle Money는 놀고 있는 돈, 즉 유휴자금을 말한다. 저금리 시대든 고금리 시대든 이 유휴자금을 그냥 놀리는 것은 바보 같은 일이다. 곧 사용처가 생길 것 같은 돈이라도 일단 은행 입출식예금이 아닌 CMA나 MMF에 넣어두면서 이자를 챙기는 게 낫다.

CMA에 대해 앞에서 자세히 서술한 이유도 '노는 돈'을 줄이는 것은 자산 형성의 기본이기 때문이다. 당장 중장기적으로 투자할 곳을 못 찾았으면 일단 이자가 많이 붙는 상품을 찾아서 가입하는 게 우선이기 때문이다. 이제 CMA와 함께 대표적인 단기 상품인 MMF에 대해 조금 더 알아보자.

MMFMoney Market Fund는 단기금융상품에 집중적으로 투자하는 상품이다. 자산운용사가 운용하는 대표적인 단기상품으로 거래하고 있는 은행 등에서 가입할 수 있다.

MMF는 미국 증권사 메릴린치가 1971년 개발한 상품으로, 국내에선 1996년 10월부터 투신사(지금의 자산운용사)에서 팔기 시작했다. 자금을 단기로 운용하는 데 있어서 가장 편리한 상품 중 하나가 되었다.

MMF는 고객의 돈을 모아서 기업어음(CP), 양도성예금증서(CD),

단기 국채 등 단기금융상품에 투자한다. 콜 시장 개편(은행들 자금 과 부족 해소를 위한 시장으로 개편) 전에 자산운용사의 MMF는 콜 론(하루짜리 등 짧게 자금을 빌려주는 것)으로 자금을 대거 운용하기도 했다.

하지만 MMF 역시 수익이 확정된 상품이 아니라서 시장 상황에 따라 영향을 받는다. 2002년대 초 카드회사 부실과 함께 카드채 대란 사건이 일어났을 때 MMF가 큰 타격을 받기도 했다. 당시 운용사 MMF들은 카드회사가 발행한 채권과 CP를 대거 편입했다가 환매 요청에 시달리기도 했다.

이 사태 이후 MMF의 안정성은 더 강화되었다. 즉 2003년 3월부터는 회사채나 CP에 투자하지 않고 안정성이 보다 높은 국고채 등에만 투자하는 '국공채 전용 MMF'가 출범했기 때문이다. 또 MMF에 편입할 수 있는 채권의 만기가 짧아져 안정성이 보다 강화되기도 했다.

만기가 긴 채권은 변동성이 심하기 때문에 안정성이 떨어진다. 대신 안정성을 강화하면 수익성은 떨어진다. 즉 고위험, 고수익High Risk, High Return의 원칙은 어떤 투자를 하든 기본적으로 적용된다. 세상에 위험을 지지 않고 높은 수익을 낼 수 있는 투자수단은 거의 없다.

낮은 이자라도 받으면서 꾸준히 재산을 차곡차곡 쌓아 올리는 게 중요하다는 차원에서 대표적인 단기 투자상품인 CMA와 MMF에 대해 길게 설명했다. 한 푼의 이자라도 소중히 생각하는 자세는 중요하다. 다만 동시에 늘 새로운 투자처를 찾아야 한다. 은행을 벗어나는 훈련을 계속해야 하는 것이다.

앞에서 살펴본 72법칙을 활용하면 매년 2%의 이자를 손에 받아 쥔다고 하더라도 내 재산이 2배로 불어나는 데 30년 넘는 시간이 걸린다. 현재 이용하고 있는 금융회사를 최대한 활용하되, 다른 투자처를 찾는 수밖에 없다. 사실 은행예금만으로 자산을 불리기는 어렵다.

절대 은행을
믿지 마라

사실 은행뿐만 아니라 금융회사를 믿어서는 안 된다. 은행이나 증권사 지점에서 각종 금융상품을 파는 사람들은 냉정하게 이야기해서 고객을 위해서 일하는 사람들이 아니다.

2020년엔 기준금리 0%대로 떨어져 은행예금 상품 중 가입할 만한 상품이 없었다. 사실 가입할 만한 상품이 없기는 2010년대 역시 마찬가지였다. 기준금리가 1.25~1.5% 내외에 머물던 2015~2018년도에는 연 2%를 주는 상품을 찾기도 어려웠다. CMA와 MMF 같은 단기투자 상품에 가입하면 기준금리를 살짝 웃도는 정도의 수익을 낼 수 있었고, 정기예금 같은 은행상품에 들면 이보다 조금 더 높은 금리를 받을 뿐이었다.

이러다 보니 사실 이 시기엔 은행들도 정기예금이나 정기적금을 팔기가 쉽지 않았다. 금리가 너무 낮다 보니 팔 만한 상품이 없었던 것이다. 눈치가 빠른 사람들은 낮은 대출금리를 이용해 부동산투자나 주식투자 등에 열을 올리기도 했다.

아무튼 당시 은행들이 전통적인 상품으로 고객을 끌어올리기 곤란해지자 너도나도 많이 팔았던 상품이 ELS Equity-Linked Securities (주가연계증권)였다. 은행들은 ELS에 대해 '중위험, 중수익' 상품이라면서 고객들을 끌어들였다. 아니, 그 시절에 실제 은행지점에 방문해보면 상품에 대한 구체적인 설명 없이 "요즘 금리가 낮아 다들 ELS에 가입한다"면서 그냥 권하기 일쑤였다.

ELS에 가입하는 사람들도 은행이 말하는 대로 '금리가 2%도 안 되는 상황에서 ELS에 가입하면 5% 금리는 받을 수 있다'는 정도로만 이해하곤 했다. 또 ELS를 파는 은행원들도, ELS에 가입하는 고객들도 상품 구조에 대한 정확한 이해 없이 가입을 권하거나 가입하는 경우가 허다했다. 사실 금융상품과 관련해선 '불완전 판매'가 종종 이슈가 되기도 한다. 상품에 대한 충분한 설명 없이 이를 팔았을 때 '불완전 판매'가 성립되어 법적인 분쟁이 발생하기도 한다. 다만 현실적으로 금융상품을 이해하는 게 그리 간단하지 않아 이 문제를 해결하는 방법을 찾기도 만만치 않다.

ELS의 기본은 알아두자

ELS는 '개별주식(삼성전자 등 개별적인 주식 종목)'이나 주가지수(코스피 같은 주가지수)의 움직임과 연계해 투자수익이 결정되는 유가증권이다. 금융사들은 ELS를 판 자금의 대부분을 안전한 '채권'에 투자하고 일부는 주가지수 옵션 등 파생상품에 투자해 수익을 내기 위해 노력한다.

ELS의 구조는 천차만별이다. 즉 개별주식과 주가지수를 활용해 다양한 상품 구조를 만들 수 있다. 기본적으로 '주가지수나 개별종목이 특정 기간 동안 몇 % 이상 빠지지 않으면 몇 %의 수익을 얻는다'는 식으로 상품을 구성한다. 이제 ELS의 간단한 구조를 만들어보자.

매 3개월 비교 시점마다 롯데칠성 보통주 종가와 신한은행 보통주 종가가 최초 기준주가의 90% 이상인 경우에 연 10%의 수익을 지급한다. 가입 기간 동안 동일 날짜에 2종목 모두 종가기준으로 최초 기준주가 대비 8% 이상 상승한 경우 조기상환이 확정되어 연 10%의 수익을 지급한다. 1년 만기 시점까지 조기 상환되지 않은 경우에는 한 종목이라도 주가가 30%(장중 또는 종가) 이상 하락한 적이 없는 경우 연 6%의 이자를 지급한다. 투자기간 중 한 종목이라도 주가가 30% 이상 하락한 적이 있는 경우에 더 많이 하락한 종목의 만기 주가 수익률로 손실을 확정한다.

이제 이 조건을 검토해보자. 우선 롯데칠성이나 신한은행 주식은 '기초자산'이라고 한다. 기초자산은 투자대상 주식이나 주가지수를 의미한다. 편의상 롯데칠성의 기준주가가 100만 원, 신한은행이 10만 원이라고 해보자. 가입 후 3개월 후에 다가오는 기준일에 롯데칠성이 90만 원, 신한은행이 9만 원 이상이면 투자자는 연 10%의 수익을 올릴 수 있다.

또 가입기간 중에 2종목의 종가가 108만 원, 10만 8천 원 이상으로 올라가면 역시 연 10%의 수익을 올릴 수 있다. 하지만 이런 경우가 발생하지 않고 1년 중에 롯데칠성이 70만 원 이하로 내려가거나, 신한은행이 7만 원 아래로 내려갈 경우 더 많이 빠진 종목의 만기일(가입 후 1년 뒤) 수익률을 받게 된다.

ELS 가입 후 조기 상환 조건을 만족시키지 못한 가운데 주가가 오르내림을 반복하는 상황을 상정해보자. 어느 날 롯데칠성이 69만 원으로 하락한 뒤 이후 상승해 만기일엔 120만 원으로 올랐다고 해보자. 반면 신한은행은 줄곧 상승하다가 만기를 앞두고 급락해 6만 원으로 끝났다고 해보자. 이 경우는 '투자기간 중 한 종목이라도 30% 이상 하락한 적이 있는 경우'에 해당하며, 2종목 중 더 많이 빠진 신한은행의 수익률(-40%)을 투자자는 받아들어야 한다. 이 경우 투자자는 40%의 손실을 보게 되는 것이다.

이처럼 ELS는 '게임'의 성격을 지닌다. 단순히 '특별한 일만 없으면' 예금보다 훨씬 높은 수익률을 거둘 수 있을 것이라고 생각해서는 안 된다. ELS의 조건은 매우 다양하게 구성할 수 있다. 반드시 주가가 올라야 좋은 구조만 있는 것도 아니다. 주가가 하락해야 좋은 구조로도 얼마든지 설계할 수 있다. 심지어 주가가 올라야 좋은 것처럼 보이는 ELS가 주가가 '너무 많이' 오르면 손실을 보는 구조인 경우도 있다. ELS에 가입할 때는 반드시 구조를 확인해야 하는 것이다.

사실 저금리 시대 도래 이후 은행들은 팔 게 없으니 ELS 판매에 열을 올렸으며, 증권사들도 앞다퉈 ELS를 팔았다. ELS에 투자할 때는 원금보장형으로 할지, 비보장형으로 할지 판단해야 한다.

원금을 보장해주는 ELS의 수익률은 당연히 낮다. 원금을 보장하려면 큰 리스크(위험)를 질 수가 없어서 높은 수익률을 제시할 수 없는 것이다. '하이 리스크, 하이 리턴' '로우low 리스크, 로우 리턴'은 투자의 기본이다. 큰 위험을 지면 큰 수익을 거둘 수 있지만, 쪽박을 찰 수도 있다. 반면 리스크를 적게 지면 큰 수익을 벌 가능성도, 쪽박을 찰 가능성도 낮아진다. 주식시장 흐름 예측에 자신이 있다면 높은 수익을 기록할 가능성이 있는 ELS를 선택할 수 있을 것이다.

그런데 은행 판매직원들도 ELS를 잘 모르고 파는 경우가 많았다. 예를 들어 예금보다 더 높은 금리를 주는데 위험은 별로 크지 않다는 식으로 판매를 하는 경우도 꽤 있었던 것이다. 지난 2015년엔 많은 금융회사 직원들이 ELS는 위험이 거의 없는 '원금보장형' 상품이란 식으로 판매를 했다가 주가 폭락으로 투자자들에게 큰 손실을 안기기도 했다.

ELS에 가입하기 위해서는 주식시장 등 금융에 대한 지식이 어느 정도는 있어야 한다. 하지만 평소 주식은 전혀 모르고 예금만 알던 이들이, 예금금리가 너무 낮아 다른 곳으로 눈을 돌렸다가 큰 고민 없이 은행 직원이 권하는 대로 ELS에 가입하는 경우들이 많이 있었던 것이다.

과거에는 '원금보존 추구형'이라는 표현이 말썽을 빚기도 했다. 원금보장은 말 그대로 1천만 원을 맡겼으면, 만기가 되었을 때 최소 1천만 원은 돌려받는다는 이야기다. 하지만 '원금보존을 추구하겠다'는 의미는 적어도 원금을 안 까먹기 위해 '노력'하겠다는 의미일 뿐이다. 원금보장과는 전혀 다른 개념이다. 드문 경우이긴 하지만 과거엔 ELS에 투자했다가 원금의 90%를 날린 경우들도 종종 있었다.

ELS에 가입할 때는 '원금보전형'으로 할지, 좀더 높은 수익을 얻기 위해 '원금 비보전형'으로 할지 결정해야 하며, 무엇보다 수익과 손실이 나는 구조를 제대로 이해해야 한다. 그런데도 여전히 은행이나 증권사의 "은행 정기예금보다 높은 수익을 안겨준다"는 말만 믿고 가입하는 사람들이 많다.

저금리가 불러온 ELS 투자현상

2000년대 이후 저금리가 일상화되면서 ELS는 어느새 '국민 재테크' 상품으로 불리고 있다. 이는 ELS에 얼마나 많은 사람들이 투자하는지를 보면 알 수 있다. 2017년 ELS 발행규모는 무려 65조 원을 넘어섰다. 매달 평균 5조 원 이상의 자금이 ELS로 들어온 것이었으나 2019년엔 더 극적으로 늘어났다. 무려 99조 원이 넘는 자금, 즉 100조 원에 가까운 자금이 ELS로 들어왔다.

이런 상황에서 2020년 3월 코로나19 사태로 주가가 폭락하자 ELS 때문에 금융시장이 더 심하게 요동쳤다. 2020년 3월엔 ELS 마진콜

이슈로 증권사 유동성 위기가 불거졌기 때문이다. 즉 증권사들이 ELS를 대규모로 발행한 상황에서 코로나19 여파로 주식시장이 일시적으로 폭락하자 자체 헤지를 위해 담아둔 자산 가격이 크게 떨어지면서 마진콜에 직면했고, 이로 인해 단기자금 시장과 외환시장까지 크게 흔들렸다. 아무튼 '국민 금융상품'의 덩치가 지나치게 비대해지면서 금융시장이 위기에 처했다.

ELS는 통상 주가가 오를수록 유리하다. 하지만 ELS는 사실 전문가들도 잘 알기 어려울 정도로 복잡하다. 일반인들은 그냥 "좋다"는 말만 듣고 ELS에 투자하는 경우가 많다. 기초자산도 국내의 코스피지수나 개별종목 뿐만 아니라 글로벌화되었다.

예를 들어 홍콩H지수(HSCEI), 미국 스탠다드앤푸어스 500지수(S&P 500지수), 일본 닛케이 225지수, 유로스톡스 50지수 등이 기초자산으로 사용되는 경우가 많다. 증권사들은 예를 들어 '유로스톡스 50과 홍콩H지수, S&P 500지수에 투자하는 연 최고수익률 8%인 ELS를 모집한다'는 식의 광고를 한다.

국내 주가지수 움직임을 예측하기도 어려운데 해외 주가지수를 기초자산으로 하는 상품들이 상당히 많이 팔리는 것이다. 투자자들 중엔 '해외 지수를 이용해서 만든 상품이야?'라면서 오히려 긍정적으로 보기도 한다. 다만 주가지수가 어떻게 움직일지 모르는 상황에서 높은 '목표' 수익률에 혹해서 투자하다가는 손실을 입을 수 있다는 점을 감안해야 한다.

한편 ELS와 비슷한 DLS 상품들도 많다. DLS는 파생결합증권

Derivatives Linked Securities의 약자로, 주식에 연계해서 수익률이 결정되는 ELS의 확장판으로 볼 수 있다. DLS는 이자율(금리), 환율, 유가, 실물자산 등을 기초자산으로 해서 만든 파생상품이다. 즉 ELS보다 다양한 기초자산으로 상품 설계가 가능한 구조를 지녔으나 안전하다고 자신할 수는 없었다. 2019년엔 영미권과 독일 금리를 기초자산으로 한 DLS에서 큰 손실이 나 사회 문제가 되기도 했다.

결국 ELS든 DLS든 '원금보장형'이 아니라면 상당한 베팅을 해야 한다. 은행이나 증권사에서 설명을 듣다 보면 '설마 주가지수가 30%나 빠지겠어. 특별한 일만 없으면 5%를 주는데'라는 생각을 하며 안전하다는 느낌을 받는 경우가 많다. 하지만 금융시장은 일반인들이 생각하는 것 이상으로 예측이 어렵다는 점을 명심하고 접근할 필요가 있다.

금융회사를 믿어선 안 된다

사실 은행뿐만 아니라 다른 금융회사도 믿어서는 안 된다. 은행이나 증권사 지점에서 각종 금융상품을 파는 사람들은 냉정하게 이야기해서 고객을 위해서 일하지 않는다. 자신이 몸담고 있는 회사에 가장 유리한 상품을 추천하는 사람들일 뿐이라는 생각을 가지고 대할 필요도 있다.

은행이나 증권사에서 펀드를 파는 사람들은 수수료와 보수를 높게 받을 수 있는 상품 등 자신들에게 유리한 상품을 선전하는 경우도 많다. 금융 소비자는 기본적인 금융 개념 정도는 알아둬야 금융사 직원에게 당하지 않을 수 있다. 우선 펀드 같은 금융 상품에 가입할 때는 수수료에 신경을 써야 한다.

원금이 줄어들 가능성이 낮은 펀드에 장기로 가입하는 사람들에게는 선취 수수료가 유리할 수 있다. 선취 수수료를 적용하는 펀드는 원금의 일부를 '먼저' 수수료로 뗀다. 예를 들어 애초 펀드 가입금액 1천만 원이 나중에 1,500만 원이 되었다면, 수수료를 미리 떼는 펀드가 불어난 1,500만 원에 대해 보수를 지속적으로 떼는 펀드보다 나은 것이다.

이 밖에 환매 조건 같은 것을 따지는 것도 기본이다. 펀드 가입자가 펀드를 일찍 환매, 즉 약정한 기간보다 먼저 해약하려고 하면 환매 수수료를 매긴다. 환매 수수료는 펀드의 안정적인 운용을 유도하기 위한 것이다. 아무튼 은행이나 증권사 등 금융상품을 파는 입장에선 수수료와 보수 등이 높은 상품이 유리하다. 금융사들이 해외 펀드를 많이 파는 이유가 말 그대로 그 펀드의 장래가 밝아서인지, 수수료나 보수가 많기 때문인지 살펴볼 필요가 있다.

무엇보다 은행의 판매사 직원들도 자신이 파는 펀드에 대해 잘 모르는 경우가 많다. 은행원이나 증권사 직원이 전문가이길 기대해서는 안 된다. 사실 금융 상품의 성과는 '미래'와 관련되어 있어서 누구도 잘 알기 어렵다.

펀드 가입시엔 은행에 '투자설명서'를 달라고 하면서 정교한 설명을 요구해야 한다. 하지만 고객에게 상품에 대해 정확히 설명하는 은행 직원이 그리 많지 않다. 은행 직원들은 형식적으로 해야 하는 설명을 한 뒤 그저 '설명 들었음' 같은 말에 고객이 서명하길 원하는 경우가 많다. 이런 일을 하는 이유는 향후 문제 발생 소지를 없애기 위한 조치다. 모두가 나쁜 사람들은 아니지만, 진정 고객을 위하는 직원은 많지 않다.

금융 지식이 없으면 금융사 직원이 하는 말에 속을 수 있다. 예를 들어 거치식 펀드와 적립식 펀드가 있다고 하자. 목돈을 한꺼번에 맡기는 거치식 펀드와 다달이 불입하는 적립식 펀드의 수익률은 차이가 날 수밖에 없다.

예를 들어 특정 펀드의 최근 3개월 수익률이 30%인 경우 3개월 전에 100만 원을 투자했으면 3개월 후 원금은 대략 130만 원이 되었을 것이다. 하지만 적립식의 경우 매달 100만 원씩 넣기 때문에 3개월 후 수익률은 대략 거치식의 절반, 즉 15% 정도의 수익만 난다. 일반인들 중에는 이 개념조차 모르고 적립식으로 가입하기도 한다. 즉 거치식은 정기예금과 비슷하고, 적립식은 정기적금과 비슷한 것이다. 물론 펀드는 성과에 따라 수익률이 차이가 나기 때문에 은행의 정통 상품인 예금, 적금과는 다르다.

펀드의 경우 과거 수익률이 미래를 보장하지도 않는다. 과거에 높은 수익을 거둔 펀드라고 앞으로도 계속 잘할 것이란 보장이 없다. 과거에는 금융사 직원들이 펀드 수익률이 높은 기간을 잘라서 고객들을 속이려 하는 경우도 허다했다. 그저 친절한 금융사 직원의 목소리만 듣고 마음을 놓고 있으면 안 된다. 궁금하거나 이해가 되지 않는 부분은 반드시 물어야 한다.

우리는 은행이나 증권사에 소중한 돈을 맡기고 특정 상품에 가입한다. 그러나 투자의 책임은 본인에게 있다. 아울러 내가 금융지식이 많지 않다고 '유식한' 용어를 쓰는 은행원들의 말을 신뢰해선 안 된다. 모르면 묻는 게 당연하다. 물어보는 것은 고객의 권리다. 은행들은 상품에 가입하는 고객들을 고맙게 생각해야 한다. 그들에게 돈을 벌어주기 때문이다. 내 돈을 금융사가 알뜰하게 잘 굴린 뒤 자산을 불려줄 것이라고 믿지 말자. 내 돈에 대해 주인 의식을 갖자.

건전한 사회란 어떤 사회를 말하는 것일까? 성실하고 열심히 일하면 내 몸 하나 누일 수 있는 집을 장만할 수 있는 사회라는 생각도 든다. 하지만 물려받은 게 많지 않은 사람은 단순히 열심히만 일해서는 서울에서 내 집을 마련하기 어렵다. 좋든 싫든 우리는 모두 부동산에 관심을 가질 수밖에 없다. 그런데 오랜 저금리가 지속되면서 서울 아파트로 대변되는 부동산 가격이 크게 뛰었다. 박근혜 정부는 내수경기 부양을 위해 부동산 규제를 풀어 우선 부동산 띄우기에 골몰했다. 정권 후반부엔 경제성장률 기여도의 절반을 건설투자가 차지할 정도였다. 다만 이 같은 경기 부양은 매우 위험하다. 노동 가치가 땅에 떨어져 건전한 근로 의욕이 떨어진다. 길게 보면 돈이 부동산에 묶여 소비도 타격을 받게 된다.

하지만 문재인 정부의 초기 부동산 정책도 실패작이었다. 집권 초기 부동산 보유세 인상이나 공시가격 현실화를 주문해 집값 급등 조짐을 차단하라는 주문이 적지 않았지만, '매우 복잡한' 나열식 집값 대책만 내놓았다. 문재인 정부 출범 후 1년 남짓 만에 상당수 서울 아파트 가격이 50% 넘게 뛰었으며, 집권 3년차를 넘어갈 때는 100% 이상 뛴 수도권 아파트들이 속출했다. 저금리 등으로 집값 상승에너지가 결집되어 있을 때 정부의 대책이 기대에 미치지 못하면서 집값이 크게 오른 것이다.

집값이 올라 행복한 사람도 있고, 반대로 미래에 대한 희망을 버린 사람도 있다. 한국인은 누구든 집값에 민감할 수밖에 없다. 부동산은 한국인의 최대 관심사다. 부동산을 냉정하게 볼 필요가 있다.

4장

금리를 알아야
부동산투자로
돈 벌 수 있다

부동산이 금리에
민감할 수밖에 없는 이유

주식이나 채권 등의 금융자산과 마찬가지로 부동산 가격도 여러 가지 요인에 의해 영향을 받는다. 이런 자산들은 경제학의 가장 기본적인 원리인 수요와 공급의 법칙에 따라 움직인다.

"그동안 금리를 너무 낮게 유지해서 집값이 오른 거잖아요."

"그걸 모르는 바보가 어딨어요? 그간 한국의 금리가 너무 낮다 보니 시중의 돈들이 모두 부동산으로 갔어요."

"금리가 낮으면 그만큼 돈 빌리기도 쉽고 집 사기도 쉬워지죠. 그러니 부동산이 급등한 거예요."

"사실 정책을 펴는 사람들은 다주택자이거나 고가의 집을 가지고 있어요. 그래서 이런 사람들은 언제나 저금리를 원하죠."

위의 대화는 2016~2018년 집값이 크게 오를 때 지인들과 자주 나눈 대화의 내용이다. 부동산에 있어서 금리는 아주 중요하다. 대화에서 나오는 것처럼 우리는 금리와 부동산의 관계를 아주 중요하게 생각할 수밖에 없다.

빌려서 사야 하는 값비싼 재화인 '부동산'

당신이 가진 재산 가운데 가장 비싼 물건은 무엇인가? 자동차, 텔레비전, 냉장고? 하지만 많은 사람에게 이 모든 것과는 비교가 안 될 정도로 비싼 물건이 있다. 이것은 바로 '부동산', 즉 우리가 살고 있는 집이다.

집은 너무나 비싼 물건이어서 '특수한' 사람을 제외하고는 자기 돈만으로 살 수가 없다. 한국 사람들의 평균 재산이 3억 원이 채 안 되는 상황이지만, 서울과 수도권의 아파트 가격은 문재인 정부 들어 역대 정부 중 가장 큰 폭으로 폭등했다. KB국민은행에 따르면 2020년 9월 서울 아파트 평균 매매 가격은 10억 312만 원으로 사상 처음으로 10억 원을 돌파했다.

즉 집을 사기 위해서는 은행에서 대출을 받아야 한다. 결국 대출금리의 수준은 부동산 수요에 영향을 미쳐서 집값에 영향을 준다. 금리가 낮으면 은행에서 대출을 받아 집을 사는 사람이 많아져 집값이 오를 가능성이 커진다. 반대로 대출금리가 높으면 사람들은 이자 부담 때문에 섣불리 주택 구매에 나서지 못한다. 이러면 집값이 오르기 어려워진다.

부동산투자 관점에서도 금리는 기본 중의 기본이다. 예컨대 은행

예금금리가 2%인 상황에서 5억 원짜리 건물의 임대수익이 연 2,500만 원이라면 당신은 어떻게 하겠는가? 이 5억 원짜리 부동산에서 나오는 수익률은 연 5%로 은행이자보다 훨씬 높다.

이런 경우에 돈이 있는 사람들은 은행예금에 들기보다는 부동산을 사서 세를 주는 게 더 나을 것이다. 만약 5억 원이 없는 사람은 은행에서 대출로 빌린 돈과 자신의 돈을 보태서 세를 줄 수도 있다. 예금금리보다 부동산 임대수익이 더 높다면 부동산 가격이 오를 가능성도 커진다.

그런데 한국은행이 열심히 기준금리를 올려서 은행예금금리도 4%에 달했다고 생각해보자. 5억 원짜리 부동산의 임대수익률이 5%라면 당신은 어떻게 하겠는가? 여전히 부동산 임대수익이 높으니까 부동산을 선호할 수도 있을 것이다. 하지만 부동산을 사서 세입자를 구하고 관리를 하는 일은 은행에 예금을 드는 것보다 귀찮고 손이 많이 간다.

게으르고 보수적인 사람이라면 귀찮은 부동산보다 그냥 은행에 돈을 맡기는 길을 택할 수 있다. 즉 예금금리와 부동산투자 수익률의 차이가 줄어들면 부동산에 대한 수요는 줄어든다. 이처럼 시중금리가 오르면 부동산 가격 상승 압력이 줄어들 수 있는 것이다.

결론은 간단하다. 금리가 낮을수록 부동산투자용 자금을 빌리기 쉬워져 부동산 가격이 오를 가능성이 높아진다. 극단적인 저금리 상황에서 레버리지(빚)를 크게 일으켜 투자(혹은 투기)를 하는 사람도 많아진다. 2016년 6월 한국은행이 기준금리를 사상 최저인 1.25%까지 내린 뒤 서울의 아파트 가격은 급등했다. 주택을 담보로 3% 정도에 대출을 받아서 집을 사는 사람들이 많았던 것이다. 이러면서 2017년부터 집값은 폭등했다. 여기에 문재인 정부의 계속된 부동산 정책 실패가 맞물리면서 수도권 아파트 값은 상상하기 어려운 수준으로 뛰었다.

초저금리는 부동산투기 붐을 일으켜 결국 경기를 망가뜨리는 역할을 하기도 한다. 2008년 글로벌 금융위기도 결국 부동산투기 붐 때문에 일어났다.

미국은 2002년부터 2004년 6월까지 2년이 넘도록 1%대의 기준금리를 유지했다. 이러면 돈이 많지 않은 사람들도 집을 사기 쉬워진다. 중앙은행의 저금리 정책에 의해 시중에 풀린 풍부한 유동성은 결국 부동산 붐으로 이어졌다. 이후 미국 중앙은행인 연방준비제도이사회가 금리를 올리자 집값은 꺼졌다. 빚내서 집을 샀던 사람들은 빚을 갚지 못해 파산했으며, 경기는 크게 침체되어 글로벌 금융위기가 발생했다. 이처럼 금리는 부동산에 있어 아주 중요한 변수다.

다만 금리가 '낮다'는 사실 그 자체만으로 부동산이 무조건 오른다고 생각하는 것도 옳지 않다. 금리가 낮은 현상은 투자를 해서 이익을 내기 어렵다는 뜻이기도 하며, 사람들의 돈에 대한 수요가 많지 않다는 의미이기도 하다. 이 때문에 경기가 아주 나쁘다면 낮은 금리에 돈을 빌려서 투자를 하더라도 이자를 감당하지 못할 경우가 많다. 이런 경우엔 부동산도 오르기 어렵다. 즉 마찬가지 관점에서 경기가 크게 나쁘지 않은데 금리를 낮게 유지한다면 부동산 가격이 오를 가능성이 커진다고 볼 수 있다.

인구변화와 금리 그리고 부동산

주식이나 채권 등의 금융자산과 마찬가지로 부동산 가격도 여러 가지 요인에 의해 영향을 받는다. 그리고 이런 자산들은 경제학의 가장 기본적인 원리인 수요와 공급의 법칙에 따라 움직인다.

부동산 가격과 관련해서는 '인구' 요인이 크게 주목을 받는다. 한국에선 대략 2017년부터 생산가능인구가 줄어들기 시작했다. 생산가능인구란 경제활동을 할 수 있는 15세에서 64세까지의 인구를 말한다. 이 생산가능인구가 감소한다는 것은 집을 살 수 있는 부동산 수요자가 줄어든다는 의미다.

이에 따라 일각에선 오래전부터 부동산 가격이 향후 폭락할 것이란 이야기들을 많이 해왔다. 한국은 세계에서 '저출산 고령화'가 가장 심각한 나라다. 인구에서 노인이 차지하는 비중이 급속히 늘어나는 가운데 태어나는 아이 수는 급격히 줄어드는 것이다. 고령층은 소득이 적어 보유하고 있던 집을 처분해야 할 수 있다. 반면 젊은 층은 구매력이 떨어진 데다 인구도 줄어들고 있어 전체 구매력이 낮다.

한국에선 1970년을 전후로 100만 명 내외의 신생아가 태어났다. 그 중 1971년에 태어난 사람들이 한국에서 가장 많다. 하지만 2017년에 태어난 신생아 수는 36만 명 수준에 그쳐 그간 지켜오던 40만 명 선마저 무너졌다. 지난 1997년 IMF 외환위기 이후 한국의 출산율은 급격히 떨어졌으며, 2002년부터는 50만 명도 채 되지 않는 아이들이 태어나고 있다. 출생아 수는 2002년 40만 명대로 낮아진 뒤 15년 만에 30만 명대까지 떨어진 것이다.

사실 인구와 부동산 가격의 관계는 무시하기 어렵다. 흔히들 40대부터 부동산 자산 매입이 본격화되고 50대에 정점이 이른다는 이야기를 한다. 또한 각 나라 사례들을 연구해 40대 후반 인구의 비중이 가장 높을 때 부동산 가격이 가장 높다는 분석들도 많다. 즉 40~50대는 '핵심 자산 매입 연령대'인 것이다.

2018년 기준 한국에서 가장 많은 쪽수를 차지하는 층은 1971년생으로 48세. 부동산 가격과 인구의 상관관계를 말할 때 40대 후반의 인구가 가장 많은 시점을 부동산 가격의 정점으로 보기도 한다. 한국에서는 1971년 102만 명이나 되는 신생아가 태어났고, 이들이 한국 인구에서 가장 큰 비중을 차지한다. 2018년에 태어난 아이는 37만 명도 채 되지 않는다. 한국은 급속하게 늙어가고 있는 것이다.

2017년부터는 생산가능인구마저 감소하고 있으니 앞으로 부동산 가격은 떨어질 일만 남은 것일까? 향후 생산가능인구가 더 줄어들 것이니 주택 수요는 둔화되고 그러면 부동산 가격이 정말 폭락할까?

하지만 이런 상황이 전개되기도 만만치 않다. 한국에선 50대 뿐만 아니라 60대도 주택을 많이 산다. 2010년에 50대 아파트 구입자 수가 5만 명이 되지 않았지만, 5년 후인 2015년엔 8만 명 가까이가 아파트를 매수했다. 60세 이상의 구매자는 2010년 7만 명 정도였으나 2015년엔 11만 명을 넘겼다. 기존 40~50대 중심의 자산 수요층이 더 넓어진 게 한국의 현실이다.

냉정하게 말하면 한국의 젊은층은 가난한 반면 장년층엔 상당한 구매력이 남아 있다. 언론에서 폐지 줍는 노인들의 안타까운 사연을 보도하곤 하지만, 돈이 많아 부동산시장을 주도하는 장년층도 많다.

인구 문제는 금리와도 직결된다. 한국은행이 2017년 11월과 2018년 11월 두 차례 금리를 인상했지만 2019년부터는 다시 금리를 내려야 했다. 인구 구조를 감안할 때 한국은 성장률이 둔화될 가능성이 높아 과거와 같은 고금리 시대를 예상하긴 어렵다.

성장률은 노동과 자본 투입량 그리고 생산성으로 결정된다고 볼 수 있다. 한국의 성장률은 이제 인구 증가에 따른 '이익'을 취하기 어려운 구조가 되어 버렸다. 즉 노동력 투입에 한계를 보일 수밖에 없는 가운데 자본 투입은 이미 상당 부분 이뤄진 상태다. 한국이 성장률을 높이기 위해서는 생산성을 끌어올려야 한다. 즉 기술발전 외에는 답이 없는 경제구조로 변했다.

이렇게 되면 인구가 성장률에 부정적인 영향을 미칠 수밖에 없다. 저출산에 따라 학생 수가 줄어들어 지방대학 등엔 이미 비상등이 켜졌다. 학원 산업, 유아 산업 등 인구와 관련된 산업들도 위험에 직면해 있다. 이 밖에 각종 내수 산업 역시 앞으로 저출산 때문에 타개책을 찾기가 쉽지 않을 것이다.

이런 구조에선 경제성장률이 고공행진을 벌이기는 어렵다. 한국 경제는 수출 위주여서 글로벌 경제 상황과 밀접한 관련을 가진다. 2016년 하반기부터 글로벌 경제가 본격적으로 좋아지면서 한국경제가 좋아진 측면이 있고 2017년 11월엔 금리까지 올릴 수 있는 상황이 되었지만, 이 같은 호시절이 장기간 이어진다고 보기는 어려웠다.

물론 양극화된 한국경제 현실에선 경기가 좋아졌다고 느끼는 계층도 일부에 불과하다. 결국 한국이 2017년 금리인상기를 맞았지만 인상은 2018년까지 단 두 차례에 그쳤고, 2019년부터는 금리를 다시 내려야 했다.

2020년 한국은행은 기준금리를 0.75%p(75bp) 인하해 1년 전이라면 누구도 예상하지 못했던 0.5%까지 금리를 내렸다. 코로나19 사태의 영향이 작용했지만, 이 전염병이 없었더라도 한국은행은 금리를 내릴 가능성이 높은 상황이었다.

한국경제가 좋아져 기준금리가 인상기로 접어들더라도 돈이 많은 장년층들은 부동산을 통해 계속해서 그들의 경제적 지위를 유지하려고 할 것이다.

한국의 금리가 오르는 데 한계가 있을 수밖에 없다면, 돈이 많은 장년층들은 부동산을 통해 그들의 경제적 지위를 유지하려고 할 것이다. 금리인상기를 맞았다고 부동산이 급락하기 어려운 이유다.

금리를 올리면
부동산은 정말 하락할까

금리는 부동산에 큰 영향을 미친다. 그러면 금리인상기엔 집값이 반드시 떨어질까? 그렇지 않다. 사실 한국의 부동산 가격은 특정한 시기를 제외하면 '일반적으로' 올랐다.

2017년 11월 한국은행이 6년 5개월 만에 기준금리를 올린 뒤 사람들은 얼마나 더 금리가 오를지 관심을 보였다. 당시 미국이 금리를 계속 올리는 상황에서 한국은행도 따라서 금리를 올려 은행예금금리와 대출금리도 올랐다.

많은 사람들은 그동안 금리가 너무 낮게 유지되었기 때문에 부동산 가격이 뛰었다고 생각했다. 은행에서 싸게 돈을 빌려 집을 사는 수요가 많기 때문에 이런 관점은 옳았다.

그러면 금리인상기엔 집값이 반드시 떨어질까? 그렇지 않다. 사실 한국의 부동산 가격은 특정한 시기를 제외하면 '일반적으로' 올랐다.

1997년 말 터진 IMF 외환위기나 2008년 글로벌 금융위기 등 큰 경제 위기가 발생하면 부동산 가격이 조정을 받곤 했다. 하지만 평상시에는 평균적으로 볼 때 집값이 빠지는 경우가 별로 없었다.

금리수준은 결국 '현재 경제 상황'과 대비해 적절한지 여부를 판단하는 게 중요하다. 경기가 아주 안 좋아서 금리를 낮게 유지하는 것인지, 경기가 괜찮은데 금리를 낮게 유지하는 것인지를 판단해야 한다. 후자의 경우엔 부동산 가격이 더 오를 수밖에 없다. 따라서 2010년대 중후반 부동산 가격이 가파르게 오른 것을 두고 경기 상황에 비해 금리수준 자체가 너무 낮았기 때문이라고 보는 시각들도 많다. 물론 사람마다 평가는 제각각이다.

금리를 올린다고 집값 자체가 빠질 것이라고 생각하는 것은 오산이다. 한국은행이 금리를 올리고 있다는 이야기는 '경기가 좋아지고 있다'는 의미이기도 하다. 경기가 좋아지면 한국은행은 경기 과열을 막기 위해 금리를 올려야 한다. 경기가 좋아지면 금리가 오르고, 각종 재화에 대한 수요도 늘어난다. 따라서 한국은행이 금리를 올린다고 부동산 가격이 하락할 것이라고 생각하는 것은 옳지 않다. 다만 금리인상의 속도와 폭이 중요하다.

금리를 경기 상황이 좋아지는 정도보다 빠르게 인상한다면 부동산 가격은 하락할 가능성이 높아진다. 하지만 경기 상황을 보면서 한국은행이 보수적인 속도로 금리를 인상한다면 부동산 가격이 떨어지는 데는 한계가 있을 것이다.

금리를 내리고 올렸을 때의 한국 부동산

지난 2012년부터 한국은행은 금리를 내리기 시작했다. 때맞춰 2013년부터 부동산 가격이 바닥을 치고 오르기 시작했다. 이후 2016년 6월 기준금리가 사상 최저인 1.25%까지 낮아진 뒤 2017년에는 부동산 가격이 급등했다. 금리인하로 시중에 풀린 돈은 많았으며, 이 유동성은 생산적인 곳보다 부동산 쪽으로 흘러가는 듯했다.

다만 착각하지 말자. 금리를 내린다고 자동적으로 부동산 가격이 오르지는 않는다. 금리를 내린다는 의미는 경기 전망이 안 좋다는 뜻이기도 하다. 기본적으로 부동산 가격은 경기 상황과 같이 움직인다. 경제 위기가 닥쳤을 때 부동산 가격이 급락하는 것으로 이를 쉽게 알 수 있다.

지난 2004년부터 2007년까지 부동산 가격이 급등했다. 한국은행은 2004년 금리를 3.25%로 올린 뒤 2007년엔 금리를 5%까지 올렸다. 이처럼 한국은행이 지속적으로 금리를 올렸는데도 부동산 가격이 올랐다.

뭔가 이상하다. 금리변동 시점과 부동산 가격이 들썩거리는 시점이 일치하지 않는 것이다. 아울러 2008년 금융위기 이후에는 한국은행이 금리를 대폭 내렸다. 그런데 부동산 가격은 2009년 잠깐 반등하는 듯하다가 하락했다.

부동산 가격에는 정부정책, 아파트 공급요인 등 금리 외의 다른 요인들도 크게 영향을 미친다. 이명박 정부 시절엔 대대적인 아파트 공

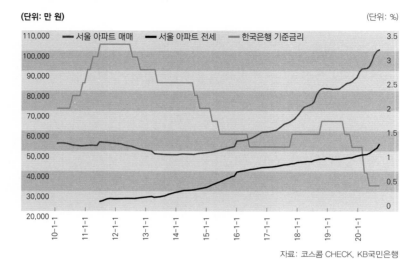

▼ 서울 아파트 매매·전셋값과 기준금리

(단위: 만 원)   (단위: %)

자료: 코스콤 CHECK, KB국민은행

급이 이뤄졌으며, 공기업의 지방 이전도 많이 이뤄졌다. 전체적으로 공급은 늘어나고 수요는 줄어들어 집값이 하락 압력을 받았다. 아울러 당장 금리를 올리느냐 내리느냐 보다 '금리수준'을 보는 게 중요하다. 한국은행이 정책금리를 1.25%에서 1.5%로 올리더라도 사람들이 '금리가 조금 올라도 돈을 빌릴 만하다'고 판단해 부동산을 사면 집값은 더 상승할 수 있는 것이다.

예를 들어 2000년대 부동산 가격이 정점 수준이었던 2006년의 기준금리는 4.5% 수준이었다. 2020년 기준금리가 0.5%밖에 되지 않는 수준에서 보면 상당히 높아 보이지만 그 당시 경제상황을 감안할 때는 그리 높은 수준이 아니었다. 사실 2000년대 초중반 집값이 오르기 시작할 때 '금리를 올려라'는 주문이 많았지만, 한국은행은 '경기 부양을 위해' 인상을 서두르지 않았다. 당시엔 집값이 너무 오르자 마지못해 한국은행이 금리를 올렸다는 평가도 많았다.

기준금리인상으로 인해 대출금리가 '실질적으로' 집을 사려는 사람들에게 부담이 되어야 집값은 하락한다. 2000년대 중반 기준금리가 5%를 넘어서면서 대출금리가 6%대 중반 정도 되었을 때 많은 사람은 '이 금리면 대출이 부담스럽다'고 판단했다.

동시에 2007년 부동산 고점 때는 각종 대출 규제들이 나오기도 했다. 집을 담보로 돈을 빌릴 수 있는 한도를 제한(LTV 규제)하거나 소득을 감안한 대출액 규제(DTI 규제) 등이 나온 뒤 집값 상승세가 제어되었다. 이처럼 금리는 부동산에 매우 큰 영향을 미친다. 하지만 금리수준을 봐야 하며, 또한 각종 정부의 규제가 미치는 영향 등도 같이 봐야 한다.

경기상황과 정부정책, 금리와 가계부채

2012년 이후 한국은행이 금리를 내렸을 때와 글로벌 금융위기가 터진 2008년 이후 금리를 내렸을 때의 시장 분위기는 달랐다. 똑같이 금리를 내릴 때였지만, 주택가격의 반응은 달랐다.

2008년 글로벌 금융위기 이후엔 금리를 2%까지 낮췄지만, 부동산 가격이 급반등하지는 않았다. 경기가 그만큼 안 좋은 상태이기도 했고, 사람들은 낮아진 금리수준에도 적극적으로 대출을 받지 않았다.

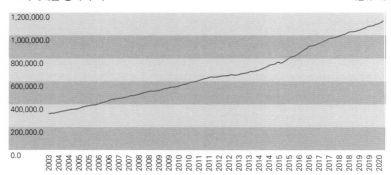

(단위: %)

자료: 한국은행

사실 2% 기준금리도 이전에는 상상하기 어려웠던 수준이지만 사람들은 빚을 적극적으로 내서 뭔가 사업을 한다거나 투자를 할 용기가 없었다.

하지만 2012년 이후 다시 경기가 나빠지고 한국은행은 금리수준을 '더 낮은' 수준까지 낮추는 실험을 했다. 2016년 6월엔 사상 최저인 1.25% 수준으로 기준금리가 낮아졌다. 정책금리가 1%대 초반으로 내려가자 주택을 담보로 돈을 빌리는 '주택담보대출' 금리도 2%대로 낮아졌다. 집을 담보로 은행에서 돈을 빌리면 연 3%의 이자도 물지 않는 시대가 도래한 것이다. 즉 5억 원의 대출을 받을 때 연간으로 갚아야 하는 돈이 1,500만 원도 채 되지 않았던 것이다.

정책금리가 1%대로 떨어져 대출금리가 2%대로 내려오자 부동산 시장이 흥분하기 시작했다. 사람들은 주택담보대출을 이용해 싼 금리에 대출을 받은 뒤 부동산을 샀다. 은행에 예금해봐야 손에 쥘 수 있는 이자도 2%가 되지 않았다. 결국 1% 남짓한 이자를 받느니 위험을 감수하더라도 집을 사는 게 낫겠다고 판단하는 사람들이 늘었다.

2015~2016년 이 기간 동안 주택담보대출이 이전보다 크게 늘어났다. 이는 부동산시장이 과열된다는 의미와 일맥상통했다. 결국 이 과정을 거쳐 2017년 집값은 급등해버렸다.

그런데 사실은 정부정책에 의해 2013년부터 가계부채가 심상찮게 늘어나고 있었다. 낮아진 금리와 정부의 정책이 맞물려 집값은 2013년 저점을 찍고 오르기 시작했다. 이미 이 시점에서 부동산 급등이 맞물려 있었다. 당시 박근혜 정부의 최경환 기획재정부 장관은 집값을 올리기 위해 용을 쓰고 있었다.

2014년 3월 필자가 썼던 칼럼을 살펴보자. 이 시점부터 집값 오름세가 커졌는데, 금리수준과 정부정책이 얽혀서 집값을 띄우는 계기가 되었다. 집값이 오르는 과정에선 가계 빚도 덩달아 뛰었다. 즉 투기 목적이든 투자 목적이든 대출(빚)이 늘어나면 부동산 가격 상승 가능성은 커진다. 당시 정부는 정책에 대해 "집값 부양과 관련 없다"는 입장을 표명했지만, 사실은 집값을 올리고 부동산 경기를 띄우는 게 목적이었다.

어떤 정권이든 부동산 가격을 올려서 경기를 더 띄워보겠다는 욕심을 많이 낸다. 2014년 정부의 부동산 부양책과 지속적으로 낮아진 금리는 2016~2017년 부동산 가격이 크게 오르는 계기가 되었다. 2014년 3월에 내가 썼던 칼럼의 제목은 '모순'이었다.

중국 전국시대의 초楚 나라에 창과 방패를 같이 파는 무기 상인이 있었다. 이 상인의 판촉 수단은 자신의 과장된 입이었다. 이 상인은 가지고 온 방패를 홍보하면서 이렇게 말했다.

"이 방패는 아주 견고해 어떤 창이라도 막아낼 수 있습니다.吳盾之堅 莫能陷也"

이 상인은 방패 판촉에 뒤이어 창도 자랑했다.

"이 창은 예리해서 어떤 방패라도 뚫을 수 있습니다.吳子之利 於物 無不陷也"

하지만 상인의 화술에 논리적인 문제가 있음을 발견한 구경꾼이 묻는다.

"어떤 방패도 뚫을 수 있는 그 창으로 어떤 창이라도 막아낼 수 있는 그 방패를 찌르면 어떻게 되는 거요?以子之矛 陷子之盾 如何"

너무도 유명한 이 이야기는 '모순矛盾(창과 방패)'이라는 단어가 태동한 기원이다. 어떤 창도 막아낼 수 있는 방패, 어떤 방패도 뚫을 수 있는 창은 어울리지 않는 조합이다. '모순된' 정책이 나와 사람들을 현혹하기도 한다. 최근 가계부채가 1천조 원을 넘어선 뒤 정부가 내놓았던 가계부채 대책을 보면서 떠올랐던 옛이야기다.

▼ 부동산 부양은 주택담보대출 증가로 귀결

한국은행 통계를 보면 2013년 4분기 가계부채는 27.7조 원이 증가해 2013년 말 현재 1,021조 원을 나타냈다. 작년 4분기 증가폭은 2001년 4분기(24.9조 원) 이후 가장 크다.

작년 말에 빚이 빠른 속도로 증가한 것이다. 가계부채는 가계가 금융기관에서 빌린 가계대출과 신용카드나 할부금융 등을 통한 외상구매를 뜻하는 판매신용을 합친 부채액수다. 당연한 이야기지만 가계부채 가운데 가계대출(963조 원)이 판매신용(58.3조 원)을 훨씬 웃돈다.

작년 4분기 가계부채가 급증한 데엔 정부의 주택정책이 큰 영향을 미쳤다. 즉 작년 말까지 진행되던 생애 최초 주택구입자에 대한 세제혜택 종료를 앞두고 주택담보대출이 크게 늘어났기 때문이다.

전체 가계부채 가운데 부동산담보대출이 가계빚의 절반을 차지하지만 지난 4분기엔 은행에서 부동산 관련 대출이 크게 늘어났다. 예금은행의 가계대출 증가액 8.4조 원(전분기보다 4배 늘었다) 가운데 주택담보대출은 6.7조 원 늘었다. 이는 3분기의 증가액 1.0조 원을 크게 웃도는 것이다.

전셋값이 치솟은 뒤 정부는 전세수요를 매매수요로 전환시키기 위해 노력했다. 그 일환으로 집을 사라고 부추긴 결과 은행에서 돈을 빌리는 사람이 늘어났다. 그 결과가 가계부채 통계에 잡힌 것이다. 가계부채는 지난 2004년 말 494조 원에서 9년 만에 2배로 확대되었다.

연평균으로 보면 대략 매년 60조 원 가까이 가계부채가 늘어온 것이다. 최근 상황을 보면 지난 2010년 67조 원, 2011년 73조 원으로 증가폭이 커지다가 2012년엔 48조 원으로 증가규모가 줄어들었다. 그러다가 2013년 58조 원이 늘면서 다시 증가속도가 빨라졌다.

▼ 있는 사람은 집 대출로, 없는 사람은 생활자금대출로 빚 늘려

이번엔 작년 4분기 통계 가운데 비은행예금취급기관 대출을 보자. 상호금융, 새마을금고 등이 포함된 비은행예금대출 가운데 주택담보대출이 2.3조 원, 기타대출이 4.4조 원 늘어났다.

즉 은행 대출은 주택담보대출이, 형편이 좀더 안 좋은 사람들이 활용하는 경우가 많은 비은행 대출은 생활자금대출 등이 많다는 것을 알 수 있다. 형편이 안 좋은 사람들은 은행보다 더 높은 이자를 물면서 허덕이고 있다. 최근에 현대경제연구원은 저소득층에 대한 아주 비관적인 보고서를 내놓았다.

현대경제연구원이 내놓은 <가계부채의 특징과 시사점>이라는 보고서를 보면 가처분소득이 중위소득의 50%에 못 미치는 저소득층의 채무상환비율이 57%에 달하는 것으로 분석되었다. 어려운 계층은 버는 돈의 절반 이상을 빚을 갚는 데 쓰고 있다는 이야기다. 저소득층이 가계부채에서 차지하는 비중은 크지 않지만 빚에 쫓기는 정도는 더 심각한 것이다.

정부는 최근 '장밋빛' 경제혁신 청사진을 내놓았다. 그 가운데 가계부채와 관련한 목표 중엔 160%대 후반인 가처분소득 대비 가계부채 비율을 5%p 낮추겠다는 내용도 있다. 국내의 가처분소득대비 가계부채 비율은 서브프라임 사태로 우울한 부동산 파티의 끝을 경험했던 미국의 110%대보다 높다. 하지만 정부는 부동산 띄우기에 심혈을 쏟고 있다.

▼ 가계부채도 줄이고 부동산 가격도 올리고?

정부는 보통 집값을 올리는 게 목표라는 직접적 표현을 쓰지 않는다. 대신 부동산 거래를 활성화해 부동산시장을 살리겠다는 식으로 표현한다.

통상 어떤 물건이든 거래가 늘어나면 가격이 오르는 게 일반적이다. 직접적 표현은 삼가지만 정부의 속내엔 집값 역시 올려보겠다는 심산이 있다. 최근의 분위기나 정부의 부동산 대책을 보면 이렇게 생각하는 게 합리적이다.

정부는 우선 주택시장의 지표물이라고 할 수 있는 서울 강남권을 겨냥한 대책을 중심으로 불을 당기고 있다. 지난 2006년 도입했던 재건축초과이익 환수제 폐지를 공언하고 소형주택 공급 의무비율을 완화하기로 했다. 지난 해 취득세 인하, 다주택자 양도소득 중과 폐지 등 부동산 부양을 위해 애를 쓴 뒤 점차 수위를 높이는 것이다.

정부의 주장은 시장 과열기에 도입했던 제도는 시대 상황 변화에 따라 조정하는 게 마땅하다는 것이다. 이 발언엔 가계의 수요를 억지로 끌어내서라도 부동산을 띄워보겠다는 절박함이 느껴진다.

물론 정부는 부동산 '살리기'가 부자들만을 위한 것은 아니라는 인식을 주기 위해 노력 중이다. 정부는 생애 최초 주택구입자들을 위한 저리의 대출 상품 등을 홍보하면서 주택매매를 독려하고 있다. 생애 최초 주택구입자에게 주어지던 공유형 모기지가 5년 이상 무주택자에게로 확대되었다.

집주인의 동의 없이 세액공제를 받을 수 있는 월세 세입자 지원책이나 고액 전세 수요자에 대한 대출 요건 강화 등을 내놓으면서 서민 주거안정에 노력중이라는 인상을 주기도 했다. 전셋값이 2012년 8월부터 줄곧 상승하고 있는 가운데 이런 정책들은 칭송을 받기도 했다.

하지만 정부의 대책을 보면 '집을 사라'는 쪽에 상당히 포커스가 맞춰져 있다는 점을 쉽게 알 수 있다. 예를 들어 4억 원짜리 전세대출에 대한 주택금융공사의 보증을 중단하는 조치는 형편 괜찮은 사람은 집을 사라는 신호다.

▼ 모순된 정책에서 느껴지는 무기상인의 꼼수
정부의 부동산·가계부채 대책은 상당한 모순이 있어 보인다.
가처분 소득대비 가계부채 비율이 금융위기 당시인 2008년 150% 수준에서 작년에 170% 가까운 수준까지 높아졌다. 하지만 정부는 이를 줄이겠다고만 하지 대책은 별로 없거나 대책이라고 내놓아도 믿음을 별로 주지 못하는 듯하다.

물론 경기가 좋아진다고 하니 소득이 늘어나면 사람들의 살림살이도 나아지고 이 비율도 내려올 것이다. 사실 경기가 좋아지면 상당한 문제는 저절로 해결된다. 정부의 대책 역시 가계부채를 더 부추기는 쪽일 개연성이 높다. 전세수요자에 대한 떡고물을 줄여 매매욕구를 부추기고 주택담보대출을 늘리기 위해 '바꿔드림 론'과 같은 상품을 보이면서 형편이 안 좋더라도 한번 구매해 보라고 부추긴다.

최근 차기 한국은행 총재가 발표되기도 했지만 한국은행의 금리 정책 역시 가계부채에 상당부분 발이 묶여 있다. 빚 많은 사람들의 형편을 고려해 금리를 올릴 수도 없지만, 그렇다고 금리를 낮춰서 부동산 관련 대출 수요 등을 더 부추기기도 곤란한 것이다.

정부는 이른바 '모순'된 정책을 내놓고 주변을 현혹하는 듯한 느낌도 준다. 가계부채도 줄이고 부동산 가격도 올려보겠다는 스탠스는 사실 좀 위험해 보인다.

글로벌 금융위기 이후 국내 부동산은 다른 나라에 비해 별로 조정받지 않았다. 그리고 여전히 많은 사람들이 높은 집값에 불만을 가지고 있다. 집값이 싸다고 느끼면 당연히 수요가 늘어날 것인데, 정부는 속내를 너무 드러냈다.

매매를 늘려 부동산 가격을 띄우기 위해서는 빚을 독려해 수요를 늘려야 한다. 지금 한국가계 상황을 감안할 때 이 방법 외에 다른 길을 모색하긴 어렵다. 하지만 정부는 동시에 가계부채 증가를 억제하겠다고 자신한다.

어떤 창이라도 막을 수 있는 방패와 어떤 방패라도 뚫을 수 있는 창은 공존할 수 없다. 무기 상인은 그저 성능이 평균보다 좋은 창이나 방패를 팔 수 있을 뿐이다. 정부의 부동산·가계부채 대책에서 전국시대 무기상인의 꼼수가 느껴진다.

이 칼럼과 2017~2018년 부동산 상황을 비교해보자. 2013~2014년 정부는 '부동산 거래 활성화'라는 명목으로 집값을 띄우기 위해 노력했다. 그러면서 고의적으로 집값을 올리고자 하는 의도는 없다는 말을 했다.

사실 당시에 썼던 정책들은 2016년까지 지속된 금리인하와 맞물려 집값 상승의 계기가 되었다. 부동산 거래 정상화란 명목을 달고 등장했던 주택규제 완화는 집을 사라는 신호였으며, 한국은행은 지속적으로 금리를 내려주면서 주택매수를 부추겼다.

저금리 정책과 정부의 부동산 부양정책, 가계부채 증가세가 맞물릴 때 집값은 오를 가능성이 커진다. 다만 이런 식으로 경기를 부양하면 높아진 집값 때문에 집 없는 서민들의 희망은 꺾이고 만다.

2017년 박근혜 대통령의 탄핵과 함께 들어선 문재인 정부는 8·2 부동산 대책을 통해 부동산투기를 잡겠다는 뜻을 명확히 했다. 하지만 그럼에도 불구하고 집값은 계속해서 올랐다.

박근혜 정부 당시의 부동산 부양책과 시중에 많이 풀려 있는 유동성 등으로 부동산 가격 상승세가 제어될지 확신하기 어려웠다.

2017년만 해도 여전히 사람들의 집값 상승에 대한 기대감은 컸다.

2018년 들어서도 정부는 계속해서 부동산 억제책을 내놓았으나 무능한 정부의 정책 실패는 집값 상승을 더욱 부추겼다. 결국 집값은 금리수준, 정부의 각종 정책, 사람들의 기대 등이 얽혀서 결정된다. 한국은행이 금리를 얼마나 적극적으로 올릴지, 정부가 보유세 강화 등 강도 높은 정책을 더 내놓을지 여부 등에 따라 집값은 영향을 받을 수밖에 없다.

저금리는
전셋값 급등의 원인이다

높은 전세가율은 곧 전세에 들어갈 수 있는 사람들이 집을 살 수 있다는 의미이기도 하다. 높은 전셋값을 감수하느니 내집을 마련하는 게 낫다고 생각하는 사람들이 늘어나면 주택가격은 오른다.

지난 2008년 글로벌 금융위기 이후 세계 각국은 정책금리를 인하하는 게임에 돌입했다. 경제가 망가지니 각국 중앙은행은 금리를 내릴 수 있는 수준까지 내리는 게임을 펼쳤다. 한국도 당시 금리를 사상 최저수준까지 내렸다.

한국은 2009년 2월부터 2010년 6월까지 기준금리를 2.00%로 유지했다. 당시엔 한국이 금리를 2%까지 내릴 수 있을 것이라고 보는 사람도 거의 없던 시절이었다. 하지만 경기 상황이 워낙 안 좋은 데다 글로벌 경기에 대한 불안감이 큰 시절이어서 부동산 가격도 오르지 않았다.

한국은행은 이후 경기 상황이 나아지자 금리를 다시 올렸다. 하지만 2014년 10월 한국은행은 금리를 다시 2%로 낮췄다. 4년 남짓 만에 금리가 사상 최저수준인 2%로 낮아진 것이다.

이 시절, 주변에는 금리인하를 비난하는 사람이 많았다. 어차피 금리를 내려서 내수를 부양하는 데 한계가 있을 수밖에 없는 상황에서 금리인하가 가계부채 증가 같은 역효과만 낼 것이란 인식이 팽배했던 것이다.

당시는 전세가 급등이 사회문제가 되고 있었다. 글로벌 금융위기로 2%까지 급락했던 정책금리가 한동안 오르다가 다시 2%선으로 낮아지자 집값 급등에 대한 우려가 커졌다. 금리가 낮아지자 2013년부터 집값이 꿈틀거리기 시작했다. 특히 낮아진 금리는 전세가 급등세를 불러 집 없는 서민들의 시름을 키웠으며, 이후 2017년 말~2018년 말의 짧은 금리인상기가 끝나고 금리가 다시 내려가자 전셋값은 다시 급등했다. 2020년엔 전세갱신청구권 등 전세3법에 대한 우려가 전세 가능 물량을 줄이자 전셋값이 하늘 높은 줄 모르고 치솟았다. 규제만 하면 문제가 해결될 줄 알았던 정부가 초래한 비극이었다.

전세를 전전하는 지인의 비극

다음은 2014년 10월 한국은행이 기준금리를 사상 최저수준으로 다시 인하했을 때의 상황이다.

당시 서울의 유명대학을 나온 엘리트 출신 K씨(42세)는 유명한 금융사에서 일을 하고 있었다. K씨는 평범한 직장인들의 평균보다 2배가 훌쩍 넘는 높은 급여를 받았다.

그는 그러나 악착같이 저축하는 타입이 아니었다. 그렇다고 돈을 함부로 쓰는 소비패턴을 유지하지도 않았다. 하지만 15년 넘게 직장생활을 한 뒤에도 그는 자기 집을 장만하지 못했다. 다음은 당시에 한국은행이 기준금리를 내린 뒤 K와 나눈 대화다.

K: 집 없는 저만 갑갑하네요. 집값 올리려고 또 금리를 내리나. 덩달아 전세도 오를 것이고 참 뭣들 하는 짓인지….

필자: 그래도 금리인하로 경기가 좋아지면 다들 혜택을 볼 수 있지 않을까요?

K: 효과 없는 건 잘 알잖아요. 이 정부가 엉터리인 게 빚쟁이들을 못 만들어서 안달이 났다는 점이에요. 정책 방향도 삼천포로 이미 샜어요. 집값 급등기에 집을 산 하우스 푸어가 문제인가요, 아니면 집도 없는 렌트 푸어가 문제인가요? 당연히 후자 아닌가요?

지난 2000년대 중반 집값이 폭등하면서 많은 사람들이 뒤늦게 빚을 내서 집을 샀다. 그러면서 은행 빚에 허덕였다. **당연히 높은 집값을 갚느라 한국경제엔 소비가 제대로 돌기 어려웠다.**

한국에선 집값이 늘 문제였지만, 집 투기는 한국경제마저 골병이 들게 했다. 정부는 경기를 살린다는 명목으로 2010년대 들어서도 집값 올리기에 열중했다. 정책의 새로운 아이디어는 없고 늘 과거에 했던 행태들만 반복되었다. K가 자신의 의견을 피력했다.

K:　다른 질문을 던져볼게요. 부채 조달이 먼저인가요, 소득 제고가 먼저인가요? 이것도 당연히 후자겠죠.

필자:　집값 상승이 건설경기를 끌어올리는 효과는 있지 않을까요? 지속되긴 어렵다고 보지만요. (사실 2014~2017년 저금리에 따른 건설투자가 한국경제 성장률을 끌어올렸다. 부동산 붐이 성장률을 높이는 데 가장 큰 기여를 했다.)

K:　당신 말 속에 이미 '반짝 효과'란 뜻이 숨어 있어요. 늘 내수, 내수 하면서 부동산투기만 부추기지, 집값 오른다고 내수가 살아나요? 지금 상황에선 집 있는 사람들에게 매도 기회만 줄 뿐이죠.

필자:　어쨌든 단기 효과는 있는 게 사실이에요. 왜 긍정적인 면은 보지 않나요? 금리인하 효과는 전혀 없다고 생각하나요?

K:　있긴 하죠. 안 좋은 쪽으로요. 전셋값이 이렇게 급등한 이유가 저금리 때문이잖아요.

사실 당시 저금리가 전세가 급등을 불렀다는 점은 누구도 부인하지 못했다. 금리인하 효과는 가시적으로 잘 안 보였다. 대신 가장 잘 보이는 게 전셋값 급등이었다. 수년간 낮아진 금리는 전세금 급등을 불러왔다.

집 주인들은 낮은 금리 상황에서 목돈을 받아 할 수 있는 일이 많지 않았다. 그들이 대단한 펀드매니저도 아닌데, 기존 전세금으로 할 수 있는 일은 없었다. 그래서 집주인들은 전세금을 올리거나 전세를 월세로 돌리면서 수익률 유지에 골몰할 수밖에 없었다. 서울에 사는 절반에 가까운 집 없는 사람들은 전세로 전전하고 있었다. 그리고 전세 푸어도 늘었다. 필자는 저금리의 긍정적인 면을 거론하면서 K와의 이야기를 이어갔다.

> 필자: 그래도 저금리가 빚을 내는 사람에게는 유리하잖아요.
>
> K:　그게 바로 정책이 잘못되었다는 것이에요. 세입자는 저금리로 빌려서 다시 집주인에게 더 많은 돈을 물고 살아야 하지요. 그리고 이런 식이면 빚쟁이들만 계속 양산되고 한계소비성향이 큰 '없는' 사람들은 더욱 쓸 돈이 없어지는 꼴이죠.

남들이 부러워하는 직장에 다니는 K는 서울에서 집을 사는 것을 포기했다. 지방 출신 엘리트였지만 연고 없는 서울에서 정착하긴 쉽지 않았다. 그는 가난한 지방 출신이 서울에서 정착하기 위해서는 한 세대로는 불가능하다고 본다. 한국은 이미 개천에서 용이 날 수 있는 사회도, 한 개인의 능력만으로 출세할 수 있는 사회도 아니었다.

집 사는 것을 포기한 K의 연봉을 말하면 아마도 많은 사람들이 놀랄 것이다. K는 상당한 연봉을 받고 있지만, 아이러니하게도 '내집 마련'을 포기하다시피 했다. 그리고 정부의 압력에 따라 금리만 내리는 한국은행 금통위의 행태에 대해 혀를 찼다. 그렇게 경제와 금융 분야에서 제법 잔뼈가 굵은 K는 '정책 비관론자'가 되었다.

전세와 실수요, 시장 분위기를 나타내주는 전세가율

실수요는 실제로 들어가서 살 집을 사는 것을 말한다. 반면 가수요는 시세차익을 노리고 투기성으로 집을 구매하는 것을 뜻한다. 하지만 실수요자라고 하더라도 시세차익에 대한 욕심을 버리지 못하는 게 현실이다. 따라서 실수요와 가수요는 무를 자르듯이 쉽게 구분되는 개념이 아니다.

우리는 자신의 집이든 아니든 살 집이 필요하다. 집이 없는 사람은 전세나 월세를 살 수밖에 없다. 따라서 전세에 들어가는 것은 실수요라고 볼 수 있다. 여기서 나온 중요한 개념이 매매가 대비 전세가 비율, 즉 전세가율이다. 전세가율의 변화는 주택시장의 실수요와 가수요를 판단하는 데 좋은 참고가 된다. 전세가율은 주택시장의 분위기를 나타내는 지표다.

그런데 전세가율에 가장 큰 영향을 미치는 것이 금리다. 상식적으로 볼 때 금리가 높으면 전세가율이 낮고, 금리가 낮으면 전세가율은 높아진다고 생각할 수 있다. 무주택자의 경우 금리가 낮으면 전세로 들어가기보다는 은행에 돈을 빌려 집을 사려고 할 수 있다.

집주인 입장에선 금리가 낮으면 전셋값을 올리려고 할 수 있다. 금리가 낮으면 전세금을 더 많이 받아서 낮은 금리를 보충하려고 할 것이기 때문이다. 전세가율은 주택시장 상황을 잘 알려주는 지표이기도 하다.

지난 2002년부터 2008년까지 전세가율은 급하게 떨어졌다. 부동산투기(투자) 열기가 뜨거웠던 2006년 서울 강남 지역의 전세가율은 40% 아래로 떨어지기도 했다. 5억 원짜리 아파트에 전세로 살기 위해서는 2억 원도 필요하지 않았다는 이야기다.

당시 예금금리는 지금은 상상하기 쉽지 않은 5% 수준이었다. 은행 정기예금에 5억 원을 맡기면 거의 아무런 위험 없이 1년에 2,500만 원의 이자수입(세전)을 얻을 수 있었다. 그런데 5억 원짜리 아파트를 2억 원에 전세를 주면 전세금을 받아 건질 수 있는 이자는 1천만 원밖에 되지 않았다.

그러면 왜 당시 집주인들은 예금을 하기보다 전세를 주는 쪽을 택했을까? 이는 집값이 더 오를 것이란 기대가 컸기 때문이다. 즉 집 주인들은 집을 사서 전세를 주고 그 전세금으로 집을 또 사는 쪽을 택했던 것이다. 당시 돈 있는 사람들은 아파트 투기 열기에 휩싸여 싸게라도 전세를 주고 그 현금(전세금)으로 다시 부동산에 투자를 했다.

하지만 2010년대 중반 이후 전세가율이 크게 상승했다. 2016년 들어서는 전세가율이 75%선으로 올랐다. 지역에 따라 전세가율이 80%를 넘는 곳도 속출했다. 집값이 5억 원이라면 전세가가 4억 원을 넘는 곳이 여기저기 생겨난 것이다. 심지어 전세가율이 90%에 달하는 곳들도 출현해 집값이나 전셋값이나 별반 차이가 나지 않는 곳들도 많아졌다.

2000년대 이후 전세가율 상황을 보면 2008년 글로벌 금융위기 전까지는 전세가율이 급하게 떨어졌다. 집값이 오르는 속도를 전세가가 따라가지 못하던 시기였다. 하지만 2008년 금융위기 이후엔 상황이 달라졌다. 집값이 오르는 속도보다 전셋값이 뛰는 속도가 더 빨라졌다.

2010년대 전세가율 급등의 원인은 저금리 환경 때문이었다. 금리가 워낙 낮은 데다 은행들 사이엔 대출경쟁이 격화되었다. 집주인들은 금리가 낮으니 전셋값을 높였다. 세입자가 높은 전셋값을 받아들이지 않으면, 수익이 더 짭짤한 월세로 돌렸다.

또 투자를 하기 위해 가격을 낮춰서라도 전세를 놓을 필요도 줄어들었다. 은행 대출금리가 낮아 은행에서 빌리면 되었기 때문이다.

전세가율이 높아진 뒤 집값이 뛰었다. 2013년 바닥을 찍은 집값은 꾸준히 오르기 시작해 2017년엔 급등했다. 높은 전세가율은 곧 전세에 들어갈 수 있는 사람들이 집을 살 수 있다는 의미이기도 하다. 높은 전셋값을 감수하느니 차라리 내집 마련을 하는 게 낫다고 생각하는 사람들이 늘어나면 집값은 오를 수밖에 없기 때문이다.

특히 2017년 문재인 정부 출범 후 수도권 아파트 폭등 뒤 2020년엔 전셋값 급등세가 두드러졌다. 전세기간 2년이 지난 뒤 세입자가 추가 2년을 요구할 수 있는 권리 등이 생기면서 전세 매물이 씨가 말랐기 때문에 생긴 현상이었다.

특히 2020년 여름 이후 전셋값이 고공행진을 벌이면서 좀더 싼 전세를 찾을 수밖에 없는 '전세 난민'들이 생겨났다. 서울의 관악구, 중

랑구 등 상대적으로 집값이 싼 지역의 전세가 상승세가 두드러졌다.

전셋값 상승이 매매 가격과의 격차를 줄여서 다시금 아파트 가격을 밀어올릴 수 있다는 우려가 커질 수밖에 없었다. 더구나 정부의 공시가격 상승에 따른 보유세 같은 세금 부담 증가 등을 집주인이 세입자에게 전가시킬 위험도 커졌다. 아울러 집값이 너무 뛰어 청약을 통한 '요행수'를 바랄 수밖에 없는 많은 사람들이 주택 청약을 대기했다. 이런 수요들이 전셋값을 올리고 궁극적으로 이미 폭등한 집값을 더 올릴 수도 있어 아슬아슬한 상황이 연출되었다.

정부는 전세가 상승률 5% 이내 제한 등 '규제'를 통한 장치를 마련했다. 하지만 규제에 따른 수급 불일치가 심해지면 비정상적인 뒷거래가 나타나 시장 질서를 위협할 수도 있었다.

실제 2020년 전세 제도 개편과 규제 이후엔 집주인과 세입자의 갈등이 심화되었다. 급기야 경제수장인 홍남기 경제부총리가 자신의 집을 팔기 위해 세입자를 내보내기 위해 뒷돈(위로금)을 얹어줬다는 소문이 도는 등 분위기가 흉흉했다. 도대체 얼마를 주면 세입자가 계약갱신청구권을 철회하고 집을 비워주는 것인지 알고 싶다면서 부총리를 비난하는 사람들이 많았다. 아울러 이런 행위에 대해 위법 혹은 비정상적인 거래라고 비난하는 사람들도 부지기수였다. 물량이 부족한 상황에서 공급을 늘리기보다 규제만 강화하다 보니 기형적인 거래가 출몰하고 '내집 찾아 삼만리'를 헤매야 하는 씁쓸한 장면들이 속출했다.

전세와 월세 전환율

부동산 통계회사 등에 따르면 한국의 전셋값은 2009년 초부터 2016년 초까지 한 주도 빠지지 않고 상승했다. 이 사이에 지역에 따라 전세가율이 매매가의 90% 수준까지 올라오기도 했다. 주변에도 보면 의외로 전세라는 제도를 당연시하면서 그 의미를 생각하지 않는 경우가 많다.

사실 전세는 한국의 독특한 제도다. 볼리비아에 우리의 전세와 비슷한 '안띠끄레띠꼬'라고 불리는 전세 제도가 있지만 전체 주택 거래에서 차지하는 수준은 미미하다. 따라서 실질적으로 전세 제도를 광범위하게 유지하는 나라는 한국이 유일하다고 봐도 무방하다.

전세는 임차인(세입자)이 집을 빌리면서 집주인에게 보증금(전세보증금)을 맡기고 거주하는 제도다. 집주인은 전세기간 동안 이 보증금을 '무이자'로 빌려 쓰고, 전세기간이 끝나면 보증금을 돌려준다.

집주인이 6억 원짜리 아파트를 4억 원에 전세를 줬다고 해보자. 집주인은 자기 집을 활용해 세입자에게 '무이자'로 돈을 빌린 것이다. 집주인은 이 돈을 활용해서 수익을 올려야 한다. 예를 들어 보수적인 집 주인이 연 2% 은행예금에 이 돈을 맡기면 800만 원가량의 이자수입을 올릴 수 있다. 물론 중개수수료, 재산세, 이자소득세 등을 감안하면 수입은 실질적으로 더 떨어진다.

집주인 입장에선 6억 원짜리 아파트를 그냥 팔고 6억 원을 은행에 맡겨서 이자를 받을 수도 있을 것이다. 똑같이 은행이자가 2%라면 1,200만 원가량을 벌 수 있다. 그런데도 왜 전세로 돌릴까?

가장 큰 원인은 집값 상승에 대한 기대감 때문이다. 집값이 오른다는 기대가 있으면 굳이 집을 팔 필요 없이 전세를 놓으면서 집값이 더 오르길 기다리면 된다. 한국경제사를 훑어보면 특수한 경우가 아닌 이상 집값이 오른다는 사실을 알 수 있다. 주택 200만호 건설로 엄청난 공급 물량이 쏟아졌던 1990년대 초, 한국경제 최악의 위기였던 1990년대 말의 IMF 외환위기 시기(1998년), 2008년 글로벌 금융위기 시기 등 특수한 경우를 제외하면 평균적으로 집값은 계속 올랐다.

과거엔 은행의 대출금리가 매우 높았기 때문에 '여유가 있는 사람들'에게는 전세를 활용하는 게 사실상 전통적인 재테크 수단이었다. 돈이 있는 사람들은 집 한 채를 마련한 뒤 이 집에서 나온 전세금으로 다음 집을 사는 식으로 재산을 늘렸다. 2010년대 중반 이후 유행했던 '갭투자'는 사실상 과거부터 돈이 있는 사람들이 오랜 기간 활용했던 '전세 끼고 집 사기'의 다른 이름이었다.

다만 2010년대엔 전세가율이 높았기 때문에 형편이 그리 좋지 못한 사람들도 집 투기를 할 수 있었던 것이다. 예를 들어 집값이 1억 원, 전세금이 9천만 원이면 내 돈 1천만 원만 있어도 집을 살 수 있었다. 필자 주변엔 이런 식으로 자기돈 1억 원밖에 없는 사람이 집을 여러 채 산 경우들도 있었다.

이런 식의 투자는 집값이 계속해서 오른다면 돈을 벌 수 있다. 한국에 전세가 정착되었던 큰 이유 중 하나는 과거 은행의 대출 관행 때문이었다. 한국은 과거 관치금융 시대에 수출 기업들에게 은행 대출을 몰아주는 정책을 썼다. 대신 개인들은 대출을 받기가 매우 어려웠으며, 엄청나게 높은 저축률을 기록했다. 개인들은 저축을 하고, 이 돈을 바탕으로 은행은 기업들에게 대출을 하는 구조가 IMF 외환위기 전까지 이어졌다.

하지만 외환위기 이후 기업과 은행들이 망하면서 대출 구조가 완전히 달라졌다. 기업대출이 더 이상 안전하지 않다는 것을 알게 된 은행들은 가계대출에 열을 올렸다. 1990년대 중반까지만 해도 가계대출이 전체 은행대출에서 차지하는 비중은 10%가 채 되지 않았다. 하지만 IMF 위기 이후 가계대출 비중이 급증해 전체 대출의 절반 이상으로 올라갔다.

그러나 전세 제도는 2010년대 이후 저금리의 고착화로 위기에 처하게 된다. 앞서 전세는 집주인이 무이자로 임차인에게 돈을 빌리는 시스템이라는 이야기를 했다. 이 전세 제도는 고금리 때에 원활하게 돌아간다. 전세가 무이자로 돈을 빌리는 것이기에 집주인 입장에서 시중 금리가 높으면 유리하다.

1970~1980년대 한국이 고성장하던 시대엔 금리가 20%를 넘었고, 1990년대 말까지도 금리가 10%를 넘는 경우가 많았다. 하지만 2010년대 중반 이후 예금금리는 2%가 채 되지 않는 수준까지 떨어졌다. 집값이 오른다는 확신이 있으면 시중 금리가 낮더라도 전세를 끼고 집을 사는 게 유리하다. 하지만 집값 상승에 대한 확신이 없으면 집을 늘리는 것보다 내가 보유한 집으로 월세를 꼬박꼬박 받는 게 더 안전하다.

전세가 줄고 월세가 늘어난 데는 이런 사연이 있다. 이런 시대의 변화에 맞춰 2010년 초 30% 정도에 불과하던 월세 비중이 2017년 들어서는 50%에 육박했다. 임차인들은 '싸게 먹히는' 전세를 계속 선호하고 있지만 집주인들은 이자를 더 받기 위해 월세를 선호하게 되니 이런 현상이 일어난 것이다.

2010년대 중반을 넘어가면서 아파트 전셋값이 집값에서 차지하는 비율, 즉 전세가율이 80%에 육박하자 전세가 더 오르는 것은 한계가 있지 않느냐는 인식도 커졌다. 이제 이쯤에서 전월세 전환율에 대해 자세히 알아보자.

전월세 전환율은 예를 들어 전셋값을 월세로 환산하면 얼마나 되느냐를 따지는 지표다. 즉 전셋값과 월세가격을 같게 해주는 이자율이라고 볼 수 있다. 공식은 다음과 같다.

$$전월세\ 전환율(\%) = \frac{월세 \times 12개월}{전세보증금 - 월세보증금} \times 100$$

2010년대 중후반 전월세 전환율은 대략 5% 정도 된다. 간단히 5%로 계산해보자. 현재 전셋값이 1억 원인 아파트의 전월세 전환율이 5%라고 하면 월세로는 '1억 원×5%=500만 원'이다. 이 값은 1년을 기준으로 한 것이니 월로 환산하면 '500만 원/12개월=42만 원'이다.

직장 후배 A씨는 2018년 중에 3% 수준으로 전세자금 대출을 1억 원가량 받았다. 이 후배는 1억 원에 대한 이자로 연 300만 원을 내면 된다. 그런데 만약 이 후배가 월세를 내고 산다면 500만 원 정도 내야 한다. 위의 사례를 감안해도 전세가 당연히 유리하다는 사실을 알 수 있다.

만약 A씨와 같은 사람이 많다고 하면 어떻게 될까? 경제학의 가장 기본적인 원리인 수요와 공급 법칙을 생각해보자. 전세가 싸기 때문에 사람들은 계속해서 전세를 원하게 된다. 즉 전셋값은 전세자금 대출금리와 전월세 전환율이 같아질 때까지 오를 수 있다. 물론 대출금리가 오르거나 전월세 전환율이 낮아져서 둘이 같아질 수도 있다.

하지만 대출금리는 은행이 결정하니 집주인이나 세입자가 어떻게 해볼 여지가 별로 없다. 그러면 결국 전월세 전환율이 대출금리수준까지 낮아져야 한다. 위의 계산식을 보면 전월세 전환율이 낮아지기 위해서는 분자인 월세가 내려가거나 분모인 전세가 올라가면 된다.

2010년대 중후반까지 전셋값이 급등한 데는 이런 사연이 있다. 금리가 낮으니 월세 거래를 원하는 수요는 늘어나는 반면 전세는 줄었던 것이다. 쉽게 이야기해서 시중금리가 워낙 낮아지니 전셋값이 올라야 했던 셈인데, 2019년 하반기부터 2020년에 걸쳐 전셋값은 다시 매주 쉬지 않고 올랐다. 이번엔 정부의 잘못된 정책, 즉 임대차2법(전세계약갱신청구권, 전월세상한제)이 시행되면서 일어난 현상이었다.

세입자 보호를 위해 도입된 법이었으나 임대인은 수익을 얻기 어려워져서 불평했고, 새집을 구하는 임차인은 전세 매물 감소와 전셋값 급등으로 인해 고통을 받았다. 이런 가운데 정부는 전월세 전환율을 4%에서 2.5%로 낮췄다. 주거비를 낮추기 위한 조처였으나 기본적으로 전세 물량이 잠기면서 임대인과 임차인 모두 불편을 감수해야 했다.

전세시장에 웃지 못할 '이중가격'이 형성되기도 했다. 예컨대 계약갱신청구권과 전월세상한제로 집주인은 '기존' 세입자에 대해 전세를 2년 더 연장할 때 전세보증금을 5% 이상 올려받을 수 없었다. 하지만 '신규'로 전세를 계약하는 경우 전세금이 천정부지로 치솟기도 했다. 이에 따라 비슷한 전세 물건이 한쪽에선 4억 원대에 재계약이 되고, 다른 쪽에선 8억 원에 신규계약이 되는 일도 발생했다. 당연히 정부기관이 말하는 전셋값지표 등도 믿을 수 없게 됐다.

상가투자를 통해 본
금리 게임의 실체

내가 원하는 목 좋은 곳의 상가를 싸게 사기 위해서는 많은 발품을 팔아야 한다.
부동산 중개소에서 말하는 '좋은 물건'이라고 덥석 투자했다가는 낭패를 볼 수도
있다.

미래가 불안한 직장인들은 안정적인 캐시플로우(현금흐름)를 만드는
게 중요하다. 직장에서 언제 잘릴지 모르는 사람들에게는 더욱더 직
장 외에서 나오는 돈이 절실하다.

만약 5억 원의 현금이 있는 직장인이 있다고 해보자. 3%짜리 정기
예금에 든다면 연 1,500만 원, 즉 월 125만 원가량의 이자 수입을 올
릴 수 있다. 세금을 감안하면 수중에 쥘 수 있는 돈은 더 줄어든다.

기준금리인상기라고 하지만 2018년 기준금리는 여전히 1%대에
불과하다. 3%짜리 은행 정기예금도 없을뿐더러 현금 5억 원을 갖고
있는 일반인도 드물다. 결국 은행예금 상품으로는 안정적인 캐시플

로우를 만들 수 없다.

그러면 위험을 짊어지고 주식투자를 해야 할까? 하지만 주식투자에서 성공하는 사람은 많지 않다. 더구나 주식은 변동성이 심해서 주식투자를 통해서 매달 일정한 캐시플로우를 만드는 일은 만만치 않다. 필자의 친구 중엔 전직 유명 증권사 애널리스트가 있다. 이 친구는 애널리스트 일을 그만두고 집에서 개인투자를 하지만 성과는 변변찮다. 안타깝지만 이것이 현실이다. 안정적인 현금흐름을 만드는 일은 누구에게나 어렵다.

상가투자로 캐시플로우에 도전하기

40대 중반이 된 필자의 지인 중 한 사람은 안정적으로 돈이 나오는 상가에 투자했다. 조만간 50세가 되면 직장에 그대로 붙어 있는 게 가능할지 확신할 수 없다고 했다. 언제 그만둬야 할지 몰라 직장 생활에 대한 걱정이 부쩍 커진 것이다. 그나마 그가 다니는 직장은 중소기업이어서 월수입도 변변찮다.

그는 저금리 시대 최고의 투자처는 상가라고 말한다. 나름대로 상가에 대해 공부도 많이 하고, 발품도 제법 팔았다. 그는 입지와 유효수요(해당 상가를 '실제로' 이용할 것으로 예상되는 사람의 수) 등을 측정하면서 상가 투자를 여러 건 검토했다.

흔히들 상가투자에서 가장 중요한 게 점포의 입지라고 한다. 유동인구, 즉 지나가는 사람들의 수가 많으면 유리하다고 한다. 하지만 단순히 지나가는 사람들이 많다고 상가가 잘 되는 것은 아니다. 상가를 찾을 만한 구매력 있는 수요, 즉 유효수요가 있느냐가 중요하다. 아파트는 500세대, 오피스텔은 300세대 이상 모여 있어야 하나의 독립된 상권이 형성된다는 이야기들도 한다.

상가 투자를 할 때 상권은 배후 세대로, 상가는 동선으로 판가름한다. 즉 상가 주변에 구매력을 가진 사람들이 많이 사는지, 그 사람들이 상가로 올 수 있는지를 보는 것이다. 우리가 자주 쓰는 "목이 좋아야 장사가 잘 된다"는 말은 동선의 중요성을 말하는 것이다.

일반적으로 좋은 상가의 위치로는 지하철역 연계가 가능한 버스 노선이 많은 정류장 주변, 보행자의 이동경로가 단순한 곳, 지하철 출구 중 이용률이 가장 높은 곳 근처, 주거지역과 연결된 곳 등을 꼽는다. 하지만 실제 상가투자는 만만치 않다.

부동산 중개업소의 감언이설에 속아 덜컥 상가를 매수했다가 큰 고생을 할 수도 있다. 무엇보다 상가투자는 안정적인 월수입을 얻는 것이 핵심이다.

필자의 지인은 여건이 좋은 편이었다. 지인의 어머니가 서울에서 약사로 일하며 돈을 제법 모아뒀기 때문에 투자금이 있었다. 지인은 어머니가 모은 돈으로 상가 2채를 샀다. 대출을 끼고 위례 지역과 인천 청라 쪽에 위치한 상가를 구입했다.

하지만 위례 쪽의 상가는 2년째 세입자를 못 구해서 고생을 하고 있는 반면, 5억 원을 투자한 청라 쪽의 상가는 월 캐시플로우 200만 원을 꾸준히 창출해주고 있다.

기본적인 투자 수입을 계산해보기

상가투자시 금리는 핵심 요소다. 은행이자보다 좀더 나은 수익을 안정적으로 얻는 게 상가투자의 주목적인 경우가 많기 때문이다. 아울러 이와 관련된 기본적인 계산을 할 수 있어야 한다.

앞에서 이야기한 지인의 예를 들어보자. 계산의 편의를 위해 상가 매입시의 세금 등은 차치하고 간단히 접근해보자. 지인은 5억 원짜리 상가를 매수했다. 보증금 3천만 원, 월세 200만 원, 은행 대출 3억 원, 이자 3%였다. 이제 계산을 해보자.

- 실투자금 : 상가매수금 5억 원 - 보증금 3천만 원 - 대출 3억 원
  = 1억 7천만 원
- 연간임대료 : 200만 원×12개월=2,400만 원
- 연간이자 : 3억 원×3%=900만 원
- 상가임대수익률 : $\dfrac{2,400만\ 원 - 900만\ 원}{1억\ 7천만\ 원} \times 100 = 8.82\%$

상가임대수익률은 연간 순수입 금액(임대료-이자)을 실제 투자금액으로 나눠서 구한다는 사실을 알 수 있다. 이런 공식은 모든 투자에 다 적용된다. 내가 실제 투자한 돈을 분모로 놓고, 수입에서 이자비용 등 각종 비용을 뺀 금액을 분자로 놓고 계산을 하면 된다.

아울러 은행 대출을 끼지 않고 투자를 할 수 있는 사람은 별로 없

다. 부동산투자엔 레버리지, 즉 부채가 이용된다. 지인의 경우 매매가격의 60%를 대출받았다. 즉 자기자본은 40% 정도만 들었다는 이야기가 된다. 물론 실제 상가투자는 매우 까다롭다. 지인은 위례 쪽에 투자한 상가에 세입자를 못 구해서 큰 고생을 했다.

내가 원하는 수익률 기준으로 상가 매수하기

현재 정기예금금리가 3%라고 가정하면, 어떤 사람은 5% 정도의 상가 투자수익률이면 만족할 수도 있다. 이번엔 자신이 원하는 수익률에 맞춰서 상가 매매에 접근해보자. 우선 앞에서 설명한 전월세 전환율을 다시 떠올리자.

$$전월세\ 전환율(\%) = \frac{월세 \times 12개월}{전세보증금 - 월세보증금} \times 100$$

전월세 전환율은 월세와 전세를 같게 만드는 수익률, 즉 전세보증금을 월세로 전환할 때 적용하는 퍼센티지(%)다. 2020년 한국은행이 역대 최저수준의 기준금리를 채택하면서 전월세 전환율 계산 공식도 바뀌었다. 기존의 '기준금리+3.5%'에서 '기준금리+2%'로 바뀌었다. 따라서 2020년 10월부터는 전월세 전환율이 역대 최저수준의 기준금리인 0.5%에서 2%를 더한 2.5%가 되었다.

예컨대 보증금 5억 원 전세를 '보증금 2억 원과 월세'로 전환할 경우 월세는 '(5억 원-2억 원)×2.5%/12=62만 5천 원'이 된다. 즉 3억 원에 해당하는 전세가 월세 60만 원 남짓한 수준으로 바뀌는 것이다.

상가 보증금은 통상 1~2년 치 임대료 수준이다. 임차인이 임대료를 연체할 경우 소송을 진행할 때를 대비한 최소한도의 '안전한' 금액 선에서 설정한다. 아울러 상가투자수익률을 보수적으로 접근할 때는 정기예금금리보다 2~3%p 높은 수준 정도로 잡는다. 예를 들어 정기예금금리가 3%라면 5% 정도를 최소 목표수익으로 잡아서 접근할 수 있는 것이다. 예를 들어보자. 보증금 3천만 원, 월 임대료 200만 원인 상가에 대한 투자자의 기대수익률이 5%라고 해보자. 보증금 월세전환율을 5%로 가정해보자.

- 보증금의 월세전환액＝3천만 원×5%＝150만 원
- 연간 임대료＝200만 원×12＝2,400만 원
- 연간 수입총액＝150만 원＋2,400만 원＝2,550만 원
- 상가 매수가격＝2,550만 원÷5%＝5억 1천만 원

위의 식에서 보듯이 적정한 상가 매수가격은 연간 수입총액을 투자자의 요구수익률로 나눈 값이다.

임대료 올려 받기

아주 욕심 많은 투자자가 있다고 가정해보겠다. 상가에 투자해 5~7% 정도의 수익이 아닌 10%의 수익을 원한다고 해보자.

앞에서 예로 든 것처럼 은행 대출 3억 원을 활용해 보증금이 3천만 원인 5억 원짜리 상가에 투자했다고 가정할 경우다.

- 실투자금=상가매수금 5억 원-보증금 3천만 원-대출 3억 원
  =1억 7천만 원
- 요구 연 임대가=1억 7천만 원×10%+900만 원(이자)=2,600만 원
- 요구 월 임대가=2,600만 원÷12개월=217만 원

연 임대가는 실제 투자한 금액에서 요구 임대수익률과 대출이자를 더한 값이다. 요구하는 월 임대가는 연 임대가를 12, 즉 12개월로 나누면 된다. 이 경우 투자자는 월세 217만 원을 받아야 자신이 원하는 10% 수익률을 확보할 수 있다. 하지만 서울의 상가에서 이 같은 수익률을 요구하다가는 세입자를 구하기 어려울 것이다. 투자자가 높은 수익률만 고집하다가는 임차인을 구하지 못할 수도 있다. 그러므로 상가에 투자할 때는 주변 상가의 시세와 임대료 등을 파악해야 한다. 주변의 시세에 비해 턱없이 높은 임대수익률을 요구하면 누구도 그 상가를 임차하려고 하지 않을 것이기 때문이다.

아울러 상가 투자시엔 취득세, 양도세, 보유세 등 각종 세금과 임대료 상승 가능성, 상가의 미래가치 등을 종합적으로 감안해야 한다. 내가 원하는 목 좋은 곳의 상가를 싸게 사기 위해서는 많은 발품을 팔아야 한다. 부동산 중개소에서 말하는 '좋은 물건'이라고 덥석 투자했다가는 낭패를 볼 수도 있다.

LTV·DTI란 무엇이고 부동산시장에 어떤 영향을 주나

정부가 LTV와 DTI 비율을 낮춘다는 것은 은행 대출을 힘들게 해서 부동산시장의 과열을 진정시키겠다는 뜻이다. 반대로 LTV와 DTI 비중을 올리면 정부가 집값 상승을 원한다는 의미다.

박근혜 전 대통령의 탄핵 이후 들어선 문재인 정부는 2017년 8월 2일 여러 가지 부동산 규제 대책을 발표했다. 많은 사람이 역대 가장 강력한 부동산 규제책이라고 평가한 8·2 부동산 대책이 그것이다.

문재인 정부엔 참여정부에 함께했던 인사들이 대거 발탁되었다. 특히 고 노무현 대통령은 임기 후반부 부동산 가격 급등으로 국민들의 지지를 잃었던 경험이 있었다. 새 정부로서는 임기 시작과 함께 요동치기 시작한 부동산 가격 급등을 좌시할 수 없었다.

국내 주택 가격은 2013년 바닥을 찍고 오름세를 확대하기 시작해 2016년, 2017년에는 급등세를 나타냈다. 물려받은 게 없는 평범한 서민들은 서울에서 집을 사는 게 더욱 어려워졌다. 부동산투기도 기승을 부렸다. 이에 출범한 지 얼마 되지 않은 정부는 활활 타오르던 부동산시장의 열기를 식혀야만 했다.

당시 8·2 부동산 대책의 내용을 대략 살펴보자. 우선 정부는 부동산시장 과열 정도에 따라 각 지역을 조정대상지역, 투기과열지구, 투기지역 등으로 신규 지정하면서 부동산시장 규제에 나섰다. 투기지역, 투기과열지구로 지정되면 부동산투자에 더 큰 규제를 받게 된다. 투기과열지구 내 재건축·재개발 조합원의 지위 양도 및 입주권 전매도 금지시켰다.

또한 분양권 전매시 양도소득세율을 40%에서 50%로 높였다. 청약 1순위 조건을 강화하고, 청약가점제 비중도 확대했다. 재건축에 대해서는 초과이익 환수제도를 부활시켰다. 민간택지 분양가상한제 재시행도 발표했다.

이명박 정권 시절 부동산 안정책이 공급의 확대였다면, 문재인 정부는 다주택자에 대한 징벌적인 조세와 대출 규제에 정책의 초점을 맞췄다. 하지만 8·2 부동산 대책이 부동산 공급 측면에서 별다른 내용을 포함하지 않고 부동산 수요를 줄이는 데 집중했기 때문에 그 효과가 제한적일 것이란 평가도 많았다. 일각에선 재건축·재개발 사업에 제동을 걸었기 때문에 서울 시장 주택 공급 물량이 더욱 줄어들어 집값 급등이 이어질 것으로 보기도 했다.

8·2 부동산 대책 발표 이후 강남 지역에선 집값이 수천만 원 떨어지면서 급매가 나오기도 했다. 하지만 얼마 지나지 않아 집값이 다시

뛰자 정부는 9·5 부동산 대책과 10·24 가계부채 종합대책을 연이어 발표하면서 정책 보완을 시도했다. 그러나 집 투자 열기가 워낙 강했기에 강남구 등의 집값은 계속 뛰었다. 이러다 보니 부동산 보유세를 높이는 것 외에는 집값을 잡기 어렵다는 관점도 강해졌다.

아무튼 8·2 부동산 대책에서 가장 눈길을 끈 것 중 하나는 LTV, DTI 강화였다. 정부는 투기과열지구에 대한 LTV, DTI를 40%로 하향조정했다. 기존 60%에서 대출규제를 한 단계 더 강화한 것이다. 하지만 집값이 계속해서 뛰자 대출 규제는 더 강화되었다. 2020년 12월엔 9억 원 이하 주택에 LTV 40%, 9억 원 초과 15억 원 이하 주택엔 LTV 20%를 적용했다. 특히 15억 원 이상 주택에 대해선 대출이 아예 불가능하게 만드는 등 강도 높은 규제를 이어갔다. 문재인 정부는 집값이 폭등한 뒤 뒤늦게 대출을 옥죄는 행태를 지속적으로 반복했다. 이제 LTV, DTI에 대해 자세히 알아보자.

LTV, DTI를 제대로 이해하자

2000년대 들어서면서 부동산 규제 문제와 관련해 언론에 가장 많이 등장한 말들 중 하나가 LTV, DTI일 것이다. 정책 당국은 LTV와 DTI 비율 조정을 통해 대출 한도를 늘리거나 줄일 수 있다.

LTV Loan to Value Ratio(주택담보대출비율)는 주택을 담보로 돈을 빌릴 때 인정되는 자산가치의 비율이다. LTV는 주택가격의 얼마를 담보로 인정해주느냐에 대한 기준이기 때문에 '담보인정비율'이라고도 한다. 만약 LTV가 60%인 상황에서 5억 원짜리 주택을 담보로 돈을 빌리려고 한다면, 최대로 대출 가능한 금액은 3억 원(5억 원×60%)이다.

LTV는 은행 및 돈을 빌리려는 사람 각각의 관점에서 살펴볼 수 있다. 우선 은행의 관점에서 보자. LTV를 낮춘다는 말은 집값에서 담보로 인정하는 비율을 줄인다는 이야기다. 즉 LTV를 60%에서 40%로 낮추면 3억 원짜리 집을 담보로 최대한 받을 수 있는 대출 금액이 1억 8천만 원에서 1억 2천만 원으로 줄어든다는 뜻이 된다. 이 경우 은행의 건전성은 좋아진다. 왜냐하면 집값이 하락하더라도 은행의 손실 발생 위험이 적어지기 때문이다. 예를 들어 주택가격이 1억 원, LTV가 40%인 상황에서 주택가격이 30% 하락해 7천만 원이 되었다고 해보자. 이 경우 집값이 여전히 대출금 4천만 원보다 높기 때문에 은행의 손실위험은 없다.

그러나 주택가격이 1억 원, LTV가 80%인 경우 주택가격이 7천만 원으로 떨어지면 은행에는 손실 위험이 발생하게 된다. 즉 주택가격이 대출금 8천만 원에도 못 미치기 때문에 은행이 손실을 볼 수 있는 것이다.

이제 집을 사려는 사람의 관점에서 보자. LTV가 높다면 적은 돈으로도 집을 살 수 있다. 예를 들어 LTV가 80%라면 1억 원짜리 집을 사기 위해 은행에서 8천만 원을 대출 받을 수 있다. LTV가 50%라면 대출금이 최대 5천만 원밖에 나오지 않기 때문에 집을 사려는 사람은 자기자본이 더 있어야 하는 것이다.

이러다 보니 주택경기를 부양하길 원하는 정부는 LTV를 높이는 정책을 쓴다. 반면 부동산 과열이나 집값 급등을 막기 위해서는 LTV 를 낮추게 된다.

LTV와 함께 세트처럼 이야기되는 개념이 DTI다. DTI Debt to Income Ratio(총부채상환비율)는 '소득을 기준으로' 대출 한도를 정하는 계산비 율이다. 대출상환액이 소득의 일정 비율을 넘지 못하도록 규제하는 것이다.

즉 DTI는 총소득에서 대출금과 같은 부채의 연간 원리금 상환액 이 차지하는 비율을 말한다. 예를 들어 연간 소득이 6천만 원이고 DTI가 40%라면, 연간 원리금 상환액이 2,400만 원(6천만 원×40%)을 초과하지 않도록 대출규모를 제한하는 것이다. DTI의 경우 연간 소 득에서 대출 원리금 상환이 차지하는 비율을 나타내는 것이므로 대출 기간을 장기로 하면 대출 한도를 늘릴 수 있다. 정부가 LTV와 DTI 비 율을 낮춘다는 것은 은행 대출을 힘들게 해서 부동산시장의 과열을 진정시키겠다는 뜻이다. 반대로 LTV와 DTI 비중을 올리면 부동산시 장 활성화나 집값 상승을 원한다는 의미가 된다.

최경환 경제정책, 부동산 규제 완화하고 금리 낮춰 집값 띄우기

'친박(친 박근혜)'의 핵심으로 불렸던 최경환 씨가 기획재정부 장관 겸 경제부총리라는 한국경제의 사령탑을 맡은 시기는 2014년 7월부터 2016년 1월까지였다.

2018년 1월 국정원으로부터 특수활동비를 받은 혐의로 구속 기소

된 최씨는 경제부총리로 재임하던 시절에 막강한 힘을 발휘했다. 당시 한국의 경제정책이 최 부총리의 이름을 딴 '초이노믹스'로 불렸을 만큼 그의 영향력은 대단했다.

특히 최씨는 2014년 7월 경제부총리로 취임하기 전부터 부동산 규제 완화를 거론하면서 부동산을 사려는 사람들에게 잔뜩 바람을 넣었다. 그는 경제부총리 취임 전부터 "지금의 부동산 규제는 겨울에 여름 옷을 입은 격"이라면서 부동산시장 부양의지를 드러내곤 했다.

당시의 초이노믹스 핵심은 내수부양을 명분으로 부동산투기를 활성화시키는 것이었다. 그는 은행 대출을 쉽게 받을 수 있게 하면서 부동산 매입을 부추겼다. 최 부총리 취임 전 수도권의 LTV는 50%였으나 그가 부임한 직후 70%로 완화되었다. 간단히 이야기해서 사람들이 1억 원짜리 집을 사려고 할 때 기존엔 집을 담보로 5천만 원을 빌릴 수 있었다면, 최 부총리 덕에 7천만 원을 빌릴 수 있게 된 것이다. 서울의 DTI는 50%에서 60%로 완화되었다.

눈치 빠른 사람들은 최 부총리가 집값을 띄우려는 목적을 갖고 있다고 보면서 향후 한국은행 기준금리도 더 낮아질 것으로 예상했다. 은행에서 집을 담보로 빌릴 수 있는 절대 금액과 이자를 모두 낮춰주면서 집값 띄우기에 '올인'할 것으로 봤다. 최씨가 부인했지만, 그의 정책은 한 마디로 '도와줄 테니 빚내서 집 사라'는 것이었다.

2013년 5월 이후 1년 이상 동결되었던(움직이지 않았던) 한국은행 기준금리는 2014년 8월부터 2015년 6월까지 네 차례 인하되었다. 당시 최경환 부총리가 이주열 한국은행 총재와의 관계에 대해 "척하면

척"이라는 말을 해 눈총을 받은 바 있다. 의심 많은 사람들은 경제부총리가 눈치를 주면 한국은행이 금리를 내린다는 식으로 이해했다.

최 부총리 취임 이후 집값 상승세엔 탄력이 붙었다. 동시에 한국경제의 큰 위험요인으로 지목되던 가계부채 증가세는 한층 빨라졌다. 2015~2016년은 가계부채가 비이성적으로 급증하던 시기였다. 특히 빚이 늘어나면서 소비 여력은 더 떨어졌다. 젊은 층들은 집을 사기가 더 어려워졌고, 아이도 낳을 수 없는 지경에 이르렀다. 높은 집값은 2017년 한국의 신생아 수를 36만 명 대로 낮췄다. 부동산 띄우기 정책은 미래를 갉아 먹는 정책이었던 것이다.

사람들은 높아진 집값과 전셋값 때문에 소비를 할 여력이 없었으며, 한국경제의 내수 구조는 더 위험해졌다. 당장 집값을 띄우고 부동산 경기를 활성화시키면 경제성장률은 끌어올릴 수 있다. 하지만 집값 부양을 통한 경제 활성화 정책은 한국경제의 체력을 더 약화시킬 수밖에 없었다. 이는 마치 운동선수들이 일시적인 성과 향상을 위해 스테로이드를 복용하는 것과 같은 일이었다. 운동선수들이 스테로이드 복용으로 당장의 기록을 단축시킬 수는 있지만 궁극적으로 몸을 망치게 되는 것과 같은 이치다.

박근혜 정부의 집값 부양이 비판을 받았으나 문재인 정부는 부동산시장의 생리 자체를 이해하지 못했다. 수요가 폭발해 가격이 치솟아 대출 규제를 할 때는 공급을 가미해줘야 한다. 신규 공급으로 압박해 주지 않으면 주택 보유자들이 매물을 퇴장시키면서 버틸 수 있기 때문이다. 매물이 귀해지면 집값은 더 오를 수 있다.

아울러 문재인 정부가 실시했던 양도소득세 강화 역시 주택 보유자가 '버틸 수 있으면' 정책이 실패할 가능성이 커진다. 예컨대 양도세 중과로 거래를 회피하는 경향이 나타나면 주택공급의 동결효과(lock-in effect)가 나타나 집값이 오를 수 있다.

동결효과는 가격이 오른 부동산 소유자가 양도세를 납부하지 않기 위해 부동산 처분을 기피함으로써 공급이 감소하는 효과다. 동결효과가 힘을 발휘하면 부동산 가격은 정책 의도와 달리 상승하게 되고, 거래량은 더욱 줄어든다.

이제는 오로지 투자의 관점에서 냉정하게 보자. 최경환 부총리가 대출 규제를 완화할 때, 또 문재인 정부가 초기에 대출 규제에만 집중할 때 모두 아파트를 샀다면 재산을 크게 불릴 수 있었을 것이다. 규제 완화와 함께 정부가 나서서 '돈 빌리라'고 할 때, 그리고 '제대로 된 주택 공급 없이 규제만 할 때' 무주택자는 집을 사야 했던 것이다. 이는 냉정한 현실이다. 대신 미래를 준비하면서 열심히 저축만 한 무주택자들은 '높아진 집값'으로 한숨을 연신 내쉴 수밖에 없었을 것이다.

한편 강력한 부동산 규제책을 쓰면 경제성장률이 낮아진다는 점을 각오해야 한다. 내수 경제가 악화되면 정부의 세수도 나빠질 수 있다. 물론 집값이 크게 뛰어 취득세나 양도세로 들어오는 돈이 많아지면 정부의 재정도 나아질 수 있으나 거래가 잠기면 전체 세수가 악화될 수 있다. 다만 현실적으로 어떤 정부든 성장률 둔화를 원치 않는다. 부동산시장을 볼 때는 항상 정부의 정책을 살펴봐야 한다.

갭투자

갭투자는 과거 우리가 흔히 이야기하던 '전세 끼고 집을 사는' 것과 같다. 그런데 매매가와 전세가의 차이가 좁혀지면 그 '갭gap'을 이용해 적은 돈으로 집을 살 수 있다. 이에 따라 2014년부터 이 갭투자가 크게 유행했다.

예를 들어 매매 가격이 5억 원인 주택의 전세금 시세가 4억 5천만 원(전세가율 90%)이라고 가정해보자. 이러면 전세금을 받아 내 돈 5천만 원만 있으면 집을 살 수 있다.

이후 집값이 6억 원으로 오르고 전세금 시세가 5억 원이 되었다고 해보자. 이 집을 산 사람은 한층 높아진 전셋값에 다시 세를 놓을 수도 있고, 매매차익을 거둘 수도 있다. 세금문제 등을 빼고 단순히 이야기해보면, 이 경우 5천만 원을 투자해 1억 원의 매매차익을 얻은 셈이니 200%의 수익률을 거둔 셈이다.

이렇게 번 돈을 보태서 이젠 매매 가격과 전셋값의 차이가 작은 집을 여러 채 살 수도 있다. 실제 이런 식으로 돈을 번 사람들이 적지 않다. 특히 2014년부터는 집값을 부양하려는 정부정책, 저금리 상황 등과 맞물려 은행에서 돈을 빌리기도 쉬웠다. 서울 노원구 등 강북 동쪽 지역의 경우 '갭투자의 성지'로 불리면서 내 돈 1억 원만 있으면 집 4채를 산다는 이야기가 들리던 곳이다.

이 같은 갭투자는 저금리와 집값 상승이 담보된다면 지속적으로 가능할 수 있다. 하지만 집값이 급락할 경우 보유한 집이 깡통주택으로 전락해 집을 팔아도 전세금을 돌려주지 못하는 상황이 발생할 수도 있다. 금리가 높아지면 빚을 갚지 못할 위험도 있다.

갭투자는 부동산에 종속된 한국인들의 삶의 단면을 단적으로 보여주는 것이다. 문재인 정부는 2017년 집권 초반 '갭투자'에 대해 별다른 신경을 쓰지 않았다. 대출을 옥죄었으나 투자자(투기꾼)들은 세입자의 자금을 지렛대로 활용해 집을 사서 돈을 벌었다. 이후 집값이 폭등한 뒤 정부는 뒤늦게 갭투자 규제에 나섰다. 마치 부동산시장을 처음 공부하는 학생처럼 늘 문제가 터진 뒤 뒤늦게 정책을 내놓았다. 한국인들 사이에서는 '부동산으로 한몫 건지지 못하면 미래가 없다'는 인식이 팽배했던 게 사실이며, 부의 격차는 이미 크게 벌어져버렸다. 문재인 정부 출범 이후 단 몇 년 만에 한국 사회엔 뛰어넘을 수 없는 '계급'이 생겼다.

아파트 값 10억 원 시대와
하층계급으로 추락한 무주택자들

소비자물가에는 주택가격이 포함되지 않는다. 그렇기 때문에 '물가에 대한 실상'이 제대로 반영되지 않는다. 자산가격 인플레이션으로 한국 사회의 양극화는 극심해졌다.

2020년 8월. 부동산 정보업체 부동산114는 7월 말 기준으로 서울 아파트의 평균 매매 가격이 10억 원을 돌파했다고 밝혔다. 지난 2013년 5억 원에서 2배 수준이다. 서울에서 가장 비싼 동네인 강남구 아파트 매매 가격은 최초로 평균 20억 원을 돌파했다고 발표했다.

2020년 9월, KB국민은행은 9월 서울 아파트 평균 매매 가격이 10억 원을 돌파해 10억 312만 원을 기록했다고 발표했다. 이는 KB가 1년 전인 2019년 9월에 발표한 가격보다 1억 6,261만 원이나 급등한 가격이다. 여기서 말하는 평균은 중앙값을 말한다. 서울에서 거래되는 중간 정도의 아파트 값이 10억 원이라는 것이다.

KB데이터를 기준으로 '빅 피겨(큰 숫자)'를 살펴보자. 문재인 정부 출범 전인 2017년 3월 아파트 값은 6억 원을 넘었고, 2018년 3월엔 7억 원을 넘겼다. 2018년 10월 8억 원, 2020년 3월 9억 원을 돌파했다. 2020년엔 반 년 만에 1억 원이 더 올랐다.

홍남기 경제부총리, 김현미 국토교통부장관은 2020년 8월부터 부쩍 "집값이 안정되었다"고 말했다. 일부 지역의 아파트 값이 하락한 사례를 거론하기도 하는 등 집값 안정을 홍보하기에 바빴다. 하지만 서울뿐만 아니라 서울 인근의 수도권 아파트 가격도 뛰었다. 경제수장이나 주택정책 담당 수장의 말과 달리 아파트 값은 안정되지 않았던 게 진실이었다.

정부 통계를 보면 2018년 기준 서울 내 무주택자와 유주택자의 비중은 대략 51:49 수준으로 나온다. 서울 내 여전히 자가를 소유하지 못한 비중이 높은 상황에서 집값은 천정부지로 올랐다. 또한 일부에서 '설마' 하던 10억 원 평균이 현실화되었다.

한 직장인의 물가에 대한 분노

아파트 가격 급등세가 꺾이지 않고 전세가 그야말로 사회문제가 되자 직장인 A씨가 연락을 해왔다. A씨는 "물가 급등으로 살 수가 없다"고 말했다. A씨는 "아파트 값이 상상할 수 없는 수준으로 뛰었는데, 왜 정부가 발표하는 물가는 이렇게 낮은가"라며 따졌다.

필자는 소비자물가 통계엔 집값이 포함되지 않는다고 무덤덤하게 답했다. 그러자 A씨가 항의했다. 그는 '그 따위' 통계를 왜 만들었느냐고 힐난했다. 필자가 그 지수를 만든 것도 아니건만, A씨는 답답한 마음을 하소연할 데가 없는 것처럼 보였다.

A씨는 물가에 집값이 포함되지 않는다는 사실을 알고 충격을 받았다. 그가 생각할 때 '가장 중요한 물가'가 집값이고, 이 집값이 뛰어서 인생 포기를 생각하는 마당에 한가하게 왜 소비자물가 지수에 집값을 뺄 수 있냐고 항의했다. 필자는 각 나라들은 상황에 따라 집값을 소비자물가에 포함시키기도 하고, 그렇지 않은 경우도 있다고 했다.

A씨는 20년 넘게 일을 해서 모은 5억 원이 무슨 소용이냐고 했다. 뇌리에선 단순한 산수가 이뤄졌다. A씨는 1년간 평균 2,500만 원을 모은 셈인데, 사실 일반 직장인이 그 정도 돈을 모으는 것도 쉬운 일은 아니었다. 하지만 A씨는 20년간 악착같이 모은 그 5억 원이 서울 평균 아파트 값의 절반에도 못 미친다는 생각에 좌절한 듯했다.

베테랑 한은맨의 물가 체제에 대한 방어

한국은행에서 30년간 중앙은행맨으로 살아온 B씨와 A씨의 항의를 어떻게 봐야 할지를 놓고 얘기를 나눴다. B씨는 '체감물가'와 '지수물가'의 차이에 대해 안타까워했다. B씨는 소비자물가는 농산물 등 일부 품목의 급변동 등에 따라 영향을 많이 받기 때문에 체감으로 느끼는 물가는 물가지수가 나타내는 것보다 높을 것이라고 했다.

필자는 B씨에게 A씨가 문제 삼는 것은 '자잘한' 짜장면값, 삼겹살

값, 오이값이 아닌 '아파트 값'이라는 사실을 상기시켰다. 사실 A씨는 짜장면값 따위는 1만 원으로 뛰든, 2만 원으로 뛰든 상관없다고 했다.

한국은행은 물가안정을 지상과제로 하는 조직이지만 2008년 글로벌 금융위기 이후엔 대체로 '오르지 않는' 물가 때문에 골머리를 앓았다. 과거 성장시대엔 높은 물가상승률을 제어하는 것이 이 조직의 최대 과제였지만 일의 성격이 바뀌어버린 것이다.

한은은 물가가 오르지 않아 골치가 아픈데, A씨는 물가가 폭등해 내집 마련도 포기하고 얼마 남지 않은 직장생활의 의미도 잃어버렸다. B씨는 A씨의 사연을 안타까워했지만 집값을 물가에 포함시키는 일은 그리 간단하지 않다고 했다. 집값을 포함시키면 물가체계가 경기를 제대로 반영하지 못하고, 경제상황을 왜곡시킨다는 것이었다. 사실 전반적인 경제 진폭보다 부동산 경제의 진폭이 큰 경우가 많기 때문에 집값이 포함되면 지수의 변동성도 커질 수 있다.

하지만 많은 사람들, 특히 내집 마련이 지상과제인 사람들에겐 한국은행에서 전하는 '2% 성장하던 경제가 2.5% 성장했다'는 식의 소식에 대개는 별로 감흥이 없다. A씨가 그런 부류에 속하는 사람이었다.

"겨우 성장률 찔끔(사실 성장률 0.5%p면 크다) 더 올리기 위해 금리를 이렇게나 내려서 집값을 천정부지로 올려놓나요? 경제가 좋아지는 대가로 나같이 성실히 일하는 사람들은 빈민이 되어야 하나요?"

A씨는 물가 폭등으로 자신이 빈민이 되었다고 주장했다. 서울가구 재산 중앙값은 3억 원이 되지 않는데, 5억 원인 A씨는 자신을 그렇게

비하했다. 하지만 중앙은행맨인 B씨는 "한국은행으로서는 어쩔 수 없다"는 태도를 보였다.

실물 디플레이션과 자산 인플레이션

일각에선 2010년대 후반~2020년 한국경제 상황을 '실물경제는 디플레이션 상황, 자산시장은 인플레이션 상황'이라는 말도 한다.

소비자물가상승률이 '마이너스'가 아닌 데다 전반적인 물가가 하락하는 상황도 아니기 때문에 사실 디플레이션과 거리가 있었다. 하지만 낮은 물가상승률과 집값 폭등을 간단히 표현하다 보니 '실물 디플레와 자산 인플레'라고 표현하기도 한다.

국내에선 소비자물가에 전월세는 반영하지만 집값은 반영하지 않는다. 집값을 물가에 반영할 경우 실물경제를 왜곡할 수 있기 때문이다. 한은 사람들은 집값을 소비자물가에 '직접' 반영해 통화정책(금리조절)을 할 경우 정책이 경기에 충격을 줄 수 있다고 보기도 한다. 필자는 A씨에게 이런 '사연'을 설명했으나 그는 '거대 엘리트 집단' 한은이 말하는 논리에 전혀 동의하지 않았다. A씨의 논리는 다음과 같았다.

"집값보다 더 중요한 실물경제가 어딨습니까? 회사를 다니면서 야근까지 하면서 열심히 일하는 이유가 그 삐까번쩍한 콘크리트 더미하나 장만해보려고 하는 것 아닙니까? 그런데 이걸 직접적으로 감안하지 않는다고요? 높은 양반들이 참 한가하게들 사시네요."

만약 소비자물가에 집값이 포함되어 있고, 집값 급등으로 소비자물가가 2%에서 3%로 뛰면 한국은행은 금리를 올려야 할 것이다. 한은은 이런 식의 대응이 경기와 맞지 않아 위험하다고 본다. 물론 A씨에겐 이런 이야기가 씨알도 먹히지 않았다.

체질적으로 자산시장에 둔감한 중앙은행

한은은 통화정책을 펼칠 때 실물경제를 1차적으로 보고, 금융안정을 2차적으로 살핀다.

한은은 또한 금리를 결정할 때 '모든 경제지표'를 다 본다. 소비자물가상승률이나 경제성장률만 보고 금리를 결정하지는 않는다. 부동산시장 동향, 부동산시장과 직결된 가계부채 동향 등도 늘 체크한다. 하지만 이런 지표들은 후순위다. 물가, 성장이 정책 결정에서 더 우위를 점하는 것이다.

자산시장에 대해 둔감한 것이 한은만의 특징은 아니었다. 한때 '세계의 경제대통령'으로 불리다가 2008년 글로벌 금융위기의 주범이 된 미국 연준 의장 앨런 그린스펀 역시 자산시장(부동산시장)에 대해 크게 신경 쓰지 않았다.

그린스펀은 실물경제를 중시하면서 통화정책을 펼쳤고, 자산시장의 또 다른 분야인 주식시장에 대한 애정이 강했던 사람이다. 단순하게 말해 그린스펀은 부동산 등 자산 버블은 사후적으로 처리하면 될 것이라고 생각했으며, 사전적으로 자산시장이 버블인지 여부를 판단하기도 어렵다고 했다. 또한 버블이라 하더라도 통화정책으로 관리하는 데는 한계가 있다고 봤다.

하지만 2008년 글로벌 금융위기가 터지면서 그린스펀의 이런 '안이한' 접근은 큰 비판에 직면했다. 글로벌 금융위기는 '미국 부동산 위기'의 다른 말이다.

돈이 없는 사람에게까지 은행이 돈을 빌려주고 그 대출들을 모아 각종 증권을 만들어 사고팔고, 던지고 하다가 시스템이 무너져버리자 '자산시장에 둔감한' 통화정책에 대한 비판이 거세졌다. 이후 부동산 등 자산시장과 금융안정에 대해 중앙은행맨들은 보다 전향적으로 검토해야 했던 것이다.

정부를 믿은 한은 총재의 오판

한국은행은 2017~2018년 단 두 차례 금리를 올리고, 2019년 하반기부터 금리를 내렸다. 코로나 사태가 터지기 전부터 낮은 물가와 성장률에 대한 우려가 커지면서 한은은 2017~2018년 2년간 단 두 차례 올렸던 금리를 2019년 하반기에 모두 내려버린다.

당시 많은 일반 국민들은 '다시 아파트 값이 뛰면 어떻게 하려고 저러나' 하는 불안한 시선으로 이 상황을 바라보았다. 하지만 이주열 한은 총재는 '정부의 거시건전성 정책'으로 집값 상승세가 둔화될 것이라고 했다. 금리를 내릴 때, 혹은 너무 낮은 금리에 대해 A씨와 같은 사람들이 불안해할 때 이 총재는 '정부의 거시건전성 정책 효과'

를 거론하면서 집값 안정 예상을 내놓곤 했다.

하지만 정부의 '설익은' 규제는 화를 불렀다. 마치 금융시장의 발행시장과 유통시장 모두에서 매물이 나오지 않는 것과 동일한 효과만 나타났다. 주택시장의 분양시장과 기존 주택시장 모두에서 매물이 부족해진 것이다.

이런 메커니즘을 아는 많은 사람들은 정부의 집값 안정 정책을 '집값 급등 정책'으로 받아들이고 읽었다. 이런 사람들 중엔 한은 총재가 말했던 '정부 대책 효과' 발언을 비웃기까지 했다.

하지만 한은 사람들도 항변했다. 일부 한은맨들은 경기 상황 때문에 통화정책으로 집값을 직접 타깃팅하기 어려운 상황에서 정부가 계속해서 헛발질을 하면서 자신들까지 같이 욕을 얻어먹는다고 주장했다.

아파트 '물가' 논란과 믿을 수 없는 집값 통계

시민단체 경실련이 2020년 6월 문재인 정부 들어 서울 아파트 가격이 52% 뛰었다고 했을 때 정부는 14% 올랐다고 주장했다. 경실련이 KB 중위 매매 가격 기준으로 서울 아파트 가격이 2017년 5월부터 2020년 5월, 즉 문재인 정부 출범 후 3년 동안 50% 남짓 뛰었다고 했을 때 정부는 한국감정원 주택가격 조사를 기준으로 10% 남짓 올랐다고 한 것이다. 이에 정부는 "경실련이 주장한 통계는 시장을 과잉 해석하게 만든다"고 주장했다

사실 상승률 52% : 14%라는 차이는 결코 합의를 볼 수 있는 수준
이 아니었다. 사람들은 각자 자신의 동네 아파트 값이 얼마나 올랐는
지가 화제였다. 경실련이 3억 원가량 올랐다고 했으나 동네 아파트
값이 3억 원보다 더 뛰었다고 하는 사람도 많았다.

사실 서울 아파트가 3년간 14% 올랐다는 사실을 믿을 사람은 없
다. 하지만 정부는 통계 수치를 계속 밀고나갔다. 김현미 국토부장관
이 7월 29일 국회에 출석해서 한 말은 난감했다.

"정부의 기본 통계상으로 서울 아파트 가격은 14%, 주택은 11%
올랐습니다. 국민 체감과 다르겠지만 장관으로서 국가가 공인한 통
계를 말할 수밖에 없습니다."

장관은 비현실적인 '국가 공인' 상승률을 말했고, 사람들은 각자
알아서 아파트 가격 상승률을 계산했다. 장관에게 통계를 읽을 수 있
는 소양이 없으니 2019년 11월 문재인 대통령이 "부동산은 자신 있
다"는 이상한 소리를 했던 것 아닐까 싶을 정도였다.

주택정책을 책임지는 장관은 서울 아무 곳에나 있는 공인중개사
사무소 몇 곳만 둘러봐도 알 수 있는 현실적인 수치 대신 비현실적인
수치를 고집했다. 또한 2020년 8월부터 홍남기 부총리와 김현미 장
관은 쌍두마차처럼 서울 아파트 가격 '안정세'를 거론하기 시작했다.

하지만 2020년이 끝나기 전에 이미 서울 아파트 평균 거래값은
1억 원이 넘게 뛰었으며, 안정을 자신할 상황도 아니었다. 특히 임대
차 시장에선 말 그대로 '전세 난민'이 출현하는 등 난리가 나기도 했
다. 임대차 계약갱신청구권, 전월세 상한제 등으로 전세 매물이 줄어

들자 부르는 게 값인 지역들이 속출했다.

또한 홍남기 부총리가 웃돈까지 주고 세입자를 내보낸 것으로 알려지면서 이런 사실도 많은 사람들의 입에 오르내렸다. 경제수장이 블랙마켓(암시장) 창출에 앞장섰단 말인가. 참 난감한 이야기들이 돌아다녔다. 주변 사람들은 홍남기 부총리가 자신의 정책에 발등이 찍혔다고 걱정했으나 필부들이 고관대작의 안위를 걱정하는 것은 주제넘는 행동일 뿐이다.

사실 전세물량 부족으로 2020년 하반기엔 서울 변두리나 지방 아파트 값도 다시 들썩거렸다. 새롭게 전세를 구해야 하는 사람들이 서울 내 아파트 전셋집이 자취를 감추자 서울의 변두리나 외곽의 상대적으로 싼 아파트들을 매수했다. 지방 대도시 일부의 아파트 값도 다시 뛰는 등 그야말로 문재인 정부 출범 후 집값 문제는 한시도 조용할 날이 없었다.

집은 우리가 살면서 구매하는 가장 비싸고도 가장 중요한 물건이다. 하지만 집값 급등으로 무주택자나 아파트를 소유하지 못한 사람들이 가진 돈, 그리고 돈을 벌기 한 노동의 가치 등은 상대적으로 크게 하락했다.

서울 아파트 10억 원대 시대! 돈은 그만큼 값어치가 떨어졌다. 그런데 경제학자라는 사람들은 여전히 디플레이션에 대한 우려를 하고, 제 집이 없는 많은 서울 사람들은 물가(아파트) 폭등 때문에 못살겠다고 아우성이다. 서울 아파트 10억 원대 시대를 맞아 많은 사람들이 물가와 관련해 혼란에 휩싸였다.

김수현을 통해 본
문재인 정부의 부동산 정책 실패

문재인 정부 출범 뒤 김수현 등 정책가들이 수요와 공급의 법칙을 무시하면서 아파트 값이 폭등했다. 정책 담당자의 무지와 무능은 일부 국민들의 삶을 파탄으로 몰아넣을 수도 있다. 무능한 장수는 적보다 더 위험하다.

　문재인 정권은 노무현 정권의 부동산 정책 설계자인 김수현에게 다시 부동산 정책을 맡겼다. 하지만 그는 돌이킬 수 없는 엄청난 정책 실패를 저지르고 유유히 대학으로 복귀했다.

　문재인 정부 출범 이후 한 전직 청와대비서관이 다시 청와대에 입성했을 때 그를 아는 많은 사람들은 기대반, 우려반인 심정을 드러냈다. 노무현 정권 시절 부동산 정책 수립과 집행을 했던 인물이었던 만큼 일부에선 '경험이 있으니 이번엔 잘할 것'이라고 기대했고, 다른 일부에선 '동일한 방식으로 접근하다가 또 실패할 수 있다'고 우려했다.

그의 재등장을 통해 노무현 정권 후반부 서울 아파트 가격 급등으로 정권의 지지도가 급락했던 기억을 떠올리는 사람도 있었다. 이런 사람들 중엔 이번엔 그가 제대로 부동산을 제대로 휘어잡을 것이라고 기대하기도 했다.

그는 노무현 정부 시절 국정과제비서관, 국민경제비서관, 사회정책비서관을 4년 반이나 지낸 인물이었다. 정권 후반부엔 환경부 차관으로 일했다. 하지만 무엇보다 노무현 정부 부동산 정책의 많은 부분을 담당한 것으로 알려진 사람이었다.

모두가 아는 결론부터 이야기하자. 김수현의 부동산 정책은 또다시 실패했다. 김수현은 문재인 정권이 출범한 2017년 5월부터 2018년 11월까지 사회수석을 지낸 뒤 2019년 6월까지는 정책실장을 지냈다. '부동산은 끝났다'고 외치던 그의 바람은 실현되지 않았다. 문재인 정부 출범 후 서울 아파트 가격은 임기의 절반이 지나기도 전에 이명박·박근혜 대통령 시절을 모두 합친 것보다 더 큰 폭으로 뛰었다.

2019년 서울 아파트 평균 거래가격은 9억 원 수준으로 급등했다. 그리고 2020년 9월엔 '드디어' 10억 원을 넘겼다.

서울 아파트 가격은 이명박 정부 출범 직후 3억 9천만 원, 박근혜 정부 출범 후 4억 4천만 원, 문재인 정부 출범 직후 5억 8천만 원 수준이었다. 그런데 문재인 정부 출범 4년차에 아파트 값이 2배가량 폭등한 것이다. 서울 아파트의 역사에서 9년 3개월의 시간보다 훨씬 다이내믹한 사건이 문재인 정권의 임기 중간에 벌어진 것이다.

김수현의 '실패한 과거'

2011년 7월. 김수현 전 청와대 비서관이 '부동산은 끝났다'라는 제목의 책을 출간했다. 다소 강렬하고 선정적인(?) 제목을 단 이 책에서 그는 더 이상 부동산이 돈벌이의 수단이 되어선 안 된다는 점을 웅변했다.

이 책은 노무현 정권이 임기 중·후반부 서울 아파트 등 부동산 가격을 잡지 못해 정권을 넘기고 시간이 3년 반가량 지나서 나왔다. 그는 책 서문에 "부동산 가격이 급격히 오르던 시기에 정부, 그것도 노무현 대통령을 보좌하는 자리에서 정책을 담당했던 경험이 있다. 2003년의 10·29대책, 2005년의 8·31정책에 대해 책임도 있다"고 했다.

2011년 당시 내가 이 책을 집어 들었던 이유는 그가 책에서 말할 '실패의 이유'가 궁금해서였다. 그는 2011년 5월에 썼던 칼럼 '참여정부는 왜 집값을 못 잡았나'도 책에 실었다. 그 칼럼에서 그는 "부동산만은 아직 응어리진 마음이 풀리지 않고 있다"고 썼다. 그러면서 다음과 같이 상황설명을 했다.

"(노무현 대통령) 재임 5년간 강남 아파트는 64.2% 올랐고 일부 단지의 경우 2배 이상 오르기도 했다. 김대중 정부가 분양가상한제 폐지, 양도세 완화 등 과도하게 규제를 없앴던 것도 이유가 되겠지만 2003년 10·29 대책으로 이들 대부분이 복구됐던 것을 감안하면 그것만 핑계 댈 수도 없다."

그러면서 상당 부분 '대외요인'에 집값 상승의 원인을 돌렸다. 단순한 핑계가 아니라 사실 이 부분은 많은 사람들이 동의하는 바이기도 하다. 2000년대 미국 서브프라임 모기지 사태가 터지기 전까지 전 세계는 유동성 파티를 즐겼다. 2000년대 들어 집값이 2배 오른 나라들도 많았던 게 사실이다.

김수현은 "(당시) OECD 국가들과 상승률을 비교하면 우리는 하위권에 속할 정도였다"고 했다. 하지만 그는 변명으로만 일관하지 않고 잘못을 인정했다.

"참여정부는 부동산과 금융 간의 관계가 새로운 차원으로 들어선 것을 제때 인식하지 못했고 대응하지 못했다. 상황을 수긍할 수 있지만 책임은 벗어날 도리가 없다."

부동산과 유동성의 관계가 2000년대 들어와 이전과 근본적으로 달라졌지만 그 위험성을 제대로 이해하지 못했다는 고백이었다. 결국 김수현은 '과잉유동성에 대한 이해와 대책 부족'을 참여정부 부동산 정책 실패의 원인으로 꼽았다.

그 시절의 한국은행 통화정책도 떠오른다. 노무현 정부 출범 후 이헌재 장관의 '저금리 사랑'은 대단했다. 금융시장 사람들은 이를 눈치챘고, 한은은 계속해서 금리를 내렸다. 이후 집값 폭등에 대한 우려가 증폭됐을 때 한은이 금리를 인상했다. 금융시장 주변엔 '뒤늦은 대응'을 비난하는 목소리도 많았던 시절이었다.

다시 도마 위에 오른 김수현

2019년 6월, 김수현 정책실장은 청와대를 떠났다. 자신이 다시 공직에 나가기 전 몸담았던 세종대 교수로 돌아갔다.

그는 서울 아파트 가격을 잡는 데 실패했으며, 투기꾼(투자자)에게 또다시 좋은 먹잇감이 되었다. 2018년 9·13 대책 이후 잠깐 안정되는 듯하던 서울 아파트 가격은 2019년 하반기부터 다시 뜀박질을 했다.

특히 김 실장이 사임하던 시점 전셋값이 들썩이면서 불안감을 키웠다. 민간택지 분양가상한제가 예고되면서 사람들은 아파트를 싸게 살 수 있는 기회를 노리면서 전셋집을 찾았다.

아파트 공급량이 부족한 상황에서 분양가상한제가 시행되면 전셋값이 오를 수 있는 환경이었다. 사람들이 시세보다 싸게 아파트를 사기 위해 매수보다는 전세로 돌아설 수 있기 때문이었다.

결국 매매 가격까지 다시 뛰면서 서울 아파트를 향한 사람들의 욕망이 다시 끓어올랐다. 때마침 한국은행도 금리를 내려줬다. 한국은행은 7월에 이어 10월에도 기준금리를 낮췄다. 물가가 낮다는 이유 때문이었다. 기준금리는 역사적 최저치인 1.25%까지 하락했다.

연말 시즌으로 가자 참지 못하던 30대가 아파트를 질렀다. 주택 청약시장에서 점수가 부족한 30대들이 최대한 돈을 당겨서 아파트를 샀다. 상당 부분은 돈 많은 부모를 활용한 가족 재테크였다.

그 시절 서울 아파트 평균가격은 9억 원에 육박했다. '이제 평균가 10억 원이 머지않았다'는 식의 얘기들이 시중에 떠돌아다녔다.

결국 해가 가기 전인 12월 16일 정부는 다시 '종합대책'을 내놓아야 했다. 정부는 시가 15억 원 이상의 아파트를 '초고가'로 규정하고 담보대출을 내주지 않는 강력한 규제를 발표했다. 전세자금 대출 후 시가 9억 원 초과주택을 구입하거나 2주택 이상을 보유하게 되는 경우 전세대출을 즉시 회수하는 정책도 내놓았다.

정부가 이전보다 더욱 강도 높은 규제책을 발표한 것이다. 몇몇 사람들은 이미 청와대를 떠난 김수현 '교수'를 떠올렸다. 참여정부 시절 유동성을 제어하지 못해 서울 아파트 폭등을 불러왔다고 진단했던 사람. 그는 그러나 문재인 정부 들어서도 다시금 유동성이 서울 아파트로 쏠리는 것을 막지 못했다.

서울 아파트 가격이 2013~2014년 바닥을 찍고 고개를 든 상황에서 문재인 정부가 출범했다. 적지 않은 사람들이 정부 출범 뒤 '강력한' 규제와 함께 '필요 이상의' 서울 내 아파트 공급을 확대하라는 훈수를 뒀다.

하지만 유동성은 넘치는데 공급을 제대로 늘리지 않은 상황에서 지속된 '적당한' 규제와 공급 부족은 각종 '풍선효과'를 불러일으켰다. 자금들은 규제 사각지대를 찾아 다녔다. 심지어 정부가 규제를 했다가 일부 지역을 '방심하고' 풀어주자 그쪽으로 돈이 몰려가기도 했다.

서민들이 쓸 돈은 부족했지만 '있는 사람들' 수중에 돈은 생각보다 많았다. 그 돈들은 아파트를 사서 욕망을 채우는 데 쓰일 돈이었다.

노무현 정부 때와 비슷한 환경에서 정책을 맡은 김수현

김수현 교수의 책을 무려 3번이나 읽었다. 그가 2011년 참여정부를 회고하면서 책을 냈을 때 정책 실패의 이유가 궁금해서 책을 집어 든 뒤, 그가 다시 청와대로 복귀할 때 어떤 정책을 내놓을지 궁금해서 다시 훑었다. 이후 서울 아파트 폭등 뒤 다시 실패의 이유가 궁금해서 또다시 책을 집어 들어야 했다.

사람은 실패에서 배워야 한다. 하지만 냉정한 반성과 성찰이 동반되지 않는 경우 실패를 되풀이하는 경우도 많다. 이제 다시 교수가 된 김수현이 두 번째 청와대 입성에서도 실패한 이유는 무엇일까?

그는 책에서 참여정부 출범 전 김대중 정부가 분양가상한제 폐지, 양도세 완화 등을 통해 과도하게 규제를 없앤 점, 그리고 2000년대 전 세계적 거품이 참여정부의 부동산 정책을 힘들게 했다고 회고했다.

그런데 그가 2017년 청와대로 입성하기 전의 환경도 비슷했다. 박근혜 정부의 부동산 경기 부양 노력과 저금리 환경 속에 유동성이 크게 풀린 상황이었기 때문에 환경이 유사하다고 볼 수 있었다.

사실 부동산은 상당 부분 정책과 맞물려 돌아간다고 볼 수 있다. 부동산시장엔 어떤 식이든 정책이 개입될 수밖에 없다. 그리고 그 정책의 성격은 부동산시장 부양(활성화) 혹은 억제(안정화)에 맞춰진다. 일반적으로 한국의 주택가격은 지속적으로 상승했기 때문에 안정화 정책이 나오는 경우가 더 많았다.

하지만 김수현이 참여정부에 몸담기 전 김대중 정부는 IMF 외환위기 사태의 뒷수습 중이었다. 그 과정에서 김대중 정부는 주택 활성화 정책을 내놓아야 했으며, 참여정부는 이를 제대로 수습하지 못해 서울 아파트 가격 급등을 불러온 측면이 있었다.

그런데 문재인 정부에서 임무를 맡기 전에도 상황은 비슷했다. 2013~2015년 박근혜 정부는 대대적인 부동산 활성화 정책을 내놓은 상태였다. 몇 가지를 살펴보자. 사실 박근혜 정부의 부동산 정책은 '적극적 부양'에 초점이 맞춰졌다.

문재인 정부의 규제책, 하지만 결과는 실패

2013년 박근혜 정부는 4·1 부동산 정책을 내놓는다. 이명박 정부 주택정책의 핵심이라고 할 수 있는 보금자리주택 폐지 등이 담겼다. 또한 신도시를 통한 물량 공급도 하지 않겠다고 했다. 수급적으로 주택이 부족하게 만들 수 있는 발표였다.

보금자리주택 정책은 공공주택을 '임대뿐만 아니라 분양'을 하면서 민간 분양시장에도 충격을 줬다. 이러다 보니 MB 정부 시절 집값이 별로 못 오른 이유를 보금자리주택에서 찾는 시각도 적지 않다.

'휴먼시아'라는 이름의 이 공공분양 아파트는 민간 분양시장에도 직접적인 수급적 영향을 줬다. 이 공공분양 아파트의 인기는 대단했다. 이 물량 덕분에 기존 민간 아파트들의 분양가는 상당히 높게 느껴졌고, 이는 아파트 값을 제어하는 완충재 역할을 했다.

하지만 박근혜 정부는 이 정책을 폐지하는 쪽으로 방향을 잡는 동시에 신도시 물량 공급을 제한하는 입장을 취했다.

이후에도 집값 상승을 견인하기 위한 정책들은 이어졌다. 2014년 7월 24일 주택담보대출 완화 정책이 나왔다. LTV를 70%까지 완화한다는 내용이었다. 단순하게 볼 때 이전까지는 10억 원짜리 아파트를 사기 위해 자기자본 5억 원이 필요했으나 이제 3억 원만 있으면 아파트를 살 수 있게 된 것이었다.

LTV 70% 완화와 함께 보험사에선 모기지 인슈어런스 상품까지 선보였다. 모기지 인슈어런스를 활용하면 LTV를 실질적으로 80%까지 활용할 수 있는 시대가 열렸다.

가계대출 동향을 유심히 살펴본 사람이라면 알 수 있듯이 2014~2016년은 그야말로 주택담보대출 폭증의 시대였다. 당시 박근혜 정부는 부인했지만 누가 보더라도 정부가 '빚 내서 집사라'는 시그널을 주고 있었던 것이다. 그때 사지 않았던 사람들은 막심한 후회를 해야 했다.

이후 박근혜 정부는 9·1 부동산 대책을 통해 택지개발촉진법 폐지와 재건축 연한 단축(40년 → 30년)을 발표했다. 택촉법은 개인이 보유한 토지를 강제 수용할 수 있게 하는 법률로 1981년 제정된 바 있다. 이 법 덕분에 신도시 개발이 탄력을 받을 수 있었던 것이다.

이에 따라 정부의 발표 뒤 사람들은 '향후 재건축이나 재개발이 활성화되고 신도시 지정은 중단되는 것 아니냐'는 인식을 가질 수밖에 없었다. 1980년대 후반 지어진 목동 아파트 단지 등의 재건축 기대감이 올라갈 수밖에 없었다.

박근혜 정부는 2015년 4월엔 분양가자율화를 들고 나왔다. 재개발 시 공공임대 비중을 낮출 수 있는 권한을 지자체에 안기는 등 분양가가 뛸 수 있는 조건을 만들었다.

이 밖에도 박근혜 정부는 각종 세제 혜택을 도입하는 등 계속해서 집값 부양을 위해 노력했다. 더군다나 금리는 계속 내려가고 있었다. 한국은행 기준금리는 2016년 6월 역대 최저인 1.25%까지 내려갈 때까지 인상 없이 인하만 8번이 이어졌다.

결국 2017년 문재인 정부가 들어설 때 서울 아파트는 상당히 불안정한 상태였다. 서울 아파트는 2010년대 초 하락을 보이다가 2013~2014년경 바닥을 형성한 뒤 이후엔 상승폭을 확대하고 있었다. 2016년부터는 오름세가 더욱 커졌으며, 투자자들은 문재인 정부가 어떤 대책을 내놓을지 지켜봤다.

하지만 모두가 아는 것처럼 정부의 대응은 실패했다. 이런 상황에서 서울 아파트 급등을 이전 정부 때문이라고 하는 목소리들도 흘러나왔다. 박원순 전 서울시장이 대표적으로 이런 주장을 펼쳤다. 하지만 많은 사람들은 박원순 시장 자신이 서울 아파트 공급을 제한하는 정책을 펼치면서 서울 아파트 가격 폭등에 기여했다고 말했다. 즉 작금의 사태에 대해 반성하고 자성해야 할 사람이라는 주장이었다.

아무튼 박근혜 정부 시절 서울 아파트 급등을 위한 조건들이 잘 조성되어 있었던 만큼 문재인 정부는 이 문제를 잘 대응해야 했다.

정권이 바뀐 뒤 부동산 정책이 '부양'에서 '규제'로 바뀌었지만, 김수현은 문제의 심각성을 알지 못했다. 문재인 정부 사람들은 아파트 값 급등 이유로 이전 정부 탓을 했다. 무능한 데다 부도덕한 사람들이라는 질타를 받아야 했다.

공급을 별로 신경 쓰지 않는 '이상한' 논리

부동산 가격 관리를 위해선 수요와 공급을 모두 따져야 한다. 가격 안정을 위해 수요를 억제하기 어렵다면 공급을 대거 늘려야 한다.

공급을 늘리는 방법엔 2가지가 있다. 기존 아파트 소유자들이 매물을 내놓도록 하든지, 신규로 아파트 물량을 공급해야 한다. 사람들이 팔지 않을 때는 공급을 늘려서 매도 압력을 가중시켜야 한다.

시중의 부동자금이 워낙 많은 상황에서 수요의 기세를 꺾기는 쉽지 않은 환경이었다. 또한 아파트 보유자도 보유 물건을 잘 내놓으려고 하지 않았다.

서울에 신규택지를 공급하기 어려워진 상황에서 공급을 늘리기 위해선 재개발이나 재건축 등 민간 정비사업을 잘 활용할 필요가 있다는 게 많은 사람들의 진단이었다. 주택산업연구원도 공급 부족에 대한 우려를 나타냈다.

연구원에 따르면 2012년부터 2018년까지 7년간 서울에 공급된 새 아파트 준공물량은 연평균 3만 2,680가구로 집계됐다. 이는 이전 7년(2005~2011년)의 연평균 3만 8,885가구에 비해 16% 줄어든 것이었다. 주택산업연구원은 서울 아파트 수요는 연간 4만 가구로 추정되지만 매년 7천 가구 이상, 7년간 누적 5만 가구 이상이 부족했다고 밝혔다.

문재인 정부 들어 새 아파트 가격 급등 등은 결국 공급 문제였다는 것이다. 사람들이 새 아파트에서 살기를 원했지만, 결국 제대로 된 공급이 없자 서울 아파트가 폭등한 것이다. 단순한 논리다.

그런데 김수현 교수의 책에도 '공급논리'를 불편해하는 시각들이 적지 않게 등장한다. 사실 수요를 억제하지 못하는 이상 공급논리를 과소평가하는 것은 상당히 위험한 일이지만, 김 교수는 '도그마'에서 빠져나오지 못했다.

그는 책에서 이런 말을 한다.

"(집값이 오르면) 신이 난 이른바 시장주의자들은 공급만이 살 길이라면서 정부를 질타하는데, 이는 결국 집값이 더 오르라는 주술이나 다름없다."

참으로 무지하고도 무책임한 소리였다. 공급을 늘리라는 주장을 단순 '시장주의'로 치부해버리는 이런 사고방식은 상당히 위험하다. 그 결과는 '김수현의 두 번째 실패'에서 여실히 확인됐다.

청와대 사람들의 부동산 재테크 신공

경제정의실천시민연합은 2019년 12월 11일 고위공직자 부동산 재산 변화 분석자료를 발표했다. 청와대 고위관료 65명의 부동산 재산을 분석한 결과, 3년여 만에 평균 3억 2천만 원이 올라 부동산 재산이 40%가량 상승한 것으로 나타났다. 상위 10위권 내에 있는 사람들의 부동산 재산은 52%나 늘어났다. 청와대 공직자들의 아파트 재산은 8억 원 수준에서 11억 원 수준으로 오른 것으로 조사됐다.

부동산 정책의 설계자 김수현 전 실장도 재산 증가 상위에 랭크됐다. 그의 과천시 별양동 주공아파트는 2017년 이후 10억 4천만 원 상승한 것으로 나타났다. 2017년 초 9억 원 하던 아파트가 2019년 11월 현재 19억 4천만 원으로 뛴 것이다. 김 전 실장이 사는 아파트 가격은 116%나 급등해 단연 눈에 띄었다. 상승률로 따지면 통계에서 당당히 1위를 기록했다. 그런데 김 실장은 2018년 말 기준으로 자신의 재산을 14억 원 남짓으로 신고했다. 고위공직자들의 재산신고는 늘 현실과 동떨어지기 때문에 믿을 게 못된다.

이외에도 장하성 실장의 아시아선수촌 아파트는 10.7억 원 뛴 28.5억 원, 김상조 정책실장의 청담동 아파트는 4.4억 원 오른 15.9억 원 수준인 것으로 나타났다.

경실련은 또 "이번 조사에 포함되지 않았지만 김의겸 전 청와대 대변인의 경우 논란이 됐던 흑석동 상가주택을 34.5억 원에 매각해 1년 만에 8.8억 원의 시세차익이 발생한 것으로 알려졌다"면서 청와대 관료들의 말과 행동이 다른 부동산 사랑을 비판했다.

문재인 정부의 정책은 경실련 말대로 '소득주도 성장'이 아니라 '불로소득 주도 성장'이었다. 청와대 인사들이 재산을 크게 늘려 불로소득 성장의 최대 수혜자가 됐다.

정부가 서울 아파트를 잡는다는 시늉을 했지만, 공급을 늘리라는 많은 사람들의 조언을 무시했다. 문재인 대통령은 2019년 11월 "부동산 문제와 관련해 우리 정부는 자신 있다"고 했다. 하지만 결과는 세상 물정을 모르는 사람의 거짓말이었다.

청와대의 진정한 '고수'들은 자신들의 재산이 기하급수적으로 늘어나는 것을 즐겼을지도 모른다. 무능한 정부 내 최고의 부동산 전문가로 평가받던 김수현의 아픈 정책 실패와 함께 서울 무주택자들의 꿈도 차디찬 한강 물을 따라 쓸려 내려갔다.

코로나19 사태로 경기가 어려웠지만, 2020년 9월 서울 아파트 거래가격은 10억 원을 넘어섰다. 드디어 '설마' 하던 서울 아파트 10억 원 시대가 현실화됐다.

한 증권맨의 전셋집 찾아 여의도 헤집기

여의도 증권맨으로 일하는 필자의 한 친구는 2020년 여름 전셋집을 구하느라 큰 고생을 했다. '전세 난민'이라는 말을 몸소 체험했다. 대학생 아들과 초등학생 아들을 둔 친구는 살면서 이렇게 전셋값이 단기간에 띄는 경우는 처음 경험했다고 했다. 여름날의 기억이 워낙 강렬했던 탓에 그는 몇 달이 지나도록 그날들을 생생하게 기억하고 있었다.

친구가 처음 이사갈 집을 알아보기 시작한 건 8월 3일. '임대차 2법(전월세상한제, 계약갱신청구권)'이 시작된 직후였다. 그가 세를 살고 있는 집의 주인 가족이 갑자기 들어와서 살겠다고 통보한 직후 친구는 바빠졌다. 사실 친구는 아파트 분양에 당첨된 운이 좋은 가장이었다. 증권업계에서 오랜 기간 일을 하다 보면 보통 사람들도 많은 부를 쌓았다. 전세를 2년만 더 살면 신축 아파트로 이주할 수 있다. 또 둘째 아이도 졸업하기 때문에 시기가 절묘하게 맞았다. 하지만 임대차법이 통과되면서 갑자기 뒤통수를 맞은 느낌이었다고 한다. 사실 그는 집주인이 이전 전세 갱신 때도 그랬고, 2020년 상반기에도 전세가가 크게 올라 이번엔 얼마나 부를지 내심 걱정하고 있었다.

전세가를 1억 이상 올려 부르면 조금 더 싼 곳으로 옮길 생각도 있었다. 무엇보다 그는 임대차법대로라면 자신에게 유리할 줄 알았다.

전형적인 서울의 '중산층(중산층은 서민보다 나은 사람을 뜻하는 말이다)' 가정의 가장이었던 친구는 아직 어린 둘째 아이가 입학할 학교에 초점을 맞추고 있었다. 그가 전세 후보지로 잡았던 지역은 잠실, 이촌동, 여의도 세 곳 정도였다.

친구는 8월 초부터 30평대 아파트 전월세 매물을 수배하기 시작했다. 하지만 잠실과 이촌 쪽에선 별도로 연락도 오지 않았고, 여의도만 일주일에 한두 건씩 매물이 나오면 연락이 왔다.

한국 금융의 중심지 여의도는 오래된 아파트들의 밀집 지역이기도 했다. 친구가 처음 계약을 시도했던 삼부아파트 38평은 전셋값이 6.5억 원이었다. 계약을 하고 싶었지만, 집주인과 기간이 맞지 않았다. 집주인은 다년계약을 원했다.

정부가 마련한 2년 전세 거주 뒤 '2년 갱신 요구'와 같은 정형화된 전세시스템이 모든 사람에게 맞는 것은 아니다. 임대인도, 임차인도 다 계획이 있는데 '2+2'에 맞추라는 것은 사실 좀 억지스러웠다.

두 번째 계약을 알아본 곳은 화랑아파트 35평이었다. 전세가는 6.5억 원으로 삼부보다 집수리 상태는 좋고 초등학교와 가깝다는 장점도 있었다. 계약을 하려고 했으나 10분 전에 먼저 보고 간 사람이 매물을 가져가버리는 바람에 계약이 불발되고 말았다.

그가 세 번째로 알아본 곳은 반전세였다. 삼부 40평으로 '전세 4.5억+월세 80'이었다. 이후 광장아파트 50평은 전세가가 9억 원이라 너무 비싸 패스했다. 삼익아파트 39평짜리로 알아봤으나 전세가가 갑자기 9억 원으로 뛰었다. 집주인이 살던 집을 수리했다고 '배짱 호가'를 불렀다. 친구는 이 물건 호가가 과하다고 생각해 그냥 패스했지만, 다음날 바로 다른 사람이 계약을 체결하는 것을 보고 크게 놀랐다.

전셋값이 뛰자 친구는 여의도 외곽(?) 쪽으로 눈을 돌렸다. 은하아파트 쪽에 수리 상태가 좋은 7억 원짜리 매물이 있다고 해서 가봤다. 약속을 잡고 집을 보러 가니 7억 원이 아니라 7억 5천만 원이라고 눈 하나 깜짝하지 않고 오른 호가를 제시했다.

전셋값이 며칠 사이에 계속 오르다 보니 친구도 속이 탔다. 그는 부동산 쪽에 얘기해 이 물건을 보러 오기로 한 손님의 계약을 취소시키고 공인중개사 사무소에서 대기했다. 그런데 임대인 측에서 계약 수수료를 모두 친구에게 부담시키는 게 아닌가. 어쩔 수 없었다. 8월 초부터 3주간 일이 끝나는 대로 여의도를 누비면서 전셋집을 구해본 뒤 이마저 놓치면 더 고생하겠다 싶어 '별다른 이의제기 없이' 복비를 2배나 물고 계약서를 작성하기로 마음먹었다.

그가 계약한 은하아파트 37평의 2년 전 시세는 4.5억~5.5억 원 수준이었다. 전셋값이 2억~3억 원이 껑충 뛴 것이다. 그런데 그는 더욱

기가 막힌 얘기를 들었다. 수리 상태에 따라 편차 있으나 8월 시세로 6.5억~7.5억 원 하던 전셋값이 11월 들어선 9억 원을 불러도 소화가 되는 분위기라고 했다.

8월 당시에도 동여의도에 매물 하나가 나오면 시간별로 약속을 잡아서(줄 서서) 보는 분위기였다. 몇 개 안 나오는 전세도 실거주 요건을 채우려고 이동하는 집주인들이 많았다. 친구는 잘못된 가격 규제 때문에 가격만 뛰고 세입자들의 고통이 가중될 것을 우려했다. 그 자신은 평균적인 서울 사람들에 비해 형편이 낫지만, 잘못된 규제 탓에 매물이 줄고 돈 없는 서민들만 더 죽어난다고 걱정했다.

"부동산도 매물이 별로 없다 보니 개점 휴업인 곳들이 많았어. 집주인 매매 건으로 연결된 부동산으로만 한두 건 나오는 정도였고. 이전에 매매를 소개시켜주거나 한 부동산으로만 독점적으로 매물이 나오는 듯한 모습이었어. 부동산도 되는 집만 되고, 안 되는 데는 손을 놓는 빈익빈부익부 현상이 가중된 거지."

기본적인 수급 원리, 그리고 조금이라도 더 벌고 싶은 사람의 기본 심리를 모르는 자들은 규제만으로 문제를 해결할 수 있다고 착각한다. 하지만 세상의 질서는 이런 무지한 자들을 비웃을 뿐이다. 이는 경제학의 상식이기도 하다. 전셋값과 기간을 규제해 매물이 잠기고 거래가 원활하지 못하면, 없는 사람들이 더 피해를 본다.

홍남기 경기부총리는 '2년+2년' 계약갱신제 때문에 기존 세입자들이 이익을 볼 것이라고 항변했다. 하지만 세상 물정 모르는 대한민국 경제수장의 억지스러운 주장일 뿐이었다.

2018년에는 두 차례에 걸쳐 주가가 크게 급락했다. 모두 미국에서 전해진 소식 때문이었다. 이처럼 글로벌 주식시장은 미국의 동향에 민감하며, 한국 역시 예외가 아니다. 2018년 2월에는 미국의 고용지표가 좋았지만, 금리가 올라가자 주식시장이 긴장해서 급락했다. 경제지표가 양호하게 나왔지만 금리가 오르고 연준이 정책금리를 더 적극적으로 올릴 것이란 예상에 주가가 약세를 면치 못했다.

2018년 10월엔 주가가 다시 한 번 큰 폭으로 떨어졌다. 미국과 중국의 무역 분쟁이 해결의 실마리를 찾지 못하면서 글로벌 경기 둔화 우려가 커진 상황에 제롬 파월 연준 의장이 "현재의 금리가 중립금리수준과 멀리 떨어져 있다"고 발언했기 때문이다. 미·중 무역분쟁 만으로도 주식시장이 맥을 못 추던 상황에서 연준 의장까지 나서서 앞으로도 금리를 많이 올려야 할 것처럼 발언하자 시장이 경기를 일으켰던 것이다. 이후 11월 한 달 남짓 만에 연준 의장은 지금의 기준금리가 정책금리 '바로 밑'에 있다고 발언했고, 이에 주식시장과 채권시장이 모두 환호하기도 했다.

2020년은 금리가 가진 강력한 힘을 엿볼 수 있는 한 해였다. 2020년 3월 코로나19 사태로 주가가 급락하자 미국은 금리를 제로로 만들고 양적완화를 통해 유동성을 대대적으로 풀었다. 경기는 좋지 않았지만 주가는 폭락 뒤 급등했다. 주식시장의 흐름을 살필 때는 항상 금리를 염두에 둬야 한다. 아울러 금리를 기준으로 주식시장이 싼지, 비싼지 훈련하는 습관을 들이는 것도 중요하다.

5장

주식투자의
99%는
금리에 달려 있다

주식투자에 적합한 시기와
일드갭은 무엇인가

일드갭은 주식투자시 예상되는 기대수익률과 채권금리의 차이를 말한다. 즉 일드갭의 공식은 간단히 '주식투자 예상수익률-채권금리'로 표현할 수 있다. 일드갭은 주식투자 할 때의 기본이다.

우리 주변에서 투자를 하는 사람들을 보면 나름대로의 편향성을 보인다. 한 친구는 주식만 투자하고, 다른 친구는 주식은 쳐다보지도 않은 채 오로지 채권에만 투자한다. 또 다른 친구는 은행예금 외엔 거들떠보지도 않는다. 그런가 하면 어떤 친구는 오로지 부동산투자만이 살 길이라고 외친다.

주식, 채권(예금), 부동산은 3대 투자자산이라고 할 수 있다. 채권은 예금과 경쟁하는 데다 서로 대체 성격이 있어서 같은 투자자산군으로 묶을 수 있다. 이 중 많은 직장인이 큰 수익을 내기 위해 가장 쉽게 접근하는 투자자산이 주식이다. 부동산은 너무 큰돈이 들고, 채권이나 예금으로는 자산을 불리는 데 한계가 있으니 주식으로 종잣돈을 모아보려고 용을 쓰는 경우가 많다.

하지만 하이 리스크 하이 리턴High Risk, High Return, 즉 큰 이익을 얻기 위해서는 큰 위험을 져야 하는 것이 기본이다. 투자의 세계에서 쉬운 일은 없다. 위험도 별로 지지 않고 높은 수익을 얻을 수 있는 투자 수단은 없는 것이다.

집 근처 전봇대에 붙어 있는 '1억 원 남짓 투자하면 월세 130만 원을 받을 수 있는' 상가를 광고하는 전단을 본 적이 있다. 1억 원을 투자해서 연 10%가 훨씬 넘는 이익을 올릴 수 있는 '안전한' 투자 수단 같은 게 과연 있을까? 이 상가는 분명 뭔가 문제가 있을 것이다.

세상에 별다른 노력 없이 비정상적인 수익을 거둘 수 있는 투자수단은 없다. 현란한 광고들은 거의 사기성이 짙다고 보면 된다. 아울러 그 물건이 말처럼 양호하다면 동네방네 광고할 필요도 없을 것이다. 모든 투자에 있어서 금리는 하나의 큰 기준이 된다. 어떤 투자대상물에 투자하든지 금리자산보다 매력이 있는지를 따져보는 것은 기본이다.

주식회사와 주식의 개념

주식회사란 무엇인가? 주식회사는 여러 사람이 돈을 투자해서 만든 회사다. 각자가 투자한 만큼 권한을 갖고 책임을 지는 형태의 회사다. 한 개인의 돈만으로는 회사를 만드는 데 한계가 있다. 이 때문에 자본주의 사회에선 여러 사람이 투자한 주식회사가 가장 일반적인 회사 형태가 되었다.

태민이라는 사람이 '태민 주식회사'를 만든다고 해보자. 태민은 우선 자본금과 한 주당 금액을 신고해야 한다. 태민은 자본금 1억 원, 주당 액면가가 5천 원인 주식회사를 만들려고 한다. 태민은 이를 위해 자기돈 1천만 원에 9명의 친구들에게서 각각 1천만 원씩 돈을 빌렸다.

이후 태민은 액면가 5천 원짜리 주식을 2만주 발행해 1억 원짜리 주식회사를 만들 수 있다(5천 원×2만 주=1억 원). 주식은 투자한 금액에 대한 권리를 나타내는 증표인 것이며, 태민에게 투자한 친구들은 태민 주식회사의 주주가 된다. 주주는 회사의 주인으로서 향후 태민 주식회사가 벌어들이는 이익을 공유하게 된다.

우리가 뉴스 등에서 쉽게 접하는 주식시장은 이 같은 주식이 거래되는 시장이다. 오랜 시간이 지나서 태민 주식회사의 주식이 코스피시장이나 코스닥시장에 상장되면 일반인들도 태민 주식회사의 주식을 사고 팔 수 있게 된다.

한국에는 삼성전자라는 세계적인 기업이 있다. 이 회사는 작고한 이병철 '가문'의 것이 아니다. 삼성전자의 주주에는 국민연금 등 다양한 기관투자자뿐만 아니라 외국인들까지 포함되어 있다.

내가 내일 삼성전자 주식을 한 주 사게 되면 나 역시도 삼성전자의 주주가 된다. 따라서 주식투자는 특정 회사의 소유권을 사는 것, 즉 주인이 되는 행위다. 다만 일반적인 투자자가 이런 생각까지 하면서 주식투자를 하는 경우는 별로 없다. 보통 사람들이 주식을 사는 이유는 이익을 내기 위한 것이다.

주식투자 할 때의 기본인 '일드갭'

주식시장이 하락 국면에 들어섰을 때 주식투자로 돈을 벌 수 있는 사람은 많지 않다. 마치 잔 파도가 큰 파도를 거스를 수 없는 것처럼 주가가 대세 하락기라면 아무리 뛰어난 투자자라도 주식투자를 통해 이익을 내기는 어렵다.

그렇다면 언제 주식투자를 하는 게 나을까? 주식이 다른 투자수단보다 메리트가 있을 때 투자를 하는 게 낫다. 그 비교대상은 '투자의 가장 큰 기준'이라고 할 수 있는 금리다. 주식투자를 하기 좋은 시기와 관련해 가장 대중적으로 활용되는 지표 중 하나가 일드갭Yield gap이다. 우리말로는 '수익률 차이' 정도로 번역할 수 있다.

일드갭은 주식투자시 예상되는 기대수익률과 채권금리의 차이를 말한다. 즉 일드갭의 공식은 간단히 '주식투자 예상수익률-채권금리'로 표현할 수 있다. 이 간단한 개념은 주식투자를 하는 게 시기적으로 유리한지를 가늠할 때 가장 자주 활용된다. 주식투자 예상수익률이 채권투자나 은행예금보다 크게 높아 일드갭이 벌어졌을 때 주식을 사면 유리하다.

그러면 주식투자 예상수익률은 어떻게 구할까? 주식투자를 해본 사람들은 PER피 혹은 피이알이라고 읽는다에 대해 들어본 적이 있을 것이다. PER_{Price Earning Ratio}는 우리말로 '주가수익비율'을 뜻하며 주가를 주당순이익(EPS)으로 나눈 값이다. 즉 '주가÷주당순이익'이다.

가치투자 이론의 창시자인 벤저민 그레이엄은 PER의 역수, 즉 1/PER을 통해 주식투자 예상수익률을 구했다. 1/PER은 주당순이익을 주가로 나눈 것이다. 당연히 어떤 회사나 주식시장의 당기순이익을 시가총액으로 나눈 것이라고 할 수 있다.

어떤 투자자가 1만 원짜리 주식에 투자했다. 이 투자자가 투자한 회사가 1주당 1년에 1천 원의 수익을 낼 것으로 기대된다면 예상수익률은 당연히 1천 원/1만 원, 즉 10%다.

이 같은 주식투자시 예상수익률과 무위험 이자율을 비교해서 주식투자의 메리트를 비교할 수 있다. 무위험 이자율은 국고채금리나 예금금리 등을 활용해 산정한다. 예를 들어 현재 한국 코스피시장의 예상수익률이 10%이고, 국고채금리가 2%라면 주식과 채권 가운데 어떤 자산에 투자하는 게 유리할까? 일드갭 이론을 바탕으로 할 때 채권보다는 주식에 투자하는 게 나을 것이다.

주식투자 예상수익률은 특정 종목에 대해 구할 수도 있고, 전체 시장에 대해 구할 수도 있다. 한국거래소 사이트 등에 들어가거나 각종 증권사의 애널리스트 보고서 등에서 시장의 PER를 알아볼 수 있다. 한국 주식시장의 PER는 전체 상장기업의 시가총액을 전체 상장기업의 당기순이익으로 나눠서 구한다. 대략 한국의 시장 PER는 8~20배 사이에서 움직여왔다.

시장 PER는 특정 종목이 아니라 전체 주식시장의 PER를 의미한다. 이 수준을 바탕으로 주식투자가 유리한지, 채권 같은 금리상품에 투자하는 게 유리한지 판단할 수 있다.

물론 일드갭이 크다고 해서 반드시 주식투자를 하면 높은 성과를 낸다고 말할 수는 없다. 하지만 주식투자의 성공 확률을 높일 수 있다. 예를 들어 위에서 언급한 것처럼 코스피의 PER가 10배, 즉 PER의 역수(1/10)인 예상수익률이 10%인데, 국고채금리나 예금금리가 2%가 채 안 된다면 주식 매력이 부각될 수 있다. 일드갭 차원에서 볼 때 일시적인 주가 폭락과 뒤이은 중앙은행의 대대적인 정책금리인하도 주식시장 진입의 찬스라고 할 수 있다.

2020년 3월 코로나19 사태로 주가가 폭락했을 때 미국 연준은 정책금리를 과감하게 '제로'로 내렸다. 약간의 시간이 흐른 뒤 주가는 급등했다. 한국 시장 역시 마찬가지였다. 주가 폭락은 그 자체로 '주식의 기대수익률'을 높이는 측면이 있다. 그런 상황에서 금리가 크게 떨어지면 일드갭이 벌어지고, 주식투자 메리트가 부각될 수 있다.

반면 한국의 주가가 많이 올라 주식시장의 예상 PER가 역사적 고점 수준인 20배에 달했다고 가정해보자. 또한 한국은행이 금리를 몇 차례 더 올려서 채권금리가 4%까지 올라갔다고 가정해보자. 이 경우 주식의 기대수익률은 1/20, 즉 5% 수준이다. 또 일드갭은 5%-4%, 즉 1% 정도밖에 되지 않는다. 이런 경우엔 주식투자의 메리트가 없다고 볼 수 있다.

보수적인 투자자라면 일드갭이 상당히 큰 때에 주식투자를 하는 게 맞다. 예를 들어 일드갭이 5% 이상인 상황에 주식투자에 나선다면 실패할 확률을 좀더 줄일 수 있을 것이다. 이처럼 금리수준(예금이든 채권이든)은 주식투자를 할 때 하나의 중요한 잣대가 될 수 있다.

주식은 위험한 투자자산이다. 반면 예금은 거의 위험성이 없으며, 채권도 만기까지 부도만 나지 않으면 약정한 이자를 받을 수 있다. 따라서 주식의 기대수익률은 채권보다 높은 게 정상이다. 위험이 높은 자산에 투자하는 경우 요구하는 수익률이 더 높은 게 당연하기 때문이다.

일드갭과 연준 모델

미국의 중앙은행인 연준은 오랜 기간 일드갭 이론을 정책금리 결정에 활용해왔다. 연준 모델Fed model은 주식시장과 금리(채권시장)의 균형과 관련된 이론이다.

주식시장에선 연준 모델을 주식의 고평가 여부 그리고 자산배분 시 활용해왔다. 이를테면 1년 후 주식시장의 예상수익률 혹은 기업이익 성장률이 10년만기 국채금리와 같은 상태를 '균형'이라고 가정할 수 있다.

즉 미국의 대표적인 주가지수인 스탠다드앤푸어스지수(S&P지수)의 예상 PER가 20배라면 주식투자시 예상수익률은 1/20, 즉 5%라고 볼 수 있다. 그런데 2008년 글로벌 금융위기 이후 미국은 오랜 기간 '제로 정책금리'를 유지해왔으며, 미국 국채금리도 상당기간 아주 낮은 수준에 머물렀다.

주식시장의 예상 수익률이 5%인 상황에서 미국 국채 10년물 금리가 2% 정도라면 수익률 격차는 3%에 이른다. 이 경우 미국 같은 선진시장에선 주식투자가 상당히 유리하다고 볼 수 있다. 실제 글로벌 금융위기 이후 저금리에 힘입어 미국 주식시장의 주요 지수들은 지속적인 상승을 기록했다.

연준은 공식적으로 '연준 모델'에 대해 '보증'을 하지는 않았다. 하지만 연준 의장을 지낸 앨런 그린스펀은 연준 모델과 관련한 흥미로운 이야기를 자신의 비망록에 기록했다. 그린스펀의 "20년간 이어진 실질금리(명목금리에서 인플레이션을 뺀 값)의 하락은 PER의 상승과 관련되어 있다"는 말은 저금리 속에서는 주식 가치평가가 높아진다는 일드갭 이론과 맥을 같이 하는 것이다.

사람에 따라서는 주식 기대수익률을 국채금리가 아닌 회사채금리와 비교하기도 한다. 주식시장의 기대수익률은 '회사'의 예상실적과 관련되어 있기 때문이다.

물론 이 이론은 논란이 많다. 일각에선 연준 모델이 일부 기간엔 잘 들어맞지만, 또 다른 기간 동안엔 전혀 상관관계가 없었다는 분석 결과를 내놓기도 했다.

투자의 세계에선 주식 기대수익률이 금리(국채·회사채·예금금리)보다 크게 높을 때는 주식투자 비중을 높이고, 채권금리에 비해 크게 메리트가 없으면 안전한 채권투자 비중을 높이는 게 유리하다.

GDP성장률과 잠재GDP성장률

한국에선 김중수 전 한국은행 총재(2010년 4월~2014년 3월) 때 'GDP 갭'이라는 말이 대중화되었다. 김 총재가 금리 결정과 관련해 GDP 갭이라는 말을 워낙 많이 썼기 때문이다.

GDP는 국내총생산, 즉 한 나라 내에서 생산된 모든 부가가치를 합산한 것이다. 우리가 흔히 '경제성장률'이 3%를 기록했다고 말할 때는 GDP가 전년보다 3% 더 늘었다는 이야기다. GDP갭은 GDP성장률에서 GDP잠재성장률을 뺀 값이다. 잠재GDP는 한 나라 경제가 물가를 자극하지 않으면서 노동과 자본 등 생산요소를 활용해서 달성할 수 있는 최대의 생산능력을 뜻한다. 즉 한 나라 경제의 성장 능력과 관련된 것이다.

한국의 잠재GDP는 2020년 현재 2%대 초중반 정도로 추정된다. 특정 경제가 선진화되면서 성장률 자체는 떨어질 수밖에 없다. 따라서 이미 도로나 건물 등 기반시설을 다 갖춘 상황인 선진국의 성장률이 신흥국보다 낮게 나오는 것은 당연하다. 다만 한국경제는 고령화, 생산성 둔화 등 사회문제를 극복하지 못하면서 너무 일찍 늙어버린 측면이 있다.

아무튼 GDP갭은 경기 상황을 진단하는 데 도움을 준다. GDP갭이 '플러스'라는 것은 잠재수준보다 높은 수준의 성장을 기록 중이라는 이야기가 된다. 예를 들어 한국의 잠재성장률이 2%대 초중반인 상황에서 3% 수준의 성장은 능력 이상으로 경제가 양호하다는 말이다.

GDP갭이 플러스를 나타낼 때 경제가 호황을 보이면서 주식시장도 오를 가능성이 높다. 아울러 GDP갭이 '마이너스' 상태에서 '마이너스 폭을 줄이거나 플러스로 돌아서는 시점'에 주가가 크게 점프할 수도 있다. **한국 주식시장의 대표지수인 코스피지수는 2017년 22% 급등했다.** 이는 장기간 마이너스를 보이던 GDP갭의 '턴'과도 연관 지을 수 있다.

반면 GDP갭이 플러스에서 마이너스로 전환하거나 GDP갭의 마이너스 폭이 커질 때는 주가지수가 하락하거나 주가지수 낙폭이 더 커질 수 있어 유의할 필요가 있다.

주식투자를 할 때는 성장률 수치를 단순히 보는 것보다 경기가 그 나라 경제의 체력(잠재GDP)에 비해서 어떤 상태인지를 파악하는 게 필요하다. GDP갭의 마이너스 폭이 줄어들거나, 마이너스에서 플러스로 전환하는 시점 등은 주식투자를 하기에 좋은 시기라고 볼 수 있다.

ROE와 금리흐름,
주식투자자라면 반드시 확인해야 한다

ROE는 자기자본이익률, 즉 기업이 자기자본으로 얼마나 높은 이익률을 기록하고 있는지를 나타내는 지표다. 주식투자자라면 ROE가 금리에 비해 얼마나 높은지 반드시 살펴봐야 한다.

"네가 산 그 종목의 ROE가 얼마야?"

"모르겠는데. 그냥 주변에서 좋다고 해서 샀어."

"뭐? 자기가 산 주식의 ROE가 얼마인지 모른다는 말이야?"

"ROE고 뭐고 필요 없어. 그 회사 다니는 내 친구가 좋대."

"아니, 그렇게 주먹구구식으로 투자하면 실패해. 남의 말만 듣지 말고 적어도 몇 가지는 네 스스로 체크해봐야 해."

주변 주식투자자들 중에서 의외로 ROE에 대해 무심한 사람들이 많다. 하지만 ROE는 주식투자자라면 반드시 체크해봐야 할 기본 중 하나다.

주식투자를 오래 한 사람들은 한 번쯤 "ROE가 10% 이상인 종목에 투자하라" 같은 말을 들어본 적이 있을 것이다. ROE가 높다는 말은 그만큼 기업의 수익성이 좋다는 이야기다. 그러면 수익성이 좋다는 이야기의 기준을 과연 무엇으로 잡으면 좋을까? 비교 대상은 바로 금리다.

ROE가 금리에 비해 얼마나 높은지 살펴보라

ROE Return on Equity는 자기자본이익률, 즉 기업이 자기자본으로 얼마나 높은 이익률을 기록하고 있는지를 나타내는 지표다.

기업의 돈은 자기자본과 차입금(부채)으로 나눌 수 있다. 즉 내 돈과 빌린 돈을 합친 것이다. 기업은 내(주주) 돈과 남의 돈을 합쳐서 자산에 투자하고 이 자산을 활용해서 수익을 창출한다. 예를 들어 A라는 회사는 내 돈, 즉 주주의 돈과 남의 돈, 즉 채권을 발행해서 마련한 돈으로 설비투자를 한 뒤 제품을 생산해 돈을 번다.

기업이 내 돈과 남의 돈을 모두 합쳐서 내는 수익률은 총자산수익률 ROA, Return on Assets 이라고 한다. ROA는 당기순이익을 총자산으로 나눈 값으로, ROA 역시 기업의 수익성을 측정하는 대표적인 지표 중 하나다.

그런데 주주들 입장에서는 부채가 포함된 총자산이익률보다 자기자본이익률이 더 중요하다. 왜냐하면 내가(주주가) 투자한 돈으로 회사가 얼마나 돈을 버는지가 더 관심일 수밖에 없기 때문이다. 자기자본수익률, 즉 ROE는 당기순이익을 자기자본으로 나눠서 구한다.

그러면 어느 수준의 ROE가 좋은 것일까? 이를테면 금리가 3%인 상황에서 ROE가 10%라는 것은 기업의 성과가 양호하다는 뜻이다. 기업이 10억 원의 자기자본을 투자해서 1억 원을 번다는 말이니 괜찮아 보이지 않는가. ROE가 20%라면 10억 원으로 2억 원을 번다는 뜻이다.

주주들 입장에서 한번 생각해보자. 주주들은 3%짜리 예금에 드는 것보다 10% 이상의 수익을 내는 회사에 투자하는 게 더 나을 것이다. 기업이 매년 자기자본의 10%를 번다고 해보자. 기업은 이익금의 일부를 주주들에게 배당하고 나머지는 사내에 유보한 뒤 사업 확장에 활용할 수 있을 것이다. 즉 주주는 배당을 챙길 수 있고, 회사는 ROE가 높으니 더 성장하게 된다. 이러면 주가가 오를 수밖에 없다. 투자자(주주) 입장에선 배당과 함께 기업가치 상승, 즉 주가 상승에 따른 이익까지 챙길 수 있다.

그런데 금리가 10%인 상황에서 ROE가 10%라면 큰 메리트가 있을까? 은행에 예금을 해도 연 10%를 받을 수 있는데, 굳이 ROE가 10%라는 이유로 위험한 주식투자를 할 이유는 없을 것이다.

통상 ROE는 회사채 수익률(금리)보다 높아야 한다는 이야기들도 한다. 이 말은 기업이 회사채를 발행해서 타인에게 빌리는 금리 이상의 수익을 자기자본 투자에서 확보할 수 있어야 한다는 의미이기도 하다. 또한 최소한 국채금리보다는 ROE가 더 높아야 한다는 말들도 한다.

아울러 당연한 이야기지만 ROE가 높더라도 이미 주가가 급등한 상황이라면 투자에 유의해야 한다. 주식은 미래가치를 반영한다. 향후 기업의 경영상황이 좋아질 것으로 예상되면 발빠른 투자자들이 미리 그 주식을 사서 가격을 올려놓는 경우가 많기 때문이다. 따라서 모두가 "그 주식 좋아"라고 할 때는 이미 주가가 고평가되었을 경우가 많기 때문에 섣불리 주식을 사면 안 된다.

물론 ROE를 살펴볼 때도 앞서 설명한 PER처럼 '예상' ROE가 중요하다. 어차피 주식투자자에게는 '현재'보다는 '미래'가 더 중요하기 때문이다. 과거에 아무리 높은 성과를 냈더라도 미래가 암울한 기업에 투자할 이유는 없는 것이다. 하지만 '예상' ROE는 말 그대로 예상이기 때문에 그 예상이 틀릴 수 있음을 명심해야 한다. 기업들이 자신들의 미래성과를 낙관해서 투자자들을 현혹하는 경우가 적지 않기 때문이다.

또한 ROE를 볼 때 지나치게 빚이 많은 것은 아닌지도 같이 봐야한다. 차입에 의한 레버리지 효과를 통해 높은 ROE를 기록할 수도있기 때문이다.

즉 자기자본은 20억 원, 부채 80억 원인 회사가 2억 원의 당기순이익을 냈다고 가정할 때 ROE는 10%다. 하지만 부채비율(부채/자기자본)이 400%로 매우 높아 안정성이 떨어진다고 볼 수 있다. 또 이 경우 ROA는 2%로 뚝 떨어진다. 결국 다른 지표와 같이 봐야 한다는 뜻이다.

EPS와 PER

앞서 언급한 PER를 다시 살펴보기 전에 주당순이익에 대해 알아보자.

PER는 주가를 주당순이익EPS, Earnings Per Share으로 나눈 값이다. 예상 EPS는 세금을 낸 뒤의 순이익, 즉 당기순이익을 발행주식수로 나눈 값이다. 즉 주식 1주가 1년 동안 얼마나 이익을 창출하는지를 나타내는 지표다. 당연히 EPS가 높으면 좋다. EPS가 마이너스인 기업은 자기자본을 까먹고 있다는 의미이기도 하다.

PER는 주가를 EPS로 나눈 값이다. 식으로 쓰면 'PER=주가/EPS'다. 식을 약간 변형시켜보면 '주가=EPS×PER'가 된다. 한 회사가 한 주당 얼마를 벌지를 예측할 수 있으면, 여기에 PER를 곱해서 적정 주가를 구할 수 있게 되는 것이다. 그러면 '어떤' PER를 곱해야 할까? 일반적으로 시장평균 PER를 곱하면 된다.

예를 들어 철강업체의 평균 PER가 10배라고 해보자. 그러면 A라는 철강회사에 투자한 사람은 이 회사의 예상 주당순이익에 업체 평균 PER인 10을 곱해서 예상주가를 추론해볼 수 있다. 사실 이런 방식으로 증권사 애널리스트들은 예상 주가를 추정한다.

가치투자자들은 PER가 낮은 종목에 투자한다. 다만 가격이 낮은지 여부를 평가하는 것은 매우 주관적인 작업일 수 있다. 업종 평균 PER뿐만 아니라 업종을 대표하는 회사의 PER, 내가 투자한 종목의 과거 평균 PER 등을 종합적으로 고려해서 저평가되어 있는지 여부를 판단해야 한다.

계산의 편의를 위해 친구 10명이 1억 원씩 투자해서 회사를 하나 만들었다고 가정해보자. 회사는 총 1천 주의 주식을 발행했고, 1년에 1천만 원을 번다. 이때 주가가 10만 원이라면 PER는 얼마일까? 1천 주가 1천만 원을 버니까 한 주당 1만 원을 버는 셈이다. 그런데 주가가 10만 원이기 때문에 PER는 '10만 원/1만 원', 즉 10이다. PER는 주당 이익 몇 년 치를 더하면 주가와 같아지는지를 나타내는 개념인 셈이다. PER는 장사하는 사람들이 가게를 인수할 때 '투자금을 몇 년 치의 이익금으로 회수할 수 있느냐'는 개념과 같다. 따라서 PER가 낮을수록 주가는 싼 것이다.

하지만 성장성이 높은 IT기업은 PER가 일반적으로 높다. 이는 미래에 크게 성장할 것으로 예상하기 때문에 현재의 이익은 크게 중요하지 않다는 개념이 들어 있다고 해석할 수 있다. 실제로 투자자들 중에는 고PER주(PER가 높은 주식)를 좋아하는 사람도 있다. 하지만 저PER주에 비해 투자의 안정성은 떨어진다고 볼 수 있다.

PBR

주식투자자 중 PER를 아는 사람은 PBR(피비알)에 대해서도 들어봤을 것이다. PBR은 PER의 사촌 형제처럼 같이 나오는 개념이다.

PBR, 즉 주가순자산비율Price Book-value Ratio은 주가를 '1주당 순자산BPS, Book-value per share'으로 나눈 개념이다. 시가총액을 장부상의 가치로 나눠서 계산해도 결과는 같다. PBR을 식으로 쓰면 'PBR=주가/1주당 순자산'이 된다. 순자산은 자산에서 부채를 뺀 개념으로 재무제표에서 자본금과 자본잉여금, 이익잉여금을 더한 것과 같다.

순자산 혹은 장부상의 가치는 회사가 청산할 때 주주가 배당을 받을 수 있는 자산의 가치와도 같다. 즉 PBR은 재무적 측면에서 주가가 얼마나 비싼지를 판단하는 지표가 된다. 역시 PER처럼 낮으면 낮을수록 '싼' 주식이 된다.

예를 들어 PBR이 1이라면 특정 시점의 주가와 기업의 1주당 순자산이 같다는 의미다. 주가가 장부상 순자산가치(청산가치)와 동일하다는 뜻이다. 따라서 PBR이 1보다 작으면 주가가 당장 회사를 청산했을 때 받을 수 있는 가치보다 낮다는 의미가 된다.

PBR은 우리가 앞에서 본 ROE와 PER를 곱한 것이다. 다음과 같이 식으로 풀어서 정리해보면 쉽게 알 수 있다.

$$\text{주가순자산비율(PBR)} = \frac{\text{주가}}{\text{주당순자산}} = \frac{\text{주당순이익}}{\text{주당순자산}} \times \frac{\text{주가}}{\text{주당순이익}}$$
$$= \text{자기자본이익률(ROE)} \times \text{주가수익비율(PER)}$$

위의 식을 보면 PBR의 성격을 더 잘 알 수 있다. PBR은 수익성을 나타내는 자기자본이익률과 이익에 비해 주가가 싼 정도를 나타내는 PER를 곱한 것이다. 즉 자산가치에 대한 평가, 수익성에 대한 평가가 동시에 들어 있는 개념이다.

일반적으로 주가의 싼 정도를 평가할 때는 PER를 많이 보지만, 은행주와 같은 금융관련 종목들의 경우 PBR을 유념해서 본다. PBR의 경우도 PER와 마찬가지로 수치가 낮으면 저평가 정도가 심하다는 뜻이다. 역시 저평가여부를 따질 때는 업종 평균 PBR, 업종 대표주의 PBR, 내가 투자한 종목의 과거 평균 PBR 등을 종합적으로 검토하는 게 바람직하다.

아울러 이런 지표들을 검토할 때 싸다고 반드시 좋은 것은 아니다. 내가 투자한 기업의 미래가 암울하다면 PER가 향후 만성적으로 저평가될 수도 있다. PER나 PBR이 낮은데도 주가가 오르지 못한다면 무슨 이유가 있는지 반드시 따져야 한다. 검토 결과 특별한 이유 없이 주가가 싸다면 매수로 접근해볼 수 있을 것이다.

EV/EBITDA

증권사들의 종목 분석 보고서를 살펴본 사람들 중엔 EV/EBITDA라는 지표가 자주 등장한다는 사실도 알 것이다. 역시 기본적인 분석 방법은 PER, PBR과 큰 차이가 없다.

EV/EBITDA(이브이에비타)에서 EV는 기업가치Enterprise Value의 약자로 시가총액과 순차입금을 더한 개념이다. 에비타EBITDA는 영어로 'Earnings Before Interest, Tax, Depreciation and Amortization'의 약자다. 영어를 해석해보면 이자와 세금 그리고 감가상각 전의 이익을 뜻한다. 즉 세전 영업이익에 감가상각비를 더한 것이다.

생산설비는 시간이 지남에 따라 노후화되고 성능이 떨어지는 만큼 비용으로 잡아주는 작업, 즉 감가상각 처리를 한다. 이 경우 회계상

비용으로 처리되지만 실제로 현금이 나간 것은 아니다. 즉 EBITDA의 개념은 세금을 내기 전의 '영업 현금 흐름'이라고 할 수 있다.

PER는 주가를 당기순이익으로 나눈 개념이기 때문에 특별이익이나 특별손실을 차감하지 못한다. 어떤 회사는 자신들의 주된 영업 외에 예를 들어 보유하고 있는 자산을 팔아서 이익을 창출할 수 있다. 하지만 이 같은 '특별한' 이익은 정상적인 영업을 통해 만들어진 이익이 아니다.

따라서 말 그대로 본질적인 영업으로 기업이 얼마나 이익을 내는지를 살펴볼 때 EBITDA 개념이 유효하다. EV/EBITDA는 기업이 정상적인 영업활동을 한다고 할 경우 투자한 금액(시가총액+순차입금)만큼 버는 데 몇 년이 걸리는지를 나타내는 지표라고 할 수 있다. 그런 만큼 EV/EBITDA는 현금흐름배수라고도 부른다.

PSR

앞에서 거론한 저평가 관련 지표들만으로 충분할까? PER나 PBR 만큼 대중적이지는 않지만 PSR_{Price Sales Ratio}도 체크해볼 만한 저평가 지표다.

다음은 2018년 6월 29일 코스피지수가 장중 2300p 아래로 내려갔을 당시 필자가 작성했던 기사의 한 부분이다. 이 기사를 통해 주식의 저평가 정도를 따질 때 PER와 PBR 등의 대중적인 지표뿐 아니라 여러 요소들에서 다양하게 접근할 필요가 있음을 알 수 있을 것이다.

한국 주가가 싼지를 놓고도 논박이 오간다. 기업들의 이익을 예상해서 계산한 주가수익비율 등을 보면 싸 보이지만, 주가 하락이 지속되면서 다른 관점에서 봐야 한다는 지적도 나오고 있다.

SK증권의 하인환 연구원은 "주가가 하락한 뒤 밸류에이션 관점에서 싸다는 이야기들을 하지만, PSR 관점에서 봤을 때는 한국 주가가 싸다고 볼 수 없다"고 밝혔다.

PSR은 주가매출비율로 주가를 주당 매출액으로 나눈 값이다. 이는 기업의 성장성을 기준으로 주가가 싼 지 여부를 판단하는 지표다. 당장 기업의 이익이 많이 나더라도 성장성이 약한 기업들은 한계를 보일 수 있다는 차원에서 PSR을 중시하는 시각들도 적지 않다.

하 연구원은 "PER의 경우 영업 외 수익이나 손실이 반영되기 때문에 일시적 왜곡현상이 나타날 수 있지만 PSR은 매출액을 기준으로 하기 때문에 영업 외적인 부분이 고려되지 않는 장점이 있다"고 지적했다.

그는 "PSR 기준으로 한국 주식시장을 평가할 때 저평가 상태가 아니라는 점은 명확하다"면서 "현재 PSR은 '평균 + 1x(표준편차)' 수준"이라고 밝혔다.

기업 이익과 매출액이 같이 늘어나기 때문에 PSR과 PER는 같은 방향으로 움직여야 정상이라고 생각할 수 있다. 하지만 2016년 2분기부터 PSR과 PER의 흐름이 갈린다. 하 연구원의 분석에 의하면 2012~2016년 1분기까지 PSR과 PER의 상관관계는 0.73으로 높았지만, 2016년 2분기부터 지금까지 상관관계는 -0.69를 나타내고 있다.

PSR과 PER를 계산할 때 분자는 시가총액으로 동일하지만, 분모는 매출액과 순이익으로 다르다. 따라서 이 괴리는 관심을 가져볼 만하다.

이 같은 현상은 기업의 영업이익 증가현상이 매출액 신장과 함께 나타났다기보다는 비용 절감 등과 관련되었을 수 있다. 사실 길게 볼 때 매출액 신장이 뒷받침되지 않는 영업이익 개선은 한계를 가질 수밖에 없다. 이 경우 주식투자자는 PER나 PBR이 낮다는 점을 중시해 주식 비중을 늘리는 게 바람직한지 의문이 생길 수 있다.

하 연구원은 "2000년대 이후엔 PSR과 PER가 괴리를 보일 때 PSR이 더 신뢰할 수 있는 지표였다"면서 "예를 들어 2013~2014년 매출액이 정체된 상황에서 순이익이 높은 변동성을 보여 PER가 9배에서 10.5배까지 급등했다. 이 기간 PSR에 별다른 변화가 없었고 코스피지수 역시 별다른 움직임을 보이지 않았다"고 소개했다.

그는 이런 관점에서 PSR과 PER의 흐름이 갈릴 때 PSR을 더 중시해야 한다는 관점을 제시했다.

이 기사의 핵심 내용은 무엇인가? 한국의 주가지수는 미래에 기업이 올릴 것으로 예상되는 이익을 기준으로 한 PER의 관점에서 보면 싸지만, 매출액을 기준으로 볼 때는 싸다고 보기 어렵다는 주장과 관련된 것이다. 주식시장에선 이처럼 주가의 적정성을 놓고 상반된 의견이 끊임없이 오간다.

PSR은 주가를 주당 매출액으로 나눈 것이다. 따라서 PSR이 낮으면 매출액에 비해 주가가 저평가되어 있다는 것을 의미한다. 지난

1990년대 말에 불어닥쳤던 벤처 붐 때는 PSR로 주가의 저평가 정도를 측정하는 게 유행이었다. 당시 신생 벤처나 IT 기업들은 이익을 내지 못하는 경우가 많았기 때문에 PER 등 전통적인 저평가 지표를 갖다 대기에는 곤란했다. 이때문에 PSR을 이용해 주가의 적정성을 평가하곤 했다. 다만 당시 PSR만으로 주가 적정성을 평가하는 것에 대한 비판이 많았던 것도 사실이다.

주가가 저평가되어 있는지 여부를 평가하는 것은 아주 중요하다. 투자를 하는 주된 이유는 싸게 사서 비싸게 팔고자 함이기 때문이다. 아울러 이익에 비해 주가가 저렴한지, 기업이 꾸준히 성장할 수 있는지를 살펴야 한다. 아무리 PER 등이 저평가되어 있더라도 매출이 줄어드는 기업, 즉 성장성이 별로 없는 기업의 미래가치를 높게 평가하기는 어렵다.

주변에선 가끔 매출액이 자본금의 20배를 넘어야 한다는 이야기를 하기도 한다. 업종에 따라 달리 봐야겠지만, 매출액이 꾸준히 늘고 매출액 대비 이익이 많은 기업에 투자하는 게 유리하다고 볼 수 있다.

저평가 지표, 미래와 과거

지금까지 금리와 저평가 지표들을 어떻게 볼 것인지 따져봤다. 간단히 PER를 중심으로 정리해보자. PER는 주가를 주당순이익(EPS)으로 나눈 값으로, 현재의 주가가 주당순이익의 몇 배로 거래되는지를 알수 있는 지표다. 즉 주가가 1만 원이고 주당순이익이 1천 원인 종목의 PER는 10배다. 이런 종목을 산다는 의미는 주당순이익의 10배를 주고 주식을 사는 것과 같다. 그리고 PER의 역수, 즉 1/PER은 주식에 대한 기대수익률로 볼 수 있다. PER가 10배인 종목의 기대수익률은 1/10, 즉 10%다. 이 기대수익률은 금리와 비교할 수 있다. 아주 단순히 접근해서 회사채금리가 4%인데 주식 기대수익률이 10%라면 주식에 투자하는 게 나을 수 있다. 아울러 PER는 업종 평균과 업종 대표주, 자산의 과거 PER와 비교해서 싸다는 확신이 들 때 투자하면 좋은 투자성과를 거둘 확률이 높아진다는 점을 이야기했다.

그런데 주식투자는 '미래'와 관련되어 있기 때문에 미래의 이익과 관련된 PER가 중요하다는 이야기를 했다. 문제는 미래의 이익에 대한 추정치가 틀릴 수 있다는 사실에 있다. 모든 전망이 그렇듯이 기업의 이익에 대한 전망 역시 틀리는 경우가 많다. 그리고 예상보다 크게 높거나 낮은 이익이 발표될 때 주식시장은 흥분한다. 이른바 '서프라이즈'가 나타나는 것이다.

이처럼 미래가 불확실하기 때문에 과거에 나타난 데이터를 활용하는 게 나을 수 있다. PER나 PBR 등 평가지표들은 포워드Forward 값과 트레일링Trailing 값으로 나눠서 살펴볼 필요가 있다.

통상 포워드 PER는 향후 1년 뒤 이익을 예상해서 현재 주가가 싼 정도를 평가한다. 반면 트레일링 PER는 이미 결과가 나온 과거 1년 이익을 바탕으로 계산한 PER 값이다. 증권사 HTS(홈트레이딩시스템)나 보고서 등에서 말하는 PER가 지난해 이익을 바탕으로 계산한 값인지, 어떤 기준으로 계산한 것인지 반드시 확인해야 한다.

미래 이익을 바탕으로 한 PER는 정확한 계산이 어렵고, 과거 이익을 바탕으로 계산한 PER는 그 가치가 떨어진다. 이런 상황에서 우리는 실적 '추이'를 통해 미래를 예측해볼 수도 있다. 예를 들어 금융감독원의 전자공시시스템에 들어가 분기별 실적(영업이익, 당기순이익, 매출액 등) 추이를 보면서 미래를 예견해볼 수도 있다.

한 가지 더, 전환사채(CB)와 신주인수권부사채(BW) 같은 '주식 관련 채권'이 있는 경우에는 유의해야 한다. CB는 주식으로 전환시 채권은 사라지는 반면, BW는 채권이 그대로 남는 차이가 있다. 아무튼 주식으로 전환되지 않은 채권의 경우도 주식으로의 전환을 감안해 PER 등을 계산하는 게 보수적이고 안전한 접근법이다.

예를 들어 내가 투자한 회사의 주가가 1만 원, 주식수가 1천만 주, 예상되는 당기순이익이 100억 원이라고 해보자. 이 경우 CB와 BW가 없다면 PER는 시가총액을 당기순이익으로 나눈(혹은 주가를 1주당 당기순이익으로 나눈) 값인 10배(1천억 원/100억 원)다. 시가총액은 1만 원에 1천만 주를 곱해서 계산하면 된다.

그런데 1만 원에 전환될 수 있는 CB 관련 주식이 200만 주 있다고 해보자. 이 경우 '실질적인' 시가총액은 현재 주가 1만 원에 1천만 주가 아니라 1,200만 주를 곱해야 한다. 이 경우 PER는 1,200억 원/100만 원, 즉 12배가 된다.

미래에 주식으로 전환될 수 있는 BW 관련 워런트(신주인수권)가 500만 주 있는 경우엔 실질 시가총액을 1,500억 원으로 볼 수 있기 때문에 PER는 15배가 된다.

워런 버핏은 주식투자를 할 때
복리 효과를 노린다

> "주식의 가치를 분석하기 위해 미적분 계산을 할 수 있어야 한다면, 나는 아직도 신문 배달을 하고 있을 것이다."
>
> – 워런 버핏 –

세계에서 가장 유명한 주식투자자는 워런 버핏일 것이다. 그는 가치투자자들의 사표와 같은 사람이지만, 그를 흉내 내는 사람은 별로 없다.

하지만 워런 버핏은 자신의 투자비법이 복잡하지 않다고 강변한다. 그 역시 복잡한 기술 기업, 자신이 잘 알지 못하는 기업에는 투자하지 않는다. 그는 곱하기와 나누기, 더하기 정도만 할 수 있으면 누구나 자신과 같은 높은 수익률을 낼 수 있다고 말한다.

사실 워런 버핏이 중시하는 주식투자와 관련한 개념들을 많은 사람들이 이미 잘 알고 있다. 그럼에도 불구하고 버핏처럼 안정적이면서 높은 성과를 낸 인물을 찾기는 어렵다.

버핏은 왜 금리수준을 크게 웃도는 ROE에 빠져 지냈나

워런 버핏이 자기자본이익률(ROE)을 중시한다는 사실은 잘 알려져 있다. 워런 버핏은 싼 주식을 찾는 대가로 알려져 있지만, 그는 사실 단순히 '싸다'는 개념으로 접근하기보다 이익의 '성장'에 초점을 둔다.

흔히 주식을 가치주와 성장주로 나누곤 한다. 가치주는 기업의 자산가치에 비해 주가가 저평가된 주식을 말한다. 주로 굴뚝 산업, 내수 산업과 관련된다. 반면 성장주는 현재는 이익이 별로 나지 않지만 미래에 발전 가능성이 높은 기업(산업)과 관련된 주식이다. PER의 개념에서 볼 때 가치주는 PER가 낮고, 성장주는 PER가 높다.

PER가 높은 회사의 주식은 투자자들이 그만큼 회사의 미래를 밝게 본다는 뜻이기도 하다. 예를 들어 과거엔 IT기업들의 주식이 대표적인 성장주로 꼽혔으며, 2010년대 이후엔 바이오 기업, 제4차 산업혁명 관련 기업 등 미래 먹거리와 관련이 있는 주식이 차세대 성장주로 손꼽힌다.

사실 PER가 높으면 투자하지 말아야 한다는 이야기는 틀린 것이다. 예를 들어 지금 PER가 높지만 PER에 드러난 전망보다 더 높은 이익이 가능하다면, 높은 PER 때문에 주가가 비싸다고만 볼 수 없다. 다만 성장주의 경우에는 리스크가 상당히 클 수도 있다. 예상을 웃도는 수익을 낼 수도 있는 반면 망할 수도 있기 때문이다.

흥미로운 것은 워런 버핏이 단순한 가치투자자가 아니라는 점이다. 그는 싸면서도 성장성이 높은 기업을 좋아한다. 이는 버핏이 ROE

가 높은 주식을 유독 좋아한다는 사실에서 알 수 있다.

예를 들어 ROE가 20%라면 상당히 이익이 많이 나는 기업이다. 자기자본이 1억 원인 회사의 ROE가 20%라면 이 회사는 매년 2천만 원의 이익을 낸다. 이 20%에 달하는 ROE가 계속 이어진다고 해보자.

첫 해에 자기자본이 1억 2천만 원으로 늘어나면 그 다음해의 이익은 '1억 2천만 원×20%', 즉 2,400만 원이 된다. 배당이 없으면 자기자본은 1억 4,400만 원으로 커진다. 이런 식으로 이익이 계속나면 10년 뒤 자기자본은 '1억 원×$(1+0.2)^{10}$', 즉 6억 1,900만 원으로 증가한다.

기업의 자기자본이 늘어나고 그 늘어난 자기자본에서 다시 20%의 이익이 나는 구조를 가진 회사는 상당히 매력적이다. 이 성장세는 이자가 복리로 붙는 것과 비슷하다. 사실 높은 ROE를 기록하고 있다는 말은 '자기자본 대비 이익 규모가 크다'는 의미 외에도 기업이 꾸준히 성장하고 있다는 뜻도 있다.

따라서 워런 버핏은 단순히 '싸기만 한' 주식에 투자하는 사람이 아니다. 그는 '성장하는 가치주'에 투자하는 사람이다. 버핏이 ROE를 중시한다는 차원에서 성장주 투자자라고 주장하는 사람도 있다.

일부 사람들은 워런 버핏을 단순히 PER나 PBR이 낮은 주식을 선호하는 사람으로 오해한다. 어떤 주식의 주가가 1만 원인데 주당순자산 가치가 2만 원이면 PBR은 0.5다. 이 경우 기업의 청산가치가 시가총액의 2배다. 얼핏 보면 이 주식은 매우 싸 보인다. 하지만 이 기업의 ROE가 형편없다면 어떻게 봐야 할까? 그냥 현재 싸 보이는 주식일 뿐이고, 버핏도 이런 주식엔 손대지 않는다.

우리는 흔히 주당순이익(EPS)이 높으면 좋은 회사라고 생각한다. EPS가 많으면 당연히 좋다. 그런데 ROE를 보지 않고 EPS만 보면 상황을 잘못 판단할 수 있다. 자기자본 100억 원짜리 두 회사를 가정해보자. 배당이 없다는 가정하에 A 회사는 매년 10억 원의 이익을 내고, B 회사는 매년 10%의 이익을 낸다고 해보자. 두 회사의 5년간 실적을 표로 작성하면 이렇다.

▼ A 회사 (단위: 억 원)

구분	0년	1년 후	2년 후	3년 후	4년 후	5년 후
자기자본	100	110	120	130	140	150
순이익	–	10	10	10	10	10
ROE	–	10	8.3	7.7	7.1	6.7

▼ B 회사 (단위: 억 원)

구분	0년	1년 후	2년 후	3년 후	4년 후	5년 후
자기자본	100	110	121	133.1	146.41	161.05
순이익	–	10	11	12.1	13.31	14.64
ROE	–	10	10	10	10	10

1년 후 A와 B 회사는 모두 10억 원의 이익을 냈다. 이후 A 회사는 매년 10억 원, B 회사는 매년 10%의 이익을 내는 과정에서 기업의 재무구조는 달라지고 있다. 1년이 지난 뒤 A 회사와 B 회사는 동일한 재무구조를 나타내고 있다. 하지만 2년이 지난 뒤 B 회사의 자기자본과 순이익은 A 회사보다 커지기 시작한다. 이는 1년이 지난 후 순이익 10억 원이 더해져 커진 자기자본(110억 원)의 10%를 다시 이

익으로 냈기 때문이다. 그 결과 자기자본은 121억 원으로 커졌다. 시간이 지날수록 A 회사와 B 회사의 격차는 벌어진다.

A 회사의 경우 '단리' 형태로 이익이 늘어나는 반면, B 회사는 '복리' 형태로 이익이 늘어나고 있다. A 회사의 경우 매년 규모가 커지고 있지만 자기자본이익률, 즉 ROE는 떨어지고 있다. A 회사는 성장과 수익성에서 한계를 보이고 있는 것이다.

반면 B 회사는 ROE를 10% 수준으로 유지한 결과 A 회사보다 순이익의 증가폭과 회사가 성장하는 속도 모두 빠름을 알 수 있다. 당장 A 회사 주식이 싸 보이더라도 ROE가 떨어지고 있다면 투자 매력은 감소하고 있다고 판단할 수 있을 것이다.

ROE가 커지는 기업은 상당한 매력을 갖고 있다고 볼 수 있다. 이제 새로운 C 회사를 한번 등장시켜보자. C 회사의 경우 ROE가 10%에서 12%, 14%, 16%, 18%로 매년 2%p씩 증가한다고 가정해본다.

▼ C 회사   (단위: 억 원)

구분	0년	1년 후	2년 후	3년 후	4년 후	5년 후
자기자본	100	110	123.2	140.45	162.92	192.25
순이익	–	10	13.2	17.25	22.47	29.33
ROE	–	10	12	14	16	18

C 회사의 경우 ROE가 계속 늘어나다 보니 회사가 커지는 속도도 A, B 회사보다 훨씬 빠르다. 5년 만에 자기자본이 2배 이상으로 커진 것을 알 수 있다. 순이익의 증가속도 역시 가파르다.

워런 버핏은 C와 같은 ROE 증가세를 보이는 회사를 찾는 사람이다. 그를 단지 싸기만 한 주식을 찾는 사람으로 볼 수 없다. 물론 현실 세계에서 ROE는 꾸준히 상승하기보다 등락을 보이는 경우가 많다. 전체 산업이나 업종의 경기 상황 등에 영향을 받기 때문이다. 하지만 최근 3년간 평균한 ROE가 최근 10년 평균 ROE보다 높은 기업 등은 매력적이라고 생각해볼 수 있다.

사실 워런 버핏은 '큰 변동성'을 싫어하는 사람이다. 꾸준히 커가는 주식을 좋아하는 사람이지, 이익의 변동성이 큰 회사는 싫어한다.

그런데 첨단 기술 기업 등은 이익의 변동성이 큰 경우가 많다. 올해는 10억 원의 이익을 낸 뒤 내년엔 30억 원의 이익을 내고 그 다음 해에는 20억 원의 적자를 내는 기업이 매력적인가? 버핏은 이런 기업들에게 큰 신뢰를 주지 않았다.

또 경기민감주의 경우 경기 상황에 따라 수익성이 들쭉날쭉한 경우가 많다. 이런 기업들은 투자자에게 높은 이익을 안겨줄 수도 있지만 큰 손실을 가져다 줄 수도 있다. 일반인들이 사업구조를 이해하기 힘든 첨단기업의 경우 이처럼 변동성이 큰 경우가 많다.

워런 버핏은 종목을 선정할 때 상당히 까다롭다. 과거 버핏은 "기대수익률이 장기적으로 15%의 복리수익률을 내야 한다"란 이야기를 하곤 했다. 이 이야기에 대해 사람들은 버핏이 ROE 15% 이상인 종목을 선호한다는 식으로 해석했다.

그러나 현실적으로 이 조건을 맞출 수 있는 주식을 찾기란 쉽지 않다. 선진국의 경우 성장률이 한계를 보이기 때문에 매년 15% 이상의

ROE를 기록할 만한 기업을 선별하기도 어렵다. 따라서 사람들은 현재 버핏의 기준이 좀더 낮아졌을 것으로 본다.

워런 버핏은 결론적으로 저평가된 종목, 그러나 성장성이 큰 종목(장기 기대수익률을 충족시켜 줄 수 있는 종목), 아울러 자신이 잘 아는 기업, 이익의 변동성이 크지 않은 기업에 투자하는 셈이다. 워런 버핏은 ROE가 15~20%를 꾸준히 기록하는 등 성장하는 기업들을 좋아한다. 이런 종목들이 이른바 워런 버핏이 찾는 '스노우볼snowball 기업'이다. 경사진 비탈에서 눈을 굴리면 눈덩이가 점점 커진다. 버핏은 시간이 지나면서 기업 규모와 이익이 커지는 기업을 선호한다.

진정한 저평가 종목을 찾아라

전설적인 투자자 벤저민 그레이엄은 주식투자시 기대수익률과 관련해 AAA 회사채금리의 2배를 적용하곤 했다. 그의 주식투자 방식을 따라가보자. 예컨대 AAA급 회사채 금리가 2% 중후반이라면 주식투자자는 대략 5~6% 정도의 기대수익률을 적용할 수 있다. 하지만 회사채금리는 회사의 사정에 따라 천차만별이다. 예를 들어 AAA급 회사채금리는 3%가 채 안 되는데, BBB- 등급 회사채금리는 8%를 훌쩍 넘어 9%에 가깝다.

위험이 큰 종목에 투자할수록 기대하는 수익률이 높을 수밖에 없다. 위험에 대한 보상(프리미엄)이 높을 수밖에 없기 때문이다. 다만 위험이 큰 종목은 높은 수익을 안겨줄 수도 있지만 손실을 입힐 수도 있다. 기대수익률은 흔히 경기 상황을 가정해서 계산해볼 수 있다. A 주식의 경우 경기가 호황일 때는 20%, 경기가 보통일 때는 10%, 경기가 나쁠 때 -10%의 수익률이 기대된다고 해보자. 또 경기가 호황일 확률이 20%, 보통일 확률이 60%, 불황일 확률이 20%라고 해보자. 이런 경우 A 주식에 대한 기대수익률은 '20%×0.2＋10%×0.6＋(-10%)×0.2＝8%'로 나온다.

A 주식과 B 주식이 있다고 해보자. A와 B 종목 모두 ROE와 PER가 동일하다. 그런데 A 종목의 회사채 등급은 AAA이고, B 종목은 A라고 하면 어떤 주식을 사는 게 나을까? 당연히 등급이 높은 A 종목을 선택해야 한다. 여러 가지 지표를 보면서 위험 대비 수익이 높은 종목을 고르는 것은 당연하다. 이 경우는 선택이 쉽다.

하지만 모든 지표가 투자자들의 기대치에 못 미치는 경우가 많다. C 종목은 ROE는 상당히 높은데 PBR이 높아서 주식이 고평가되어 있는 것처럼 보인다고 가정해보자. 이런 경우에 주식이 비싸다고 판단해서 투자를 하지 않을 것인가? 이런 경우라도 높은 ROE가 계속 유지될 것으로 보인다면 투자대상에 넣을 수 있다. 또 PBR이 낮더라도 향후 성장 가능성이 없는 주식이라면 사실 메리트가 떨어진다. 결국 주식이 미래의 기대를 먹고 산다는 점을 감안할 때 '시간이 투자자의 편인가'를 판단하는 작업이 필요하다.

주식투자시 어느 정도의 수익률을 목표로 하는 게 합리적인지 정해진 답은 없다. 이러다 보니 보수적인 투자자라면 해당 종목의 회사채 금리 대비 '2배'의 수익을 안겨줄 수 있는 종목을 선정하기도 한다.

우라가미의 혜안,
금리가 주가에 영향을 주는 경로

경기가 나빠지면 중앙은행이 금리인하 등을 통해 경기 부양에 나선다. 즉 금융완화
를 통해 불경기하의 주가 상승이 나타난다. 이것이 바로 금융장세다. 즉 돈의 힘을
배경으로 주가가 오르는 시기다.

우라가미 구니오는 일본의 한 상업고등학교를 졸업하고 니코증권
에 입사해 최고의 애널리스트가 된 사람이다. 특히 우라가미가 쓴 책
『주식시장 흐름 읽는 법』은 1990년대 국내 주식시장에서도 큰 인기
를 구가했다. 한국의 많은 주식투자자도 이 책을 통해 시장의 흐름을
어떻게 파악해야 하는지를 배웠다.

우라가미는 1940년대 후반에 증권사에 입사해 베테랑 증권맨이
된 뒤 40년간의 경험을 바탕으로 시장 읽는 법을 간단명료하게 정리
했다. 덕분에 이 200페이지짜리의 책은 일본뿐만 아니라 한국에서도
큰 사랑을 받았다.

그는 제멋대로 움직이는 것처럼 보이는 주식시장의 움직임에도 '4계절'이 있다는 점을 갈파했다. 이 책이 나온 지 30년이 되었지만 여전히 시장을 읽는 데는 적지 않은 도움을 준다. 우라가미는 금리의 움직임과 기업 실적, 주가 간의 상관관계를 통해 주식시장의 국면을 분석한다.

금리와 주식시장의 4계절

흔히 경기가 회복기, 활황기, 후퇴기, 침체기를 거치면서 순환한다는 이야기는 많이 들어봤을 것이다. 즉 경기는 사이클을 그린다.

그런데 미국에선 1990년대 중반부터 2000년대 중반까지 경기가 더 이상 침체국면으로 빠지지 않는 '신경제'가 도래했다는 이야기가 적지 않았다. 당시엔 정보통신기술이 급속도로 발전하면서 저물가와 견고한 성장세가 어우러진 장밋빛 미래를 이야기하는 사람들이 많았다. 앨런 그린스펀 연방준비제도이사회 의장은 당시 상황을 '번영의 오아시스oasis of prosperity'라고 표현하면서 1세기에 한 번 있을까 말까한 시기가 도래했다고 했다.

1990년대 중반 이후 미국에 도래한 '신경제'는 경기변동성을 완화시켜 영원한 번영을 가져다줄 것처럼 여겨지기도 했다. 그 시기에는 경제학 교과서를 다시 써야 한다는 주장까지 대두되었다. 하지만 2000년대 중반 경기 과열과 2008년 글로벌 금융위기가 발발하면서 '신경제에 대한 꿈'은 물거품이 되었다.

인생사가 그렇듯 좋은 시절이 있으면 나쁜 시절도 있다. 중국 고대 철학의 최고봉이라고 할 수 있는 주역에서는 물극필반物極必反, 즉 '상황의 전개가 극에 달하면 반드시 반전한다'는 이론으로 세상사의 이치를 알려준다.

경제현상 역시 세상사와 마찬가지다. 경기는 회복기를 거치면서 힘을 축적해 활황기에 찬란한 불꽃을 피운다. 이후 경기확장세는 한계점에 봉착하고 되돌림의 시기, 즉 후퇴기로 접어든다. 그런 뒤에는 침체기에 접어든다. 이런 모습은 봄, 여름, 가을, 겨울 등 4계절의 순환과 닮았다.

우라가미 구니오는 이 4계절의 흐름을 주식시장에 접목시켰다. 먼저 경기가 나빠지면 중앙은행이 금리인하 등을 통해 경기 부양에 나선다. 즉 금융완화를 통해 불경기 하의 주가 상승이 나타난다. 이것이 바로 금융장세다. 즉 저금리 하의 돈의 힘을 배경으로 주가가 오르는 시기다.

이후 저금리 등을 배경으로 기업실적이 좋아지면 경기는 회복세를 나타낸다. 경기가 과열되어 인플레이션이 우려되는 시기가 도래하면 주가는 정점을 찍는다. 이것이 바로 실적장세의 시기다.

경기 과열 기미가 나타나면 중앙은행은 금리를 올리기 시작하면서 금융긴축에 나선다. 이번엔 높아지는 금리에 의해 기업활동이 위축되기 시작하고 주가는 큰 폭으로 하락한다. 이것이 바로 역금융장세라고 불리는 주식 하락장이다.

긴축정책에 의해 경기가 후퇴하고 기업수익이 크게 감소하거나

▼ 우라가미의 금융시장 4계절

구분	금리	실적	주가
금융장세	↓	↘	↑
중간반락	→	→	→
실적장세	↗	↑	↗
역금융장세	↑	↗	↓
중간반등	→	→	→
역실적장세	↘	↓	↘

자료: 우라가미 구니오 저, 『주식시장 흐름 읽는 법』

마이너스를 나타내면 주가는 바닥권으로 내려간다. 이것이 바로 역실적장세다.

　경기 사이클이 과거와 달라졌다고 주장하는 사람들도 많다. 하지만 이 4개의 국면을 염두에 두는 것은 주식시장 상황을 이해하는 데 큰 도움이 된다.

　또 흔히 이야기하는 대로 주가는 경기에 선행한다. 경기가 개선기미를 보이지 않는데도 주가가 크게 뛰는 모습을 보면서 당황하는 경우들도 있다. 이 시기는 낮아진 금리 탓에 금융비용이 절감되고 유동성이 풍부해져서 주가가 오르는 것이다. 이는 금융장세가 시작될 때 나타나는 모습이다. 2020년 3월 코로나19 사태가 발발하면서 주가가 폭락하자 미국 연준은 기준금리를 '제로'로 내리면서 대대적인 양적완화를 실시했다. 2008년 글로벌 금융위기 때보다 더 신속하고 적극적으로 유동성을 공급했다. 한국도 기준금리를 0%대로 내리면서 대대적인 유동성 공급을 시작했다. 이처럼 각국 중앙은행이 금리를 낮추거나 시중의 채권을 매입해 돈을 공급하자 한국, 미국 등 각국의 주가는 경기 우려가 지속됨에도 불구하고 가파르게 반등했다.

반대로 경기가 호황인데 주가가 더 오르지 못하는 경우들도 만나게 된다. 호황기에는 인플레이션이 우려되고, 중앙은행은 금리인상 등을 통해 경기 과열을 막으려 든다. 중앙은행이 금융긴축 정책을 취할 기미를 보이면 채권가격이 천장을 찍고 내려오기 시작한다. 즉 시장금리가 오르는 것이다. 이때 주식시세도 뒤따라 흔들리는 모습을 보이면서 시장은 하락세로 접어든다. 이는 역금융장세에서 나타나는 특징이다.

주가와 금리 그리고 실적

"불경기 하의 주가 상승이라는 주가의 선행성先行性을 표현하는 말은 음미할수록 묘미가 있다."

우리가미 구니오가 금융장세의 특징을 설명하며 언급한 말이다.

주가는 미래 기업 실적에 대한 기대치를 반영한다. 이에 따라 기업 수익이 늘어날 것으로 보이면 주가는 상승한다. 하지만 경기가 침체된 가운데 금리가 아주 낮으면 주가가 오르는 경우도 적지 않다.

지난 2008년 금융위기 이후 미국이 기준금리를 사실상 0%에 맞추면서까지 경기부양을 지속해도 경기는 상당기간 나아지지 않았다. 그럼에도 미국의 다우지수나 나스닥지수 같은 대표적인 주가지수는 사상 최대치를 경신하는 흐름을 보였다. 이런 일은 왜 일어날까?

경기가 나빠질 것으로 예상되거나 경기가 나쁜 상황에서 중앙은행은 금리를 내린다. 돈을 쉽게 빌려갈 수 있게 만들기 위한 것이다. 하지만 경기가 너무 안 좋을 때는 금리를 내려도 기업들은 설비투자를 잘 하지 않고, 사람들은 소비에 나서지 않는다. 싸게 돈을 빌릴 수 있지만 불경기에 사업을 해봐야 쪽박 차기 쉽다는 인식이 작용하기 때문이다.

은행들은 대출금리를 내리면서 사람들을 꼬드긴다. 예금금리도 당연히 하락한다. 이런 과정을 통해 일부에서는 돈을 빌려서 뭔가를 하기 시작한다. 금리가 싼 만큼 주식이나 부동산을 사려는 사람들도 점차 늘어난다. 이 과정을 통해 기업 실적은 안 좋은데도 주가지수는 바닥을 찍고 반등하기 시작하는 것이다.

이같이 경기가 안 좋은 상황에서 주가가 오르면 당황하는 사람들도 나타난다. 특히 여전히 경기를 비관적으로 보는 기관투자자나 개인투자자들 중엔 "주가가 반등할 이유가 없다"면서 공매도(주식을 빌려서 파는 행위로, 나중에 사서 갚는다)를 하거나 선물 매도를 한다. 하지만 주가가 계속 오르면 당황해서 결국 되사게 된다.

경기가 침체되어 있을 때는 주식 거래량도 줄어드는 게 일반적인 패턴이다. 그런데 점차 거래량이 늘어난다면 뭔가 반전의 신호가 나타나고 있다는 의미다. 흔히들 이야기하는 "거래량이 주가에 선행한다"는 격언은 곱씹어볼 필요가 있다. 거래량 증가는 사람들의 주식투자에 대한 관심이 늘어나고 있음을 나타내는 지표다. 특히 경기가 안 좋은데 거래량이 늘어나는 모습은 금융장세의 전개를 알려주는 경우가 많다.

금융장세는 월가의 격언 "강세 장세는 비관 속에서 태어나 의심 속에서 자라고 낙관 속에서 성숙해 행복감 속에서 사라진다"는 말과도 일맥상통한다. 이후 실적 장세가 전개되지만, 금융장세 때보다 주가가 덜 오르는 경우가 많다. 경기가 좋아져 금리가 오르고 실적은 눈에 띄게 개선되지만, 주가 상승 폭은 금융장세에 못 미치는 경우가 많다. 주가가 이미 상당부분 올라 있기 때문이다.

기업 실적이 크게 좋아지고 경기가 활황을 보이면 금리는 보다 가파르게 올라간다. 이때는 조심해야 한다. 기업실적은 여전히 나쁘지 않고 계속해서 주식시장의 "GO"를 외치는 목소리도 들려오지만 역금융장세가 진행되면서 주가 폭락이 나타날 수도 있기 때문이다. 역금융장세 때 주가 낙폭이 가장 크게 나타날 수 있다. 금융장세와 실적장세 때 주가가 크게 오른 뒤 뒤늦게 개미들이 달려든다. 경기는 크게 나쁘지 않지만, 이 시기가 끝물이다. 뒤늦게 주식시장에 올라타 피해를 보는 것은 언제나 개인투자자들이다.

이후 경기가 침체되기 시작하면 금리가 서서히 다시 내려가기 시작한다. 즉 채권가격이 오르는 것이다. 기업실적이 빠르게 악화되는 가운데 중앙은행이 금리를 내려줄 것이란 기대가 커진다. 하지만 역금융장세 때 주가가 이미 많이 빠졌기 때문에 이때 주가 낙폭은 이전에 미치지 못한다. 이 시기는 사람들의 주식에 대한 관심이 떨어져 거래량도 최저 수준으로 내려간다.

저금리 시대,
배당주투자가 대안이다

> 금리수준이 높을 때는 채권을 사고, 금리수준이 낮을 때는 주식을 사는 게 속이 편한 접근법이다. 즉 배당수익률이 높을 때는 해당 배당주를 사고, 배당수익률이 낮을 때는 파는 것이다.

국고채(국채) 같은 채권이 안전자산인 반면, 주식은 위험자산이다. 주변에 보면 수억 원을 주식으로 날린 사람들도 있다. 하지만 은행예금이나 국채를 사서 큰 손해를 보는 경우는 거의 없다. 은행예금에 들면 5천만 원까지는 원리금 보장도 된다.

채권의 경우 매수 후 금리가 오른 뒤 팔면 손실을 볼 수도 있다. 하지만 채권을 발행한 회사(정부)가 부도나지 않을 경우 만기까지 들고 있으면 약속받은 이자를 받을 수 있다. 그럼에도 불구하고 사람들은 더 높은 수익을 내기 위해 주식투자에 뛰어든다.

그러면 좀더 안전하게 주식투자를 할 수 있는 방법은 없을까? 향후 주가가 더 오르는 데 초점을 맞추기보다 주식에서 '금리'처럼 나오는 배당에 초점을 두면 어떨까? 이런 고민이 있는 사람들에게 적합한 것이 바로 배당주투자다.

배당주들의 경우에는 변동성이 일반적인 주식보다 낮다. 그러면서 매년 금리처럼 꼬박꼬박 배당을 준다. 예금금리는 너무 적어서 성에 안 차는데 좀더 수익률을 높이고 싶은 사람들에게는 배당주투자가 안성맞춤일 수 있다.

2010년대 중반 이후 은행 정기예금에 가입해도 연 2%의 금리를 받기도 어려운 시기가 도래했다. 이러다 보니 상대적으로 안정적이면서 높은 배당수익률을 안겨주는 주식인 배당주에 대한 관심도 커졌다. 그에 따라 배당과 관련된 주식들의 가격이 크게 오르기도 했다.

배당주투자란 무엇인가

통상 우리는 시세차익을 노리고 주식을 산다. 내가 산 가격보다 더 높은 가격에서 주식을 팔기 위해 주식 매수에 나서는 것이다. 하지만 주식투자에도 채권투자처럼 캐피털 게인Capital gain(자본 차익)과 인컴 게인Income gain(이자 수익)이 있다고 볼 수 있다. 주식을 매수하면 이자 대신 배당을 받을 수 있는데, 이 배당수익을 채권투자시의 이자 수익과 견줄 수 있는 것이다.

배당은 기업이 일정 기간(주로 1년) 동안 영업을 해서 거둔 이익 가운데 일부를 주주에게 나눠주는 것을 말한다. 즉 기업은 돈을 벌면 일부나 전부를 운영자금 충당이나 투자 등을 위해 유보한다. 그리고 나머지는 주주들에게 배당한다. 한 해 동안 기업이 벌어들인 이익 중 배당으로 주주에게 환원하는 비율이 바로 배당성향이다.

모든 기업이 배당을 하는 것은 아니다. 배당을 한다는 것은 기업이 꾸준히 이익을 낸다는 의미다. 신생 기업들의 경우 이익이 생길 경우 투자할 곳이 많기 때문에 배당을 하기보다는 기업 내부에 유보하는 경우가 많다. 반면 이미 투자를 마쳐서 성숙단계에 이른 기업들은 이익의 상당 부분을 주주들에게 돌려준다.

한국의 배당성향은 다른 나라보다 낮아 대략 20% 정도다. 반면 전 세계 주식시장의 배당성향은 40%를 넘는다. 즉 한국은 배당에 아주 인색한 편이었다.

한국의 경우 전문경영인보다 오너 경영이 중심이다. 오너들은 지분은 낮지만 직접 경영을 하기 때문에 배당에 상당히 인색했다. 이익이 생기면 주주들에게 배당을 하기보다는 기업내부에 유보하는 쪽을 선호했다. 이러다 보니 국내 주식투자자들도 배당을 기대하기보다는 시세차익을 노리는 경우가 많았다.

하지만 한국 기업들도 최근 배당을 늘리고 있다. 투자자산 규모가 800조 원을 훌쩍 넘어선 국민연금이 주식투자를 늘리자 기업 입장에서도 큰손인 국민연금의 눈치를 보지 않을 수 없었다. 국민연금이 배당에 대한 요구를 높이면서 한국 기업들의 배당이 늘어난 것이다. 자, 그러면 몇 가지 간단한 공식을 보자.

$$배당성향(\%) = \frac{배당금\ 총액}{순이익} \times 100$$

앞서 이야기한 배당성향은 이렇게 계산한다. 예를 들어 A 기업의 당기순이익이 100억 원이고 이 가운데 20억 원을 배당한다면 배당성향은 20%가 되는 것이다. 배당하지 않고 남긴 이익금은 '유보이익'이 된다. 그럼 이것을 주식에 적용해보자. 배당금 총액을 주식수로 나누면 1주당 배당금이 된다. 이를 주당배당금DPS, Dividend Per Share이라고 한다.

주당배당금을 주가와 비교하면 특정 주식을 샀을 때 어느 정도 배당을 받을 수 있는지 감을 잡을 수 있다. 주식배당금을 주가로 나눈 값이 배당수익률(시가배당률)이다. 이를 통해 어떤 주식이 배당을 얼마나 잘 주는지를 추론할 수 있다.

$$배당수익률(\%) = \frac{주당배당금}{주가} \times 100$$

오랜 기간 한국의 배당수익률은 평균 1% 정도였다. 이후 2016년에 배당수익률이 1.5% 정도로 올랐으며, 2010년대 후반으로 가면서 2%를 넘어서 세계 주식의 평균 배당수익률에 근접하려는 모습을 보였다. 즉 과거엔 1만 원짜리 주식을 사면 배당금이 100원 정도였다가 지금은 200원 정도로 올라갔다는 이야기다.

일반적으로 가스, 전력 등 유틸리티와 관련된 기업들이 배당을 잘

쳤다. 사실 이런 기업들은 설비투자가 이미 끝나고 산업이 성숙단계에 접어든 경우가 많다. 이 같은 기업들은 매년 이익이 생길 때 새로운 투자를 하기보다는 주주에게 이익금을 돌려줄 여지가 커진다. 당연히 IT기업이나 신생기업, 뭔가 새로운 투자를 끊임없이 해야 하는 기업들은 배당에 인색할 것이다.

물론 배당을 많이 주는 기업이 반드시 좋은 기업이라고 할 수는 없다. 기업이 버는 족족 배당을 준다면 기업은 성장하기가 어렵다. 또 이익금을 내부에 유보해 돈이 되는 사업을 하면서 기업 가치를 올리면 주가가 높아지는 측면도 있다.

아무튼 상대적으로 보수적인 주식을 원하는 사람에게는 배당을 많이 주는 배당주가 유리하다. 그런 기업들은 앞으로 크게 성장하기는 어려운 대신 그만큼 안정적이기 때문이다. 투자자 입장에서는 주가 변동성이 크지 않은데 배당을 많이 준다면 좀더 마음 편하게 투자할 수 있다.

배당이 주는 시그널

배당이 주는 신호 효과를 무시할 수 없다. 배당을 매년 꾸준히 한다는 것은 무슨 의미인가? 이는 기업이 안정적으로 이익을 내고 있다는 의미다. 사실 매년 배당을 하기 어려운 기업도 많다.

배당은 솔직한 투자지표이기도 하다. 기업들 중에는 분식회계(거짓 회계처리)까지는 아니더라도 합법적인 회계기법을 활용해 이익을 부풀리는 경우도 있다. 이런 기업들은 꾸준히 배당을 주기 어렵다. 따라서 배당은 가장 믿을 만한 투자지표 중 하나이기도 하다.

한국 대기업의 경우 오너들의 지분이 상당히 낮아서 그간 배당에 인색했다. 반면 대주주의 지분이 높아진 오너 기업들은 배당을 많이 하는 경향이 있다. 이 경우는 대주주와 소액주주의 이해관계가 일치하기 때문에 배당을 늘리는 것이다.

일반적인 주식투자에서 대주주의 지분이 높아지는 현상은 주식 매수 찬스다. 대주주가 지분을 늘린다는 것은 향후 뭔가 회사에 긍정적인 일이 일어날 수 있음을 의미하기 때문이다. 대주주 지분이 늘어나는 데다 배당까지 늘어나는 회사라면 투자자들이 보다 쉽게 접근할 수 있는 장점이 있다.

배당금이 예상보다 상당히 많이 나오는 경우를 '배당 서프라이즈'라고 하는데, 이는 일반적으로 주가에 호재가 된다. 예를 들어 한 주당 500원 정도의 배당을 예상하고 있는데 1천 원 배당을 발표할 경우, 주가가 크게 뛰기도 한다. 반면 주당 500원 정도의 배당을 기대했는데 배당이 200원밖에 안 된다면, '배당 쇼크'가 일어나 주가가 급락할 수도 있다.

흔히들 배당주라고 하면 우선주를 떠올린다. 우선주는 의결권이 없는 대신 기업에서 배당이나 잔여재산을 배분할 때 보통주(의결권이 있는 일반 주식)보다 우선권을 가지기 때문이다. 기업 오너들에게 우선주는 경영권에 대한 위협이 되지 않는다.

대신 기업들은 '반대급부' 차원에서 우선주에 대해서는 배당금을

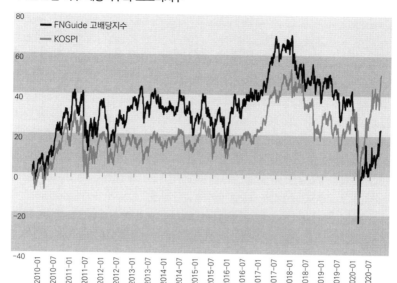

▼ 2010년 이후 배당지수와 코스피지수

자료: 코스콤 CHECK

더 많이 준다. 다만 우선주를 너무 많이 발행하면 기존의 보통주 보유자들이 주식 가치 희석에 따른 피해를 본다. 따라서 상법은 우선주를 전체 주식수의 25% 이내로 제한하고 있다. 이런 점 때문에 우선주는 유동성이 부족하다.

유동성이 부족하다는 이야기는 원하는 가격에 사거나 팔기가 어렵다는 뜻이다. 우선주 주가가 보통주 주가보다 싼 이유다. 하지만 2010년대 이후 저금리 등으로 배당에 대한 욕구가 높아지면서 배당주의 인기도 크게 상승했다. 즉 우선주 주가는 보통주 주가보다 더 빠르게 올랐다. 우선주 투자를 통해 시세차익과 배당이라는 2마리 토

끼를 잡을 수 있다는 이야기다.

우선주에도 종류가 있다. 구형 우선주는 보통주보다 기말배당을 액면가의 1% 이상 더 주도록 정해져 있다. 신형 우선주는 '최저배당률'을 보장하는 우선주다. 즉 신형 우선주의 경우 기업이 적자 등으로 배당을 못하면 다음 해에 누적해서 밀린 최저배당금을 지급하도록 한다. 우선주들은 주식 이름 뒤에 '우'자를 붙이며, 신형 우선주는 여기에 알파벳을 덧붙인다. 예를 들어 '현대차우'는 현대차 구형 우선주이며, '현대차2우B, 현대차3우B'는 신형 우선주다.

하지만 배당주투자를 하려면 기술적인 부분을 기본적으로 알아야 한다. 회사 입장에선 누가 주주인지를 파악해야 한다. 따라서 배당주 투자와 관련해서는 배당기준일, 배당락, 배당발표 시점, 배당지급 시점에 대해 알아야 한다.

배당기준일은 12월의 마지막 주식 거래일이다. 예를 들어 한 해의 마지막 주식 거래일이 12월 30일이라면 바로 이 날이 배당기준일이 된다. 즉 이 시점에 주식을 들고 있어야 배당을 받을 수 있는 주주로 인정된다.

하지만 배당을 받기 위해서는 배당기준일 이틀 전에 주식을 사야 한다. 왜냐하면 주식 매수 주문이 체결된 뒤 2거래일이 지나야 현금 결제가 이뤄져 진짜 소유권이 확정되기 때문이다. 즉 한 해의 마지막 주식 거래일이 12월 30일이고 30일이 수요일이라면, 이틀 전인 28일(월요일)에는 주식을 사야 한다는 뜻이다.

배당기준일 전날엔 배당락이 이루어진다. 배당락은 '배당받을 권리의 상실'을 의미한다. 12월 28일에 주식을 사면 이 해의 주식 소유권이 인정되지만, 12월 29일에 주식을 사면 다음 해인 1월에 소유권이 확보된다. 따라서 이론적으로 12월 29일엔 배당금만큼 주식 가치가 줄어들어야 정상이다. 배당락일에 주가가 떨어지는 것은 자연스러운 일이다. 그리고 배당락일에 주식을 사봐야 그해 이익분에 대한 배당은 받을 수 없다.

이후 해가 바뀌면 기업들은 이사회 결의를 통해 배당금을 확정하고 이를 공시한다. 이 시점은 2월 정도다. 배당금을 지급하려면 기업들은 상법상 결산일, 즉 배당기준일 이후 90일 이내에 주총(주주총회)을 열어서 배당금을 승인한다.

이런 이유 때문에 보통 3월 말엔 주주총회가 열린다. 배당금이 확정된 뒤 1개월 이내에 배당이 이뤄지므로 배당금은 4월에 주주들의 계좌로 들어온다. 다만 요즘엔 중간배당이 확대되면서 1년에 배당이 여러 번 이뤄지기도 한다.

한국은행에서 매달 발표하는 국제수지를 보면 매년 4월에는 경상수지 흑자규모가 크게 줄어드는 사실을 알 수 있다. 이는 외국인에 대한 배당이 대거 지급되기 때문이다.

한편 주식투자를 하는 사람들은 기업이 공시하는 내용들을 눈여겨본다. 금융감독원의 전자공시시스템(dart.fss.or.kr)에 들어가면 배당에 관한 내용도 확인할 수 있다. 흔히 '다트'라고 부르는 전자공시시스템에선 기업들의 경영 상황, 재무제표, 각종 공시 등을 확인할 수 있다. 물론 배당 관련 사항도 확인할 수 있다.

배당				결의
	배당종류			현금배당
	현물자산의 상세내역			–
현금·현물배당	1주당 배당금 (원)	보통주식	기말배당금	3,000
			중간·분기배당금	1,000
		종류주식	기말배당금	3,100
			중간·분기배당금	1,000
	배당금총액(원)			1,079,504,000,000
	시가배당률(%) (중간배당 포함)	보통주식		2.6
		종류주식		3.0
주식배당	주식배당률(%)	보통주식		–
		종류주식		–
	배당주식총수(주)	보통주식		–
		종류주식		–

다트에 들어가서 2018년 3월 16일자로 접수되어 있는 현대자동차의 '정기 주주총회 결과' 자료를 보면 배당에 대해 다음 표와 같은 사항을 확인할 수 있다.

즉 현대자동차는 기말배당금과 중간·분기배당금을 합쳐 보통주에 대해 4천 원, 우선주에 대해 4,100원을 배당한다는 사실을 확인할 수 있다. 이 표에 나와 있는 '종류주식'이 바로 우선주다. 종류주식은 이익의 배당이나 의결권 행사, 잔여재산의 배분 등에 관한 내용이 보통주와 다른 주식을 일컫는 말이다. 배당수익률, 즉 시가배당률이 보통주는 2.6%, 우선주는 3.0%라는 사실을 알 수 있다.

이 표를 보면 현대차는 주식배당을 하지 않는다는 사실도 알 수 있다. 주식배당은 현금이 아닌 주식으로 배당하는 것을 말한다. 주식배당은 현물배당의 일종이다.

주식배당은 현금흐름 없이 주식수를 늘리는 것과 같기 때문에 무상증자와 비슷하다고 보면 된다. 무상증자는 거래량을 늘리기 위한 목적 등으로 주주에게 돈을 받지 않고 주식을 추가로 발행하는 것이다. 이 경우 주식수만 늘어나고 경제적 실질은 변화가 없다.

배당주투자, 금리와 비교하자

2010년대 중반 이후 배당에 대한 관심이 더욱 커진 이유는 금리가 너무 낮기 때문이었다. 사실 금리와 배당을 비교해서 투자를 결정하는 사람은 상당히 많다. 어떤 기업이 배당을 이전보다 많이 한다는 사실을 투자의 기회로 해석할 수도 있는데, 배당 그 자체만 놓고 볼 때는 배당수익률이 금리보다 매력이 있는지 살펴보는 것도 중요하다.

회사채 등급이 있는 어떤 회사에 투자했을 때 그 회사의 회사채 수익률과 배당수익률을 비교해서 메리트 정도를 따져볼 수 있다. 예를 들어 주가 변동성이 크지 않은 A 기업의 회사채금리가 3% 정도인데 배당수익률이 6% 정도라면 '매수'로 접근해볼 수 있다는 이야기다.

물론 배당수익률과 채권금리의 '지표'인 국고채 수익률을 비교해서 배당 메리트를 판단해볼 수도 있다. 사실 시중금리가 떨어지면 주식 배당의 매력이 커지기 때문이다. 이는 우리가 부동산 상가 등에 투자할 때 접근하는 방식과도 비슷하다. 시중금리가 2%도 채 안 되지만 상가에서 연 5% 수익의 월세를 받을 수 있으면 상가에 투자하는 것과 비슷한 차원이다.

결국 시가배당률이나 상가투자 수익률, 시중 금리 모두 '금리' 차원에서 비교할 수 있다. 배당수익률을 금리(국고채 3년 등)로 나눠서 매력을 비교해볼 수도 있다.

어떤 주식의 10년치 시장배당률 표를 작성해보자. 이후 배당수익률을 금리(3년만기 국고채금리 등)로 시가배당률을 나눈다. '배당수익률/금리'를 한 결과 1.5에서 5까지 수치가 나왔다고 해보자. 이 경우 5배 근처에 있을 때를 특정 주식이 저평가된 때, 혹은 투자 매력이 커진 때로 볼 수 있다.

아주 거칠게 이야기해서 금리수준이 높을 때는 채권을 사고, 금리수준이 낮을 때는 주식을 사는 게 속이 편한 접근법이다. 이런 방식을 배당주투자에도 응용할 수 있다. 즉 배당수익률이 높을 때는 해당 배당주를 사고, 배당수익률이 낮을 때는 파는 것이다.

배당수익률은 주당배당금을 주가로 나눠서 계산한 값이다. 따라서 어떤 배당주가 특정 시기에 높은 배당수익률을 나타낸다는 말은 주가에 비해 배당금을 많이 준다는 말이 된다. 즉 배당수익률이 고점일 때 주가가 저평가 상태일 확률이 높은 것이다.

예를 들어 A 기업이 실적 개선으로 배당금을 올렸지만, 금융시장 침체 등으로 A 기업의 주가가 바닥권에 있다면 어떻게 할 것인가? 이 경우에는 A 기업의 실적 개선과 저평가를 믿고 '매수'로 접근해볼 수 있을 것이다. 반대로 금융시장 분위기가 좋아 A 기업의 주가는 크게 올랐는데, A 기업의 실적이 별로 좋지 않아 배당수익률이 하락했다면 '매도'로 접근하는 게 유리할 수 있다.

특정 종목을 분석할 시간이 없는 사람들에게는 ETFExchange Traded Funds(상장지수펀드)도 좋은 대안이다. ETF는 특정 지수를 추종하도록 만들어진 펀드로, 보통의 주식처럼 HTS(홈트레이딩시스템)에서 사고 팔 수 있다.

지금은 ETF가 매우 다양해졌다. 과거엔 단순히 코스피200지수 정 도를 추종하는 ETF가 대세였다. 하지만 지금은 배당주를 추종하는 ETF만 해도 그 종류가 상당히 다양하다. 배당주 관련 ETF에서 지급 하는 현금은 분배금이다. ETF에 편입되어 있는 배당주들이 배당금 지급을 마치는 4월 말에 이 분배금이 가장 크며, 4월 말엔 통상 '분배 락'이 발생한다.

다만 배당주투자시 무조건 일반적인 주식투자보다 안전하다고 생 각해서는 곤란하다. 2018년 미·중 무역분쟁이 격화될 때는 배당주뿐 만 아니라 모든 주가가 급락했다. 2008년 금융위기시 주식시장이 폭 락할 때 배당주 역시 큰 폭으로 빠진 바 있다. 주식은 배당주든 아니 든 상당히 위험한 투자 대상이다.

경기가 상당히 안 좋은 시기엔 성장이 정체된 배당주들이 성장주 들의 주가 상승률을 못 따라잡는 경우도 많다. 2020년 3월 주가가 폭 락 뒤 급반등할 때는 미래를 이끌 기술주들이 주가의 상승을 견인했 다. 힘든 시기엔 기술력을 바탕으로 한 성장주들이 더욱 귀해지기에 이런 일이 벌어진 것이다. 다만 주가의 미래는 누구도 예측하기 어려 우며, 배당주는 상대적으로 안정적인 배당을 목적으로 하기 때문에 변동성이 부담스러운 투자자들에게 적합한 측면이 있다. 단순히 배당주가 시장평균 수익률을 밑돌았다고 이를 무조건 폄하하는 것은 투자 목적을 감안할 때 옳지 않다.

한편 배당주투자를 하는 고액소득자들 가운데엔 배당락 전에 주식을 파는 사람도 있다. 배당금에는 배당소득세 15.4%(배당소득세 14%+주민세 1.4%)가 붙는다. 이자소득세와 같은 비율로 세금을 내야 하는 것이다. 이에 따라 고소득자들 중엔 금융소득 종합과세를 피하기 위해 배당락 전에 배당주를 팔기도 한다.

금리수준에 따라
주식투자 비중을 조절하라

금리가 높을 때는 금리상품에 투자하라. 아울러 배당주와 금리상품의 상대적인 메리트를 따져보고 접근하라. 부동산을 포함한 모든 투자에 있어서 금리는 가장 중요한 기준이다.

간혹 신문을 읽다 보면 각종 전문가들이 나와서 자산배분에 대해 조언을 한다. 예를 들어 "주식을 몇 %, 채권을 몇 %, 예금에는 몇 %, 부동산에는 몇 %씩 투자하라"는 식이다. 필자는 항상 '이런 말들이 의미가 있을까' 하고 의문을 표하곤 했다.

전통적으로 투자자들의 주식투자 비중이 높은 미국에서는 100에서 현재 나이를 뺀 만큼 주식투자 비중을 가져가라는 조언을 하기도 한다. 현재 내 나이가 50세라면 '100-50', 즉 50%의 자금을 주식에 투자하라는 식이다. 이런 이야기는 귀담아들을 가치가 있을까?

어떤 전문가라는 사람은 주식투자는 무조건 여유자금으로만 하라는 이야기도 한다. 여유자금이란 과연 무엇인가? 아직 집도 사지 못한 사람이 5천만 원을 모았다면 이 돈이 과연 여유자금인가?

주변에 보면 무조건 부동산투자만 하는 친구도 있고, 무조건 주식만 하는 친구도 있다. 또 다른 친구는 주식투자를 절대 하지 않는다. 사실 너무들 입장이 다르다. 전문가라는 사람, 비전문가라는 사람 할 것 없이 어떻게 투자해야 할지를 놓고 각자의 '주장'만 내놓는다.

자산배분은 내가 가진 돈을 주식, 채권, 부동산 등 특정 자산군asset class에 어떤 비중으로 투자할 것인지를 나타내는 말이다. 자산군은 주식, 채권 등 성격이 다른 투자대상물을 크게 나누는 카테고리다. 자산군은 성격이 같은 투자대상물의 '모음'이다.

예를 들어 코스피에 속한 주식과 코스닥에 속한 주식은 모두 주식이라는 자산군에 속한다. 반면 일반 채권과 물가연동채권은 '채권'이지만 다른 자산군에 속한다. 일반적인 채권은 물가가 오르면 가치가 떨어지지만, 물가연동채권은 물가가 오르면 원금의 가치가 올라간다. 즉 성격이 완전히 다른 것이다. 따라서 일반적인 채권과 물가연동채권은 동일한 자산군이라고 하기 어렵다.

필자는 얼마 전 펀드에 대해 오해하는 사람을 만난 적이 있다. 펀드는 주식이나 채권을 담아 놓은 '꾸러미'에 불과하다. 펀드 그 자체가 주식이나 채권과 차별화되는 자산군은 아니다. 간혹 주식에 30%, 채권에 30%, 펀드에 40% 투자한다면서 자산배분을 했다고 말하는 사람도 있다.

펀드는 주식형 펀드, 채권형 펀드 등으로 나뉘며, 그 자체가 주식이나 채권을 모아놓은 덩어리일 뿐이다. 즉 주식에 30%, 주식 펀드에 40% 투자했다는 이야기는 주식에 70%를 투자했다는 말과 같다.

혹은 자산배분이고 뭐고 필요 없이 똘똘한 주식 한 종목을 골라서 이른바 '몰빵'을 하는 게 답이 아니냐는 주장을 하는 사람도 있다. 반면 주식시장의 금과옥조처럼 쓰이는 "계란을 한 바구니에 담지 마라"는 말을 들먹이면서 여러 종목에 분산 투자해야 한다는 말만 되풀이하는 사람도 있다.

자산 배분이 투자의 성과를 좌우한다

연금이나 기금 등의 투자성과를 연구해놓은 논문들을 보면 어떤 종목을 잘 고르는 게 중요한 게 아니라 주식과 채권(예금), 부동산 등 어떤 에셋 클래스에 비중을 두고 투자했는지가 성패를 결정하는 것으로 나온다. 즉 특정 시기엔 채권 비중을 높이고, 특정 시기엔 주식 비중을 높이는 게 투자 성과의 핵심이라는 이야기다.

예를 들어 2010년 중반부터 2020년 현재까지 아파트(부동산)에 투자한 사람들의 성과가 가장 좋았을 것이다. 금액기준으로 볼 때 이 시기에 서울과 수도권 아파트 가격이 역사상 가장 큰 폭으로 뛰었다. 또한 부동산투자는 기본적으로 투자규모가 크기 때문에 그 이익도 가장 컸을 것이다.

2017년 이후 문재인 정부는 아파트 값을 잡겠다면서 오히려 아파트 값을 올리는 정책을 쓴 정책을 실행했기에(정부는 부인하지만) 아파트 소유자들이나 투자자들은 큰 이익을 얻을 수 있었다. 그리고 코스피지수가 22%나 급등한 2017년에는 주식을 산 사람들의 성과가 좋았을 것이다. 즉 2017년에는 부동산투자나 주식투자를 해야 했다는 이야기다.

투자자는 주식이나 채권 등에 대한 투자 비중을 조정하는 게 우선이다. 그런 후에야 개별 종목이 의미를 가진다. 일단 주식에 30%의 재산을 투자하기로 결정했다면 그 다음에는 직접투자를 할지, 간접투자(펀드투자 등)를 할지 결정해야 한다.

내가 직접 삼성전자나 카카오와 같은 개별 종목들을 살 수도 있고, 자산운용사의 펀드매니저에 운용을 맡길 수도 있다. 만약 펀드에 투자한다면 시장을 추종하는 인덱스펀드나 ETF(상장지수펀드) 같은 패시브 펀드(주관을 배제한 채 지수에 연동되어서 움직이는 펀드)에 투자할 것인지, 아니면 액티브 펀드(펀드매니저의 주관이 많이 반영되는 펀드)에 투자할 것인지 결정해야 한다.

일반인들이 흔히 대단한 사람들로 알고 있는 펀드매니저는 사실 '소총수'다. 이 사람들은 대부분 주식이나 채권 등 자신이 맡은 분야에서 더 높은 수익을 얻기 위해 일할 뿐이다. 이 펀드매니저들에게 돈을 맡긴 사람들은 주식에 더 많이 투자할지, 채권에 더 많이 투자할지가 중요하다.

통상 연구논문을 보면 특정 연기금의 성과엔 '자산배분'이 90% 이상의 영향을 미치는 것으로 나온다. 급등하는 몇몇 주식 종목을 잘 찍었다고 성과가 좋은 게 아니라는 이야기다.

자산 배분의 중요성을 일깨운 데이비드 스웬슨

자산 배분과 관련해서 가장 유명한 사람 중 하나가 데이비스 스웬슨이다. 스웬슨은 미국 예일대학교 기금 운용을 책임지던 CIO(최고투자책임자)였다. 스웬슨은 기부금 투자업계의 '베이브 루스'라고 불리던 사람이다. 그는 특히 자산 배분의 중요성을 일깨운 사람이다. 그는 1980년대 중반 예일대학교 기금 운용 업무를 하면서 주식투자의 중요성을 웅변했다. 당시만 해도 연금이나 기금의 돈을 주식에 투자하는 것은 '상당히 무모한' 일로 여겨졌다.

하지만 스웬슨은 사람들의 이런 통념에 과감히 도전장을 내밀었다. 연기금은 당연히 '채권에만' 투자해야 한다는 인식이 강하던 때였다. 위험한 주식에 손을 댔다가 연기금에 손실이 나는 것은 참기 어려운 일이었기 때문이다.

스웬슨은 채권투자 비중을 과감하게 줄이고, 주식투자 비중을 늘렸다. 채권투자만으로는 물가상승에 대비하기 어렵고, 장기적으로 수익을 내기도 어렵다는 판단에서였다. 스웬슨은 주식과 채권투자 비중을 정한 뒤 이를 잘 운용할 수 있는 펀드를 찾아 나섰다. 그는 주식투자 비중을 정한 뒤 헤지펀드와 인덱스펀드, 각종 사모펀드 등에 돈을 맡겼다. 그런 뒤 연기금 투자 세계의 변화를 이끌어냈다.

투자에서 중요한 것은 어떤 시기에 어떤 주식 종목을 사느냐가 아니다. 투자의 세계에선 어떤 시기에 어떤 자산군에 중점을 둘지를 결정하는 게 중요하다.

워런 버핏이 기업 가치 분석을 통해 주식투자의 정석을 보여준 인물이라면, 스웬슨은 자산배분을 통해 어떤 투자대상물을 얼마나 투자하는 게 효율적인지를 보여준 사람이다. 스웬슨은 자산배분을 과학이자 예술이라고 표현했다.

금리가 높을 때는 금리상품으로

자산 배분을 할 때 가장 쉽게 접근할 수 있는 방법은 금리 메리트를 살펴보는 것이다. 2008년 글로벌 금융위기로 외국자본이 빠져나갈 때 한국의 주가와 채권가격이 모두 급락했다. 채권시장의 시장금리들이 오르자 은행금리가 뛰고, 새마을금고 등 2금융권 예금금리도 7% 넘게 올라갔다. 은행들은 재무건전성을 높이기 위해 높은 금리에 후순위채를 발행하곤 했다.

예금금리가 높아진 시기엔 특별히 신경 쓸 것 없이 안전한 예금에 넣어두면 된다. 2008년 금융위기로 2금융권의 금리가 7%를 넘어섰을 때 필자는 새마을금고의 정기예탁금(은행 정기예금에 해당)에 가입했다. 해당 금융사가 망하더라도 원리금 5천만 원까지 보장되는 상황에서 높은 금리는 매력적으로 다가왔다.

주식에 투자해 훨씬 더 높은 수익을 노릴 수도 있지만, 주식투자는 채권에 비하면 매우 위험하다. 고수익을 안겨줄 수도 있지만, 원금 손실 위험도 큰 곳이 바로 주식시장이다. 아울러 항상 매력적인 투자시기가 있는 것은 아니다. 2008년 9월 미국의 유명 금융사 리먼 브라더스 파산으로 시작된 금융위기가 진정된 1년 뒤에 필자가 가입했던 새마을금고 정기예탁금 금리는 4%대로 낮아졌다. 날이면 날마다 이런 기회가 있는 것은 아니다.

금리가 높을 때는 금리상품에 투자하라는 이야기는 앞서 설명한 일드갭, 연준 모형 등을 이용한 자산배분과 일맥상통한다. 아울러 배당주와 금리상품의 상대적인 메리트를 따져보고 접근하라는 이야기와도 본질은 같다. 부동산을 포함한 모든 투자에 있어서 금리는 가장 중요한 기준이다.

옛이야기가 된 국민연금의
주식투자 논란과 저금리 환경

지난 2007년 노무현 정권 말기 때의 일이다. 당시 국민연금의 주식 투자, 혹은 주식투자 확대를 놓고 사회적으로 이견이 분분했다. 국민 연금은 국민들이 소득 활동을 하며 납부한 보험료를 기반으로 운용을 해 노후에 연금을 지급한다.

당시 국민의 소중한 돈을 맡아서 관리하는 국민연금이 '위험한' 주식투자를 하는 것에 대해 많은 사람들이 반대했다. 하지만 금리가 낮아짐에 따라 국민연금이 채권에만 투자해서는 고수익을 내기가 어려워졌다. 이에 따라 채권 투자만을 고집하는 사람들의 반대 쪽에선 좀 더 위험한 주식투자 비중을 늘려서 국민의 재산을 불려야 한다고 주장했다.

2007년 필자는 당시 유시민 보건복지부 장관과 인터뷰를 한 적이 있다. 유 장관은 정치적으로 궁지에 몰린 상태였기에 어떤 언론과도 인터뷰를 하지 않던 시절이었다. 하지만 '국민연금의 주식투자는 과연 옳은가'라는 주제로만 인터뷰를 하자는 조건을 내걸고서 겨우 만남을 가질 수 있었다. 당시엔 국민연금의 '주식투자 확대'가 뜨거운 사회적 논란거리였고, 결국 큰 방향은 국민연금의 주식투자 확대로 잡혔다.

채권투자의 경우, 예컨대 현 시점 시장의 금리가 1%라면, 특별한 금리변동이 없다면 1% 내외의 연간 수익률을 올릴 수 있다. 따라서 금리가 크게 낮아진 상황이라면 채권에만 투자해선 높은 수익을 얻을 수가 없다. 국민이 노후를 위해 맡긴 소중한 돈인 만큼 안전한 자산에 투자해야 한다고 볼 수 있지만 채권에만 투자한다면 자산을 크게 불릴 수가 없는 것이다.

그때 이후 10년이 훌쩍 지난 뒤 국민연금의 주식투자 비중은 크게 늘어났다. 국민연금의 주식투자 비중은 2000년대 말까지만 해도 10%대에 불과했고 대부분의 자산은 채권에 투자되고 있었다. 하지만 국민연금의 주식투자 비중은 꾸준히 늘어났으며 2010년대 말엔 40% 수준으로 확대되었다. 주식과 함께 위험자산에 속하는 대체투자(부동산 등) 비중도 10%대로 늘어나 채권투자 비중은 50% 아래로 떨어졌다.

국민연금은 2020년 기금운용계획을 발표하면서 2025년엔 주식에 대한 비중을 50%로 늘리고, 대체투자는 15%까지 늘리고, 채권투자 비중은 35%로 낮출 것이라고 발표했다. 해외에 대한 투자도 지금보다 더 늘릴 것이라고 밝혔다. 국민연금이 채권보다 훨씬 위험한 주식을 늘릴 수밖에 없었던 이유는 금리가 과거에 비해 지나치게 하락했기 때문이다.

2020년처럼 금리가 많이 떨어지면 채권으로 추가적인 고수익을 얻을 수 있는 기회는 사라졌다고 보면 된다. 이처럼 저금리 환경하에선 국민의 소중한 돈을 운용하는 국민연금도 위험자산인 주식투자 비중을 늘릴 수밖에 없다.

왜 정책금리를 올리면
주식시장은 쇼크에 빠지나

예상치 못한 금리인상은 금융시장에 충격을 준다. 금리를 올려 유동성이 줄어들게 되면 주식에 투자하는 돈의 양이 줄어든다. 주식시장이 긴장할 수밖에 없는 이유다.

투자시 항상 금리를 기준으로 삼는 게 중요하다. 금리의 종류는 아주 많지만, 그 가운데 가장 기준이 되는 금리가 중앙은행의 '기준금리'다. 중앙은행의 기준금리 결정은 통화 '정책'에 있어서 핵심이다. 따라서 기준금리를 정책금리라고도 한다.

이 정책금리는 사람이 결정한다. 한국에서는 한국은행의 금융통화위원회(금통위)에 이 결정권이 있으며, 금통위는 성장률 등 각종 경제지표와 물가지표를 보고 정책금리를 결정한다. 그런데 정책금리를 변화시키면 전 금융시장이 긴장한다. 이는 곧 "금리가 투자의 중심"이라는 말과 같다.

글로벌 금융시장에선 중앙은행 가운데 미국의 중앙은행, 즉 연준의 움직임이 늘 세간의 이슈다. 미국 중앙은행이 금리 정책을 변화시킬 때 다른 나라 중앙은행은 미국 중앙은행의 영향을 받는다. 금융시장도 마찬가지다.

특히 연준이나 한국은행이 예상치 못한 결정을 할 때 금융시장의 가격변수(주식, 채권, 외환 등의 가격)들은 급격한 변화를 보인다. 예상된 결정을 할 경우에는 이미 '예상'이 가격변수에 반영되어 있는 경우가 일반적이다.

이에 따라 예상치 못한 금리인상은 금융시장에 충격을 준다. 중앙은행의 금리인상은 시중 유동성을 흡수해서 돈을 빌리기 힘들게 만드는 행위다. 금리를 올려 유동성이 줄어들게 되면 주식에 투자하는 돈의 양이 줄어든다. 주식시장이 긴장할 수밖에 없는 이유다.

예상치 못한 금리인상시 주식시장은 경기를 일으킨다

2008년 글로벌 금융위기 이후 미국을 비롯한 각국 중앙은행들이 경기 부양을 위해 금리를 일제히 내렸다. 이에 따라 상당 기간 저금리 상태가 유지되었다. 유동성이 풍부해지면서 경기는 별로인 상황에서도 미국 등에선 주가가 크게 올랐다.

이 시기 중앙은행이 적극적으로 금리를 내리면서 시중의 유동자금이 풍부해졌다. 이 자금들은 금융시장으로 몰려들었다. 기준금리 인하는 채권금리, 예금·대출금리 등 각종 시중 금리들을 떨어뜨려 채권가격을 상승시켰다. 동시에 주가도 끌어올렸다. 돈이 많아지니 이 돈으로 채권이나 주식을 샀던 것이다.

금융위기 이후 채권은 풍부한 유동성과 중앙은행이 기준금리를 더 내릴 수 있다는 기대감으로 올랐다. 또한 주식도 풍부한 유동성과 채권금리 하락에 따른 상대적인 주식 기대수익률 상승 등으로 올랐다.

저금리 상황에서 기업들은 싼 이자로 돈을 빌려서 투자를 늘리게 된다. 부채를 많이 가지고 있는 기업들의 상황도 개선된다. 지불해야 할 이자가 줄어들어 재무구조가 개선되는 것이다. 이에 따라 기업들의 이익은 늘어나게 되어 주가가 오르게 된다.

특히 미국이 금리를 먼저 적극적으로 낮추면, 예전에 개발도상국이라고 불렸던 신흥국들의 주가도 오른다. 풍부한 선진국의 유동성은 더 높은 수익을 찾기 위해 해외투자를 늘리기 때문이다. 즉 미국의 달러자금이 고금리를 찾아 아시아 신흥국 주식시장으로 유입되어 주가를 끌어올리게 된다.

하지만 중앙은행이 정책금리를 올리기 시작하면 반대의 상황이 벌어진다. 빌린 돈에 대한 이자비용이 늘어나고, 새로운 사업을 벌이는 데도 돈이 더 들어간다. 이에 따라 기업 이익은 줄어들고, 주가도 하락하게 된다. 과거 레버리지를 일으켜(돈을 많이 빌려서) 과도하게 투자한 기업이나 재무 상태가 안 좋은 기업의 경우엔 부도를 내기도 한다.

다만 기준금리를 인상한다고 주가가 항상 빠지는 것은 아니다. 사실 금융시장의 흐름을 예상하는 것은 매우 어렵다. 중앙은행이 기업에 크게 부담이 되지 않는 속도로 금리를 점진적으로 인상하면 주가는 더 오르는 경우도 많다. 물론 이 경우는 '유동성 장세' 때보다 주가 상승폭이 제한적인 게 일반적인 특징이다.

사실 주식은 매우 빠르게 반응한다. 현재 경기가 좋지 않지만, 미래에 경기가 좋아질 것이란 '기대감'만 형성된다면 오를 수 있다.

벤 버냉키의 테이퍼링 발언이 줬던 충격

지난 2008년 글로벌 금융위기 이후 미국, 유럽, 일본 등 주요국 중앙은행들은 금리를 사실상 '제로'로 낮췄다. 일부에선 마이너스 금리를 도입하기도 했다. 하지만 이론적으로 금리가 '제로'가 되면 금리를 더 낮출 수가 없다.

이때 중앙은행들은 시중유동성을 더 공급하기 위해 '양적완화'라는 카드를 선보인다. 양적완화QE, Quantitative Easing는 금리를 더 내릴 수 없을 때 중앙은행이 발권력을 동원해서 통화를 공급하는 것을 말한다. 중앙은행은 시장의 채권을 사서 돈을 시장에 공급한다.

사실 양적완화의 선구자는 일본이다. 일본은 1990년대에 거품경제 붕괴 뒤 경기가 계속 어려움을 면치 못하자 정책금리를 0% 수준으로 낮췄다. 그 시절에 벌써 '제로' 금리가 있었던 것이다. 일본의 중앙은행인 일본은행이 금리를 제로로 낮췄음에도 디플레이션 상황에서 벗어나지 못하자 2001년부터 은행들이 보유한 장기채권을 매입하면서 유동성을 공급했다.

이후 2008년 미국의 금융위기가 발생했을 때 벤 버냉키 의장은 이 같은 정책을 '적극적으로' 활용했다. 벤 버냉키는 1930년 대공황과 일본 불황을 연구한 사람이었다. 그는 일본처럼 꾸물대다가는 경제를 일으키는 데 한계가 있다고 판단해 적극적으로 움직였다.

2008년 9월 리먼 브라더스 파산 후 버냉키의 연준은 그해 말에 기준금리를 0~0.25%, 즉 사실상 제로 수준까지 낮췄다. 이후 더 이상 금리를 내릴 수 없게 되자 양적완화를 단행하기 시작했다.

연준은 2009년 초부터 2010년 3월까지 1차 양적완화를 단행한다. 이 같은 조치에도 경기가 별로 좋아지지 않자 2차 양적완화를 2011년 6월까지 실시했다. 하지만 여전히 경기 불확실성이 걷히지 않자 2012년 9월엔 3차 양적완화를 발표해 2014년 10월까지 국채와 모기지담보부증권(MBS)을 사들였다.

벤 버냉키는 대공황과 일본의 불황을 깊이 연구했던 만큼 신속하게 할 수 있는 모든 통화정책을 다 쓰려는 듯한 모습을 보였다. 그 결과 2008년 위기 당시 10%를 넘었던 미국의 실업률이 3차 양적완화 종료 시점엔 6% 아래로 떨어졌다.

그런데 버냉키는 2013년 5월 '테이퍼링'을 언급하면서 전 세계 금융시장에 큰 충격을 줬다. 사실 중앙은행이 주구장창 돈을 풀 수는 없는 노릇이다. 이에 따라 연준은 양적완화 정책의 규모를 줄이는 작업, 즉 출구전략을 모색할 수밖에 없었다.

테이퍼링Tapering은 '끝이 가늘어지게 하는 것'이라는 뜻의 영어 단어로, 점차적으로 중앙은행이 채권 매입 규모를 줄이는 것을 의미한

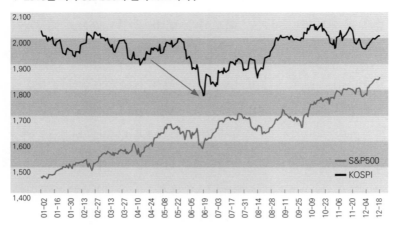

▼ 2013년 미국 S&P500과 한국 코스피지수

자료: 코스콤 CHECK

다. 테이퍼링은 '긴축'을 의미하는 타이트닝tightening과는 다른 개념
이다. 통화정책의 완화가 시중 유동성을 늘리는 작업인 반면, 긴축은
유동성을 줄이는 것이다. 이에 반해 테이퍼링은 완화기조를 유지하
되 '완화의 정도'를 줄이는 작업이다.

하지만 완화의 정도가 줄어든다는 정책 변화에 글로벌 금융시장
은 일제히 긴장했다. 당시 버냉키의 발언 이후 주가와 채권가격이 급
락하는 등 금융시장은 경기를 일으켰다. 신흥국에 들어가 있던 미국
자본들이 빠져나가면서 신흥국 증권시장도 큰 타격을 입었다.

그러나 테이퍼링 그 자체가 당장 시중유동성을 줄인다기보다는
완화의 정도를 축소하는 것이었기 때문에 글로벌 주식과 채권가격은
일시적으로 급락한 뒤 다시 회복되는 모습을 보였다. 이처럼 세계의

5장

중앙은행이라고 할 수 있는 미국 중앙은행이 예상치 못한 움직임을 보일 때 글로벌 금융시장은 크게 흥분하곤 한다.

2018년 초 미국 금리가 오르자 흥분한 전 세계 주식시장

2018년 초엔 미국 금리가 빠른 속도로 오르자 전 세계 주가가 폭락하는 일이 발생했다. 경기가 좋으면 주가가 오르는 게 일반적이지만, 실제 금융시장에선 '양호한 경제지표'가 미국의 금리인상 기대를 높여 주식시장에 카운터펀치를 날리기도 한다.

필자가 2018년 2월 초 당시 상황과 관련해 정리했던 기사의 내용을 읽어보면 금융시장의 반응을 이해하는 데 도움이 될 것으로 본다. 다음은 그 기사 내용의 일부다.

미국 고용지표 여파로 국내 금융시장도 잔뜩 긴장하고 있다. 주가, 채권값, 원화값 모두 일제히 하락했다. 미국 금융시장 흐름을 반영해 약세를 면치 못하고 있는 것이다. 미국의 경기 호조와 기대 인플레이션 상승, 이에 따른 통화긴축 가속화 우려가 국내 시장 전반에 카운터펀치를 날렸다.

지난 금요일 미국 노동부가 밝힌 1월 비농업 부문 취업자 수는 전월보다 20만 명 늘어 시장전망치(18만 명 증가)를 웃돌았다. 1월 실업률은 예상대로 4개월 연속 4.1%를 유지해 17년 만에 가장 낮은 수준을 기록했다. 경제활동참가율은 4개월째 62.7%를 기록했다.

시간당 평균임금은 예상대로 전월비 9센트(0.3%) 오른 26.74달러로 집계되었다. 전월 상승률은 0.3%에서 0.4%로 상향 수정되었다. 1월 전년동월비 상승률은 2.9%(75센트)로 지난 2009년 6월 이후 최고를 나타내 시장 예상 2.6%를 상회했다. 전달 상승률도 2.5%에서 2.7%로 상향되었다. 현지시간 2일 뉴욕 주식시장 3대 지수가 2% 내외로 동반 급락했다. 다우존스산업평균지수는 666p나 떨어졌다.

연일 뛰어오른 국채수익률(국채금리)이 주식 매도세를 촉발한 것이다. 고용지표 호조가 금리인상 기대를 키웠으며, 결국 금리인상에 대한 우려가 채권뿐만 아니라 주가 급락도 견인했다. 금리인상 기대감 강화에 따라 글로벌 달러화는 강해졌다.

다우지수는 전장보다 665.75p(2.54%) 떨어진 2만 5520.96에 장을 마쳤다. 2008년 12월 이후 최대 낙폭이다. 스탠다드앤푸어스(S&P) 500지수는 59.86p(2.12%) 하락한 2762.12를 기록했다. 나스닥종합지수는 144.92p(1.96%) 내린 7240.95에 거래되었다.

대표적인 경기선행지수 항목인 주가는 경기의 본격적인 상승 전에 미리 오르고, 경기가 좋아져 금리가 상승하면 꺾인다는 게 일반적인 이론이다. 미국의 경기가 양호하지만 이미 주가가 크게 오른 상태여서 조정기에 들어설 수 있다는 우려의 목소리도 강해졌다.

채권금리도 계속 오르고 있다. 최근의 금리상승(채권가격 하락)은 상당히 가팔랐으며 이제 미국채 10년 기준 3%가 머지않았다는 이야기들도 나오고 있다.

미국채 10년물 수익률은 간밤에 4.87bp 오른 2.8405%, 국채 30년물은

6.18bp 뛴 3.0874%를 기록했다. 국채 2년물은 1.97bp 하락한 2.1412%로 내려가 일드 커브가 두드러진 스티프닝 양상을 보였다. 2년-10년 스프레드(금리차)는 거의 70bp 수준으로 벌어져 지난해 11월 중순 이후 최대를 기록하고 있다.

미국채 10년 국채금리가 장중 2.85%를 상향 돌파해 4년 만에 최고를 기록하는 등 금리상승세가 이어진 데는 지난 달 시간당임금 상승세 영향이 컸다. 지난 달 미 시간당임금이 약 9년 만에 최고로 올랐기 때문이다. 물론 이런 점은 연준의 금리인상 기대감 강화, 기대인플레이션 강화로 연결된다.

증권사의 한 채권딜러는 "미국 고용지표 호조와 기대 인플레이션 상승에 따라 미국 금리인상 기대감이 커졌다"면서 "가격 메리트를 계속 거론했지만 글로벌 금리의 바로미터인 미국 금리상승세가 꺾이지 않는 한 국내 채권시장도 부담에서 벗어나기 어려울 것"이라고 내다봤다.

뉴욕 주가의 주가수익률(PER)은 이미 금융위기 전인 14~15배를 상회하는 수준이다. 2000년 IT 버블기(22~24배)보다는 PER가 낮아 더 나갈 수 있다는 주장도 나온다.

다만 과거보다 주식투자 메리트가 떨어진 상황에서 금리가 오르다 보니 주식투자자들의 심기도 편치 않은 것이다. 일단 국내 투자자들은 외국인의 매도가 언제 그칠지 등을 주시할 수밖에 없다.

자산운용사의 한 주식운용팀장은 "결국 국내 주식시장에서 외국인이 어떻게 나오느냐가 중요하다"면서 "뉴욕 주가가 완전히 망가진다면 국내도 답이 없겠지만, 일단 이번 주 중에 단기바닥을 만들 수 있는 상황"이라고 말했다.

앞의 기사를 보면 임금 인플레이션 가속화에 따른 추가적인 금리 인상이 머지않았다는 인식으로 미국 국채와 주식에 대한 매도세가 강화된 것을 알 수 있다. 즉 미국 채권금리의 상승 속도가 가파르게 나타나자 주식시장이 크게 놀라 무너진 것이다. 2017년까지만 해도 미국의 인플레이션 강도를 두고 논란이 컸지만, 2018년 들어선 임금이 오르고 인플레이션 압력이 가중될 수 있다는 쪽으로 분위기가 바뀌었다.

2017년 말 연준이 2018년 중 세 차례 금리인상을 공언했지만, 금융시장에선 다수가 두 차례 정도의 금리인상을 예상했다. 하지만 2018년 초 미국경제지표가 호전되는 모습을 보이자 연준의 세 차례 금리인상 계획에 대한 신뢰감이 부쩍 커졌던 것이다. 이후 연준은 2018년 6월 금리를 올리고 연중 금리를 네 차례 올릴 것이라는 계획을 밝혔으며, 실제 금리는 네 차례 인상되었다.

인생을 살다 보면 일이 잘 풀릴 때와 그렇지 않을 때가 있다. 젊은 시절 마음에 드는 이성을 만나서 한동안 행복에 빠질 때는 온통 인생이 장밋빛으로 보인다. 하지만 연애의 열정이 사그라들면 그 인연은 어느 순간 끝이 나곤 한다. 방황의 시간을 거쳐 새로운 연인을 만나 다시 무지갯빛 인생을 그린다. 그런 뒤 정착을 하게 되지만 시간이 흐르면 연애의 감정은 '옛 기억'에만 존재하게 되고 그저 그런 일상이 지속된다.

직장 생활에선 한동안 잘나가면서 엘리트 대우를 받는다. 그러다 나이가 들면서 '나보다 못한' 소수의 사람만이 부장, 이사로 승진하게 된다는 사실을 알고 상처를 받는다. 그런데 직장을 옮겨 새롭게 시작한 일에서 생각하지도 못했던 보상을 받기도 한다.

이처럼 인생엔 끊임없이 굴곡이 나타난다. 영원히 행복할 것같이 느껴지던 시점에 불행이 시작되고, 더 이상 희망이 없다고 생각하는 순간 희망이 움트기 시작한다. 우리 삶에 '호황과 불황'이 있는 것처럼 경기에서도 좋은 시절과 나쁜 시절이 있다.

6장

한국경제의
미래와 금리,
어떻게 움직일 것인가

경기순환
읽는 법

자본주의 체제에서 경기는 회복과 상승, 둔화와 하강을 반복한다. 이 4국면이 경기 변동이며, 끊임없이 되풀이되는 것을 경기순환이라고 부른다. 현실 경제에서는 경기 상승과 하강 국면이 명확하게 구분되지 않는다.

2018년 한국경제의 순환주기에 대한 논란이 일었다. 경기가 정점을 찍고 하강중인지, 아니면 회복세를 이어가고 있는 중인지에 대한 의견이 분분했다. 흔히 일반인들은 경제학자나 경제관료, 금융시장 전문가들이 경기상황에 대해 정확한 분석을 하고 있을 것이라고 착각한다. 그러나 사실은 경제와 관련된 전문가들의 의견조차 일치하는 경우가 별로 없다. 이러다 보니 경제학을 쓸모없는 학문이라고 부르는 사람도 있을 정도다.

　일반인들은 자신의 삶이 어려우면 경기가 불황이라고 주장하는 경우가 많다. 경기가 좋은지 여부에 관계없이 언제나 어렵다고 말하

는 경향도 강하다. 과거를 돌아보면 일반인들의 '주관적인' 경기판단
은 언제나 "먹고살기 어렵다"는 것이었다. 이런 식으로 접근하다 보
면 '한국경제에 과연 살기 좋은 때가 있었느냐'는 의문을 품을 수밖
에 없다.

경기순환 주기상의 경기 논란

경기는 저점에서 고점으로, 고점에서 다시 저점으로 움직인다. 이것이
한 사이클(순환주기)이다. 보통 저점에서 고점으로 경기가 올라가는 과
정의 상반부는 '회복기'이고, 경기가 최고점 근처로 올라갈 때가 '호황
기'다. 이후 경기는 정점을 찍은 뒤 저점으로 내려간다. 내려가는 초기
가 '후퇴기'이고, 경기가 최저점 근처로 진입하는 때가 '불황기'다.

경기 사이클은 '저점→회복기→호황기→정점→후퇴기→불황
기→저점' 순서로 움직이게 된다. 저점에서 정점 사이의 국면이 경
기 '확장기'이며, 정점에서 저점 사이의 국면이 '수축기'다.

일반적으로 경기는 추세를 그리면서 상승한다. 시간이 흐르면서
한 나라의 경제규모는 특별한 악재만 없으면 커지게 되는 것이다. 한
국경제는 1990년대 중반 1인당 국민소득 1만 달러를 달성했다. 이후
2018년 1인당 국민소득이 3만 달러 수준으로 올라섰다. 한국인들의
평균적인 소득규모가 20년 남짓 만에 3배가 된 것이다.

추세를 기준으로 현재의 경기상황을 판단하는 게 유효하다. 통계
청은 경제가 성장하는 '추세'보다 위에 있는지, 아래에 있는지에 따

▼ 경기순환 주기

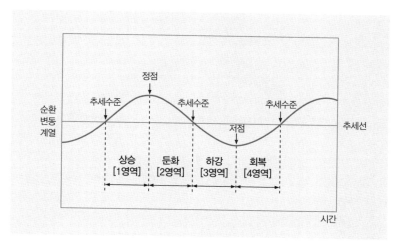

자료: 통계청

라 경기를 '저점→회복기→상승기→정점→둔화기→하강기→저점'이라고 표현한다. 회복기와 상승기를 합친 시점이 경기 확장국면이며, 둔화기와 하강기를 합친 시점이 경기 수축국면이다.

　문제는 현재 한국경제의 경기상황이 정확히 어떤 국면에 있는지 족집게처럼 짚어낼 수 있는 사람이 없다는 사실이다. 정부와 한국은행 등 관계기관들은 경기 국면을 '판단'하기 위해 머리를 맞대기도 한다. 2018년에는 사람들 사이에서 한국의 경기가 이미 정점을 찍고 후퇴하기 시작했다는 주장이 상당히 많았다. 일부 경제 분석기관은 2017년에 이미 경기가 하강 국면에 접어들었다고 주장했지만 정부는 이 사실을 줄곧 부인했다.

　통계청은 각종 지표와 전문가들의 의견을 토대로 '기준순환일'을

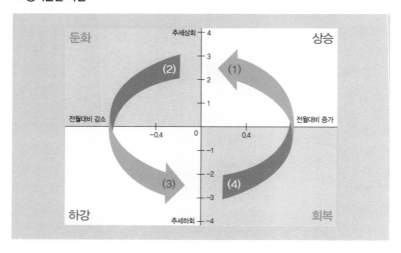

설정한다. 경기 사이클상에서 '저점'과 '고점'을 판정하는 것이다. 경기의 저점과 고점을 알아야 경기가 현재 어떤 국면에 있는지 판단할수 있다.

2018년 당시 정부 관계자들은 한국경제가 '제11순환기'상 고점을지났는지 여부를 논의했으나 경기 판단을 하는 데 어려움을 겪었다.

통계청은 2016년 6월 30일에 지난 2013년 3월을 '제11순환기의 저점'이라고 판정한 바 있다. 경기 저점에 대한 판정이 3년도 넘게 걸린것이다. 경기 고점이나 저점 같은 '전환점'을 판정하기 위해서는 다음의 몇 가지 조건들을 따진다.

경기의 진폭이나 속도가 분명해야 한다는 '명확성', 경제 전반에이런 특징이 나타나야 하는 '확산성', 한 국면이 최소 5개월 이상 이어져야 한다는 '지속성'이라는 조건을 만족해야 한다. 이러다 보니 한참 시간이 지난 뒤에나 순환기준일이 발표되는 것이다. 결국 경기 정점이나 저점은 2년이나 3년 혹은 그 이상의 시간이 흘러야 알 수 있는 셈이다.

통계청의 데이터를 보면 현재의 경기상황을 나타내는 경기동행지수는 2017년 5월, 미래의 경기상황을 예고하는 경기선행지수는 2017년 7월 이후 하락하는 추세를 보였다. 이런 상황 등을 감안하면 '경기가 이미 수축 국면에 접어든 것은 아닌가' 하는 의심을 버리기 어려웠지만 정부는 이를 부인했다. 결국 2019년 9월 들어서야 정부는 2017년 9월을 제11순환의 경기 정점으로 잠정 설정했다.

한국경제의 역사적 경기순환

다음 페이지에 나오는 경기순환 그래프는 1970년 초 이후 한국의 경기순환을 기록한 것이다. 각 순환기마다 경기 저점과 고점이 나타난다. 저점에서 저점 사이의 기간이 하나의 사이클을 이룬다.

이 그래프를 보면 통상 경기 회복기와 상승기를 합친 확장국면(경기 저점에서 정점까지로 경기가 호전되는 국면)이 경기 둔화기와 하강기를 합친 수축국면(경기 정점에서 저점까지로 경기가 위축되는 국면)보다 더 길다는 사실을 알 수 있다. 즉 경기는 꾸준히 달궈지면서 확장되는 반면, 비교적 짧은 시간에 냉각된다는 사실을 알 수 있다.

글로벌 금융위기(2008년 9월 15일 리먼 브라더스 사태) 이후 급락했던

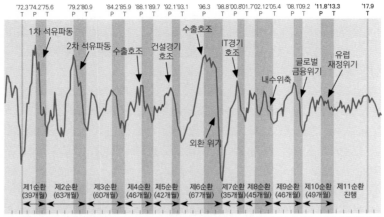

'72.3'74.2'75.6   '79.2'80.9   '84.2'85.9 '88.1'89.7 '92.1'93.1   '96.3   '98.8'00.8'01.7'02.12'05.4   '08.1'09.2 **'11.8'13.3**   '17.9
T   T   T   P   T   P   T   P   T   P   T   P   T   P   T   P   T   P   T   **P   T**   T

1차 석유파동
2차 석유파동
수출호조
건설경기
호조
수출호조
IT경기
호조
내수위축
글로벌
금융위기
유럽
재정위기
외환 위기

제1순환 제2순환 제3순환 제4순환 제5순환 제6순환 제7순환 제8순환 제9순환 제10순환 제11순환
(39개월) (63개월) (60개월) (46개월) (42개월) (67개월) (35개월) (45개월) (46개월) (49개월) 진행

P: 정점(Peak), T: 저점(Trough)

자료: 통계청

경기는 2009년 2월에 저점을 형성한 뒤 내수와 수출 회복으로 30개월간 상승해 2011년 8월에 경기 정점에 도달했다. 하지만 정점을 찍은 뒤 유럽 재정위기 등으로 세계경제 불확실성이 확대되고 국내 경기도 부진을 나타내자 19개월 동안 경기가 하강한다. 이후 2013년 경기는 저점을 찍은 것으로 통계청은 확인했다. 그 다음 제11순환기가 시작되면서 경기는 회복세를 보였다. 지난 2014년 4월 세월호 사태, 2015년 5월 메르스 사태 발발 등으로 소비와 투자의 위축이 나타나기도 하지만, 전체적으로 경기는 서서히 회복되는 모습을 보인다.

제11순환기는 과거와 다른 특징을 보인다. 과거보다 낮은 경제 성장으로 경기진폭이 상당히 축소된 모습을 보이는 것이다. 대내외 불확실성이 상존하면서 경기회복 속도가 과거보다 느린 게 특징이다. 아울러 2018년엔 '경기가 이미 정점을 지난 것 아니냐'는 논란이 일었다. 2018년에도 경기가 확장국면이라면, 경기 상승국면이 과거 평균치보다 상당히 길기 때문이다. 하지만 경기국면에 대한 판단은 '보다 명확한' 증거가 필요하기 때문에 사후에나 알 수 있었고, 결과적으로 경기가 하강 국면으로 진입한 지 꽤 지난 상황에서 경기 정점 논란이 이어진 것이다.

정부가 2019년 9월 정부의 제11순환기의 정점이 2017년 9월이었다고 판정하면서 11순환기의 경기확장 기간은 54개월이 되었다. 사실 제10순환기까지 경기확장기는 평균 31개월, 즉 대략 2년 반 정도였고, 경기수축기는 18개월, 즉 1년 반 정도였다. 일반인들은 못 느꼈

▼ 우리나라 기준순환일 및 국면지속기간

	기준순환일			지속기간(개월)		
	저점	정점	저점	확장기	수축기	순환기
제1순환기	1972.3	1974. 2	1975. 6	23	16	39
제2순환기	1975.6	1979. 2	1980. 9	44	19	63
제3순환기	1980.9	1984. 2	1985. 9	41	19	60
제4순환기	1985.9	1988. 1	1989. 7	28	18	46
제5순환기	1989.7	1992. 1	1993. 1	30	12	42
제6순환기	1993.1	1996. 3	1998. 8	38	29	67
제7순환기	1998.8	2000. 8	2001. 7	24	11	35
제8순환기	2001.7	2002.12	2005. 4	17	28	45
제9순환기	2005.4	2008. 1	2009. 2	33	13	46
제10순환기	2009.2	2011. 8	2013. 3	30	19	49
제11순환기	2013.3	2017. 9	-	54	-	-
평균	-	-	-	33	18	49

자료: 통계청

겠지만 2010년대 중반의 경기확장 구간은 역대 가장 긴 기간이라는 점이 드러난 것이다.

또한 2018년 들어 많은 금융시장의 사람들이 주장했던 '경기가 이미 정점을 지났다'는 의심 역시 사실로 드러났다. 당시 일각에선 10년째 경기상승 국면을 이어가던 미국 상황을 거론하면서 '경기 진폭은 줄어들고 기간은 길어진' 확장 국면 속에 있다고 주장하기도 했으나 이미 경기 정점이 지난 상황이었다는 사실이 뒤늦게 공인된 것이었다. 경기는 2017년 9월 고점을 찍은 뒤 평균보다 상당히 긴 하강 국면을 이어갔다.

경기변동과 금리

우리가 살고 있는 자본주의 체제에서 경기는 회복과 상승, 둔화와 하강을 반복한다. 이 4국면(확장과 수출로 나눌 수도 있다)이 경기변동이며, 경기변동이 끝없이 되풀이 되는 것을 경기순환이라고 부른다.

이 경기순환 국면은 앞서 언급한 일본의 애널리스트인 우라가미 구니오가 나눈 금융시장의 '4계절'과도 유사하다. 경기회복기엔 주식시장이 먼저 고개를 들곤 한다. 경기가 안 좋아 중앙은행이 만든 저금리 환경하에서 풍부해진 유동성이 주식시장과 부동산 등으로 흘러들어오면서 주가와 부동산 가격이 오를 가능성이 높다. 물론 채권시장으로도 돈이 흘러가 채권금리가 더 하락(채권가격 더 상승)하기도 한다.

경기가 회복세를 넘어 본격적으로 좋아지는 경기 상승기(호황기)에는 생산과 수요가 증가하고, 국민소득이 늘어난다. 취업자 수가 늘어나는 등 고용지표도 양호한 모습을 보인다. 기업의 이익이 늘어나면서 설비투자가 증가하고, 물가상승세도 확대된다. 하지만 주가는 선행성 때문에 호황기의 상승률이 회복기에는 못 미칠 수 있다.

호황기는 영원하지 않다. 경기가 드디어 정점을 찍고 둔화(후퇴)하게 되면 호시절에 늘려놓은 생산 설비는 '과잉 상태'가 된다. 수요가 이제 더 늘어나지 않기 때문에 과잉 설비는 골칫거리가 된다. 이 시기엔 소비와 투자가 감소하고, 재고는 늘어나게 된다. 물가상승률도 둔화된다.

경기가 둔화기를 넘어서면 본격적인 경기 침체가 일어나는 하강기(불황기)가 시작된다. 기업의 이윤이 감소해 도산하는 회사들이 늘어난다. 생산이 줄어들어 실업자도 크게 늘어나게 된다.

경기 국면에 따라 중앙은행과 정부는 어떻게 해야 할까? 중앙은행의 통화정책과 정부의 재정정책은 경기사이클의 진폭을 조율하는 역할을 한다. 경기가 지나치게 과열되거나 냉각되는 게 좋지 않기 때문이다.

경기 과열이 우려될 때 중앙은행은 금리를 인상해서 경기를 식힌다. '돈의 사용료'라고 할 수 있는 이자율을 높여서 지나친 투자와 소비 등을 제한하는 것이다. 정부는 세율을 올리거나 재정지출을 축소해서 경기를 진정시키게 된다.

반면 경기 침체가 우려될 때 중앙은행은 금리를 내려서 경기를 부양하게 된다. 돈의 값 혹은 돈의 사용료라고 할 수 있는 금리를 낮춰서 소비와 투자를 독려하는 것이다. 정부는 세율을 낮추거나 재정지출을 확대해 경기부양에 나선다. 이런 과정을 통해 경기가 지나치게 가라앉는 것을 방지하는 것이다.

하지만 현실 경제에선 경기 상승과 하강 국면이 명확하게 구분되지 않는다. 하강 국면에서도 상승 국면의 특징이 나타난다. 이러다 보니 경기 국면을 판단하는 게 더욱 어려워지며, 경제학자나 경제 전문가들 사이에서도 경기진단을 놓고 정반대의 의견을 내놓는 경우가 많다.

중앙은행의 금리 결정 역시 뒷북인 경우가 대부분이다. 앞서 살펴본 경기 사이클을 기준으로 하면 한국은행은 경기가 회복 단계를 넘어 한참 상승하던 2016년에 금리를 역대 최저 수준까지 낮췄다. 또한 2017년 9월 경기가 고점을 찍고 내려올 때인 그해 11월과 2018년 11월에 금리를 올렸다. 경기순환을 기준으로 할 때 경기가 좋을 때 금리를 내리고 경기가 나빠질 때 금리를 올린 '청개구리 같은' 결정을 한 것이다.

이러다 보니 통화정책이 뒷북이었다는 평가나 통화정책이 오히려 경기를 왜곡했다는 평가까지 나오는 것이다. 물론 한국은행은 매번 '다른 요인까지 종합해서 판단한 것'이라는 답으로 자신들의 행위를 정당화한다.

빈익빈부익부 현상은
더욱 심화될 것이다

현재의 빈익빈부익부, 젊은층 인구 감소 등은 모두 IMF 외환위기를 거치면서 자리를 잡았다. 역대 모든 정부는 이 문제를 해결하는 데 실패했다. 향후 대학들은 젊은 인구 부족으로 상당부분 문을 닫을 것이다.

한국은 IMF 외환위기 이후 빈부격차 확대를 통해 성장해왔다. 경기가 좋아지면 상류층은 더욱 부유해지고 하류층은 경기개선을 체감하지 못하는 구조가 굳어진 지 오래되었다. 아울러 계층간 차별화를 당연시하는 구조를 만들어왔다. 수시 입시를 통해 상류층 자녀들이 좋은 대학을 독차지하도록 하는 구조가 되어버렸다. 교육제도를 복잡하게 만들면 재능 있는 아이가 아니라 돈 있는 부모의 자녀가 훨씬 유리해지는 것은 두말할 필요도 없다. 이는 진보세력이 집권하든, 보수세력이 집권하든 마찬가지였다. 부의 되물림은 좋든 싫든 받아들일 수밖에 없다. 기득권에 저항하는 일은 말처럼 쉽지 않다.

IMF 외환위기 이후엔 '비정규직'이 당연시되었다. 노동계는 절반의 노동자가 비정규직이라고 주장하고, 정부는 1/3 정도가 비정규직이라고 말한다. 어느 쪽이든 비정규직 규모가 기형적으로 높은 비중을 차지하는 경제구조가 고착화되었다. 외환위기 전까지는 비정규직이라는 개념조차 없었다.

젊은 청년들의 미래는 기성세대들의 욕심 때문에 상당 부분 망가져버렸다. 인턴 과정을 거쳐 취업을 하는 행태는 IMF 외환위기 이전에는 찾아보기 어려웠지만, 지금은 너무나 당연한 제도처럼 느껴진다.

현재의 빈익빈부익부, 젊은층 인구 감소 등은 모두 IMF 외환위기를 거치면서 자리를 잡았다. 역대 모든 정부는 이 문제를 해결하는 데 실패했다. 향후 대학들은 젊은층의 인구 부족으로 상당 부분 문을 닫을 것이다. 젊은 소비층 감소로 많은 업종들이 매출 부진을 겪을 것이다. 한국경제가 지나치게 수출에 의존해왔고 이제 내수 중심으로 바꿔야 한다고 말하는 사람이 여전히 많지만 한국의 내수는 장기적으로 보면 더 어려울 공산이 크다. 이는 미래의 소비층인 젊은 인구가 줄고 있기 때문이다.

지난 1970년대 초반에는 100만 명 내외의 신생아가 태어났다. 2020년대 들어선 신생아 수가 20만 명대, 즉 30만 명에도 못 미칠 것이란 우울한 전망들이 난무한다. 2016년까지 그래도 40만 명을 넘었던 신생아 수가 뚝 떨어져버렸다. 이는 한국경제, 아니 한국이라는 나라의 암울한 미래를 말하는 것이다.

필자는 아이스크림 예를 주로 든다. 과거에는 10명의 아이들이 아이스크림을 10개 소비했다면, 현재는 3개 정도밖에 사먹지 않는다는 이야기다. 아이스크림 장수의 매출은 줄어들 수밖에 없다.

결국 향후 한국경제가 활력을 유지하기 위해서 엄청난 기술 발전을 이루거나, 해외에서 관광객을 대거 끌어들이거나, 수출을 더 잘해야 한다. 젊은층 소멸 현상은 한국경제의 가장 심각한 문제다. 당장 경제성장률을 더 끌어올리는 것보다 훨씬 더 중요한 문제다. 하지만 한국은 세계에서 가장 빨리 늙어가는 국가이며, 세계에서 유례없이 젊은층이 소멸하는 나라다.

부동산이 망가뜨린 한국의 경제구조

부동산이 문제였다. 경기가 어려울 때마다 정권을 가리지 않고 부동산 부양을 통해 위기를 타개하려는 '대증요법'을 썼다. 이런 식의 경기부양은 일시적인 경기회복에 도움이 된다. 하지만 부동산투기는 빈익빈부익부를 더욱 가속화시킨다.

젊은층은 집값과 육아·교육비(비정상적인 교육열도 한국경제에 독이 된 지 오래되었다) 때문에 아이를 낳지 않는다. 부자와 빈자, 나이든 기득권과 희망 없는 젊은층이 양분되어 있다. 이 같은 경제의 양극화 현상은 돌이킬 수 없을 만큼 심각해졌다.

경제학에 한계소비성향MPC, marginal propensity to consume이라는 개념이 나온다. 이 개념은 추가로 얻는 소득 중 소비되는 금액의 비율을 말한다. 추가 소득 중 저축하는 금액의 비율은 한계저축성향이다. 한계소비성향이 0.6이라면, 100만 원의 추가 수입 중 60만 원을 소비한다는 의미다.

많이 버는 사람보다 적게 버는 사람의 한계소비성향이 높다. 이는 너무 당연하다. 적게 버는 사람들은 늘 생활이 쪼들리기 때문에 새롭게 들어오는 돈의 상당부분을 소비할 수밖에 없다. 또 물가상승률이 높을수록 빨리 소비하려는 사람이 많다. 왜냐하면 인플레이션이 심한 상황이라면 저축을 해봐야 돈의 가치가 더 떨어지기 때문이다.

국내 소비를 활성화하려면 서민층의 소득이 늘어나야 하지만 구조적으로 쉽지 않다. 문재인 정부가 빈부격차 해소를 내세우면서 '소득주도 성장'을 내세웠지만 빈부격차는 더욱 커졌다. 특히 서울과 수도권 등의 아파트 값을 유례없이 폭등시키면서 빈부격차를 크게 벌렸다. 진보 정권의 기본 가치가 노동가치 존중이지만 문재인 정책은 이 문제엔 둔감했다. 시민단체인 경실련 등이 부동산 정책 실패와 집값 폭등을 이유로 '불로소득주도 성장'이라고 평가할 정도였다.

고용지표가 알려준 양극화 풍경

흔히 "고용 없는 성장이 고착화되었다"는 말을 많이 한다. 사실 기술이 발전하면 자동화 등으로 사람이 과거보다 덜 필요하다. 한국경제를 이끌어가는 삼성전자 등 대기업은 기술력을 바탕으로 수출을 통해 돈을 벌지만, 성장하는 만큼 고용에 기여하지 않는다.

삼성전자 등 대기업들은 일상화된 글로벌 경쟁 때문에 비용 절감을 위해 해외 생산을 크게 늘렸다. 삼성전자는 베트남 등에 공장을 증설한 뒤 현지인들을 많이 고용했다. 삼성전자 등 국내 굴지의 대기업들이 성장하는 만큼 한국인들의 고용이 늘어날 수 없는 구조인 것이다. 대기업들이 돈을 많이 벌고 경제가 성장하더라도 국내 고용이 크게 증가하긴 어렵다.

2018년 들어서는 한국의 고용이 극심한 부진을 보이면서 많은 사람들에게 충격을 주었다. 특히 2018년 7월의 고용지표는 지난 2008년 9월 리먼 브라더스 패망으로 1년 반가량 고용이 극도로 위축된 때를 제외하면 가장 좋지 않았다.

2018년 7월의 고용지표 가운데 가장 관심이 높은 취업자수는 2,708만 3천 명으로 전년 동월에 비해 겨우 5천 명 증가했다. 취업자 증가폭은 8년 6개월 만에 최저치였다. 이는 2010년 1월 취업자가 1만 명이 감소한 이후 최악의 수치다. 2017년까지만 해도 취업자 증가자수는 20만~30만 명대의 증가를 기록했으나 2018년 들어 이 수치가 크게 악화된 것이다.

사실 이 해 5월부터 취업자 증가폭이 급감했다. 5월 취업자수는 7만 2천 명 증가해 10만 명대를 밑돌면서 고용에 대한 우려를 심화시켰다. 이후 취업자 증가폭은 개선되지 않았고, 7월에는 거의 늘어나지 못하는 상황이 되었다. 문재인 정부가 고용을 경제정책에 최우선 순위에 두겠다고 했으나 집권 2년차에 고용지표는 누구도 예상하지 못한 수준으로 악화되었던 것이다.

그런데 2018년 9월에 발표된 8월 고용지표 내용은 다시 충격을 주었다. 취업자수는 전년 동월에 비해 3천 명 늘어난 2,690만 7천 명에 그쳤다. 취업자수를 통상 전년의 같은 기간과 비교하지만, 전달(7월)과 비교하면 17만 6천 명이나 줄어들었다. 고용의 질도 좋지 않았다. 한국경제의 허리라고 할 수 있는 30대와 40대의 취업자 수가 큰 폭으로 감소한 가운데 20대 등 청년층의 어려움은 지속되었다. 아울러 한국경제의 성장 엔진인 제조업에선 취업자 감소세가 이어졌다. 한국경제의 미래를 생각할 때 고용의 질은 더욱 악화되었다.

취업자 상황을 연령별로 보면 60세 이상에서 27만 4천 명이 증가해 가장 두드러졌다. 노년층 취업자가 증가한 것을 제외하면, 대부분 연령층에서 고용이 극심한 부진을 보였다. 경제활동의 핵심 연령계층이라고 할 수 있는 40대에서 15만 8천 명, 30대에서 7만 8천 명이 각각 감소했다. 제조업 취업자는 전년 동월에 비해 10만 5천 명(2.3%) 감소해 걱정을 키웠다.

그러면 2018년 당시 고용사정은 왜 이렇게 악화되었던 것일까? 조선·자동차 산업 등의 구조조정, 최저임금의 급격한 인상, 생산가능인구가 예전처럼 늘지 않고 감소세로 돌아섰다는 점, 온라인쇼핑이나 무인점포 확대 등이 복합적으로 영향을 줬다.

특히 최저임금의 급격한 인상은 사회적 논란을 키웠다. 최저임금위원회는 2018년과 2019년 2년간 최저임금을 무려 30% 가까이 올리겠다는 결정을 했다. 힘든 사람들이 임금을 더 받으면 사회 전체적으로 구매력이 올라가 소비가 늘어날 수 있다. 또 여건이 안 좋은 곳에서 일하는 사람들이 조금 더 오른 임금을 받는 것도 좋은 일이다. 하지만 최저임금과 민감한 곳은 우리 사회의 '어려운 곳'이다. 자영업자나 영세 중소기업 등은 종업원에게 높은 임금을 쥐어주기 어렵다. 안타깝게도 이런 곳들이 최저임금의 인상에 직접 연관된다. 대기업이나 중견기업은 사실 최저임금과 별 관계가 없다.

필자의 지인 중 한 사람은 비교적 큰 규모의 슈퍼마켓을 운영하다가 최근 문을 닫았다. 월 200만 원을 가져가기도 쉽지 않은 상황에서 매장을 운용하기 위해 아르바이트를 고용할 수밖에 없었다. 하지만 근처에 더 크고 괜찮은 할인매장이 들어서면서 순식간에 망해버렸다. 이런 사람들은 고용된 사람에게 높은 급여를 주기 어렵고, 최저임금의 급격한 인상엔 직격탄을 맞는다.

사실 임금은 생산성이 늘어나는 정도에 맞춰서 올려주는 게 합리적이고 상식적이다. 가난한 사람들을 위한답시고 가난한 영세기업에 임금을 올리라고 하면, 영세기업과 그곳에서 일하는 사람 모두가 피해를 볼 수 있다. 결국 산업에 관계없이 급격히 최저임금을 올리면 먹고살기 어려운 사람들에게 더 피해가 갈 수 있다. 최저임금위원회의 의도는 선했을지 몰라도 결과는 모두에게 나빴다. 최저임금의 급격한 인상은 의도치 않게 '을'들의 삶을 더욱 힘들게 만든 셈이었다.

노동계의 대표라는 사람들은 최저임금을 더 올리길 원했으나, 사실 그들은 엄밀한 의미의 노동계 대표가 아니다. 이미 우리 사회 평균 이상의 삶을 사는 대기업과 금융권 종사자들의 이익을 대변할 뿐이다. 한국사회는 이미 노동자와 사용자라는 이분법적 시각으로 접근할 수 없다. 노동자들 간의 격차도 워낙 커져 있기 때문이다. 속된

말로 '노동 귀족' 혹은 형편이 좋은 일부 노동자의 이권만 챙기는 사람들이 지금 노동계의 대표인 양 감투를 쓰고 활동하고 있다.

한편 2018년 고용지표가 워낙 부진했기 때문에 2019년엔 기저효과(2018년의 부진에 따른 기술적 반등) 등으로 고용이 상당히 개선되는 모습을 보였다. 다만 정부가 세금을 통해 노인 일자리 창출에 앞장선 영향이 커 '한국경제 성장에 도움이 되는' 고용회복은 아니라는 평가를 받았다.

2020년 3월 코로나19 사태 이후엔 고용지표가 극심한 부진을 보일 수밖에 없었다. 여행업, 항공업, 음식업, 숙박업 등이 코로나19의 직격탄을 맞으면서 매달 발표되는 취업자 수가 그 전년에 비해 수십만 명씩 줄어드는 모습을 나타냈다.

앞으로 더욱 심화될 격차사회

한국 사회는 이미 격차가 크게 벌어져 있다. 가난한 가구와 그렇지 못한 가구가 벌어들이는 소득이 크게 차이난다. 흔히 소득 상위층과 하위층의 소득 수준을 비교하기 위해 5분위 배율(상위 20%의 소득을 하위 20%의 소득으로 나눈 값)이나 10분위 배율(상위 10%의 소득을 하위 10%의 소득으로 나눈 값)을 이용해서 '격차'를 측정한다.

다음의 표를 보면서 살펴보자. 통계청이 2020년 8월에 발표한 2분기(4~6월)의 소득 수준을 보면 한국의 가구들은 한 달에 평균 527만 원을 벌었다.

▼ 소득 5분위별 가구당 월평균 소득(2020. 2.4)

(단위: 천 원, %, %p, 전년동분기대비)

	1분위	증감(률)	2분위	증감(률)	3분위	증감(률)	4분위	증감(률)	5분위	증감(률)
가구원수(명)	2.34		2.78		3.12		3.36		3.52	
가구주연령(세)	61.7		52.8		48.8		49.2		50.1	
소득	1,777	8.9	3,437	6.5	4,791	5.6	6,309	5.6	10,038	2.6
경상소득	1,770	9.3	3,407	6.3	4,753	5.4	6,261	6.2	9,709	1.0
근로소득	485	−18.0	1,693	−12.8	2,857	−4.3	4,158	−2.9	6,902	−4.0
사업소득	263	−15.9	709	11.0	902	−8.2	1,076	−10.2	1,759	−2.4
재산소득	25	−9.4	24	−20.5	22	−3.7	30	114.5	67	−29.9
이전소득	996	44.9	981	64.7	973	86.8	997	148.1	981	88.4
공적이전	833	70.1	800	106.0	763	134.2	739	223.7	750	175.3
사적이전	163	−17.4	181	−12.8	210	7.6	258	48.5	231	−6.8
비경상소득	7	−41.7	30	45.6	38	38.3	48	−39.7	329	89.8
가계지출	1,788	1.1	2,792	−1.8	3,516	−1.3	4,674	7.2	6,639	0.5
소비지출	1,554	3.1	2,285	−0.2	2,740	1.7	3,444	7.3	4,533	1.4
비소비지출	233	−10.6	508	−8.2	776	−10.7	1,230	7.0	2,105	−1.4
처분가능소득	1,543	12.6	2,930	9.6	4,015	9.4	5,079	5.2	7,933	3.7
흑자액	−11	91.8	645	67.8	1,275	30.8	1,635	1.1	3,400	7.1
흑자율(%)	−0.7	9.3p	22.0	7.6p	31.8	5.2p	32.2	−1.3p	42.9	1.3p
평균소비성향(%)	100.7	−9.3p	78.0	−7.6p	68.2	−5.2p	67.8	1.3p	57.1	−1.3p

주 1) 처분가능소득 = 소득 − 비소비지출
　2) 흑자액 = 처분가능소득 − 소비지출
　3) 흑자율 = (흑자액/처분가능소득) × 100
　4) 평균소비성향 = (소비지출/처분가능소득) × 100

자료: 통계청

2020년 2분기는 코로나19 직격탄을 맞은 때다. 당시 성장률은 −3.3%를 기록해 IMF 외환위기 때인 1998년 1분기(−6.8%) 이후 22년 만에 가장 낮았다. 또한 이 시기엔 정부가 추가경정예산(추경)을 편성해 긴급재난지원금을 나눠줬다. 정부는 코로나19가 닥친 2020년 무려 4번이나 추경을 편성해 경기부양에 나서야 했다.

이제 가난한 가구와 부유한 가구의 소득 수준을 살펴보자. 소득 하위 20%(1분위)의 소득은 178만 원, 상위 20%(5분위)의 월평균 소득은 1,004만 원으로 나온다. 상위 20%가 하위 20%보다 5.6배 이상 더 많은 소득을 벌었다. 그나마 이 격차는 재난지원금 등 복지정책 강화에 따라 줄어든 것이었다. 소득 중간계층인 3분위(소득 40~60% 구간)가 479만 원을 벌어 상위 20%의 절반에 못 미치는 돈을 벌었다.

또한 소득 5분위의 경우 가구원 수도 많은 것을 알 수 있다. 소득 하위 40%에 속하는 1분위와 2분위 가구원 수가 3명이 안 되지만 상위 20%에 속하는 5분위는 3.5명에 달한다. 흔히들 하는 '아이는 부의 상징'이라는 얘기가 빈말이 아닌 것이다.

가난한 가구는 들어오는 족족 생활비로 써야 하는 반면, 부자들은 돈을 모으는 일이 가능하다는 사실도 알 수 있다. 소비가 처분가능소득에서 차지하는 비중을 뜻하는 평균소비성향을 보면 1분위는 101%, 2분위는 78%인 반면 5분위는 57%다. 돈이 들어오면 1분위는 그 돈 이상을 써야 생활이 가능한 반면 5분위는 들어오는 돈의 절반 가까이를 모을 수 있다는 점을 알 수 있다. 이런 과정을 통해 부의 격차는 더욱 벌어진다. 가난한 사람들은 벌어서 쓰기 바쁜 반면, 벌이가 좋은 사람들은 재산을 축적하기 때문이다.

소득보다 더 중요한 것이 재산이다. 소득을 모아 재산을 축적해야만 집을 사고, 노년을 대비할 수 있기 때문이다. 그런데 문재인 정부 출범 이후 이 재산의 격차는 크게 벌어졌다. 서울을 중심으로 수도권의 아파트 가격이 급등했기 때문이다. 서울 지역 내에서도 재산의 격차는 더욱 벌어지고 있다. 아파트 소유 여부 등 부동산에 따라 완전히 계급이 나뉘었다.

통계청이 2019년 3월을 기준으로 그해 연말에 발표한 데이터를 보면 서울 가구의 평균 재산은 5억 3,605만 원이었다. 하지만 중위가구의 재산은 2억 6,410만 원에 그쳤다. 이처럼 평균과 중간값이 크게 차이나는 이유는 재산이 많은 가구가 평균을 끌어올리기 때문이다. 평균은 재산을 모두 더해서 가구 수로 나눈 값인 반면, 중앙값은 100가구 중 50위, 즉 중간에 해당하는 가구의 재산이다.

2020년 들어서도 서울 아파트 가격이 1억 원 넘게 올라 이제 아파트 값이 10억 원(중간값 기준)을 넘어섰다. 전국의 자가보유율은 60%에 육박하지만 서울은 자기 집이 있는 사람과 없는 사람의 비중이 5 : 5 수준이다. 집값이 빠지지 않는 이상 무주택자가 상층 계급으로 올라설 수 있는 기회가 사실상 사라진 셈이다. 한국인의 재산(순자산)에서 부동산이 차지하는 비중은 90%에 육박한다.

경제학으로 살펴본
문재인 정부의 부동산 정책 실패

문재인 정부의 부동산 정책은 경제학의 가장 기본적인 법칙을 무시하는 것이었다. 부동산 정책 실패로 '노동의 가치'가 무너지고, 한국 사회에는 돌이킬 수 없는 계급이 형성됐다.

    문재인 정부는 출범 직후부터 대대적인 부동산 규제 카드를 들고 나왔다. 문재인 정부가 가진 칼은 세금인상과 대출규제였다.

    2017년 5월의 집권 초기는 중요한 시기였다. 서울 아파트 가격이 2014년에 바닥을 찍고 2015~2016년에 오름세를 확대하고 있었기 때문이다.

    많은 사람들은 박근혜 정부 후반기의 규제 완화와 유동성 확대 정책, 그리고 미진한 택지공급 등을 감안해 공급대책을 제대로 세우지 않으면 집값이 크게 뛸 수 있다고 우려했다.

    하지만 문재인 정부는 가격결정의 가장 근본적인 이치인 '수요와 공급의 원리'를 이해하지 못했다. 마치 규제만 강화하면 집값이 안정될 것으로 착각하는 모습이었다. 결국 사람들의 우려대로 서울과 수도권 일부 지역의 아파트 값은 역사상 최대폭으로 뛰어올랐다.

하지만 문재인 정부는 고집스러웠다. 많은 사람들의 '공급확대' 주문을 한 귀로 듣고 흘렸다. 2020년 8·10 공급대책을 내놓으면서는 '3기 신도시'가 모든 문제를 해결할 것처럼 홍보하기도 했다. 서울에 대한 수요를 3기 신도시가 모두 흡수한다고 자신하기는 어려웠다.

또한 일각에선 그린벨트 해제 문제가 나왔을 때 공급이 확대될 것으로 기대하기도 했다. 하지만 정부는 '미래 세대'를 위해 남겨두기로 결정했다. 김대중·노무현·이명박 정부 때 풀었던 그린벨트를 이 정부는 보존하는 쪽으로 결정했다. 일각에선 '현재 세대'가 높은 집값 때문에 아이를 낳지 못하는 상황에서 '현재 세대'가 살아야 '미래 세대'의 희망도 있다고 했으나, 정부는 환경친화적인 면모를 유지하는 게 이미지 관리에 좋을 것으로 봤다. 안타까운 일이었다.

서울, 수도권 등의 아파트 값이 사상 최대폭으로 오르자 사람들은 문재인 정부를 의심했다. 돈의 흐름에 민감한 여의도 증권가 사람들 중엔 '경제학에 대한 도전'을 거론하면서 정부가 무모하다고 평가하는 사람들이 많았다.

일부에선 '정부가 너무 무지하다'고 했고, 일부에선 '일부러 세금을 거두기 위해 집값을 올리는 정책을 쓴다'고 해석했다. 하지만 규제를 통해 거래를 막아버리면 세금을 내는 단위가 올라가더라도 총량이 반드시 늘어난다고 볼 수도 없었다.

경제학이 지적하는 수급의 원리를 무시한 정부

문재인 정부의 정책은 규제 중심이었다. 보유세나 양도세, 다주택자 중과 등 세금을 올리거나 대출규제가 중심이었다. 공급을 늘리기보다는 규제를 통해 수요를 억누르면 집값을 잡을 수 있다고 생각했다.

하지만 경제학 교과서는 이런 정책에 대해 효과는 일시적일 뿐 세금 전가 등의 문제가 발생할 수 있다고 설명한다. 경제학은 이기적인 인간을 가정한다. 각종 대학에서 아직 경제학이란 과목을 폐기처분하지 않은 이유는 일반적으로 인간은 '이기적이기' 때문이다. 사람들은 세금이 오르면 그 세금의 전부 또는 일부를 다른 사람에게 전가하기 위해 노력한다.

예컨대 정부가 주택 임대인이 내는 보유세를 올릴 수 있지만, 임대인은 세금의 일부를 임차인에게 전가한다. 즉 임대료를 올려서 자신이 내야 하는 세금 부담을 줄이는 것이다.

양도소득세의 경우 '동결효과'가 문제가 된다. 주택 소유자에게 양도세를 중과하게 되면 거래를 피하려는 경향이 높아진다. 이 경우 양도세를 피하기 위해 주택 처분을 기피하는 동결 효과가 나타날 수 있다. 양도세 부과로 기존 주택시장에서 공급이 줄어들게 되면 가격은 더 오르게 된다.

서울의 아파트 부족 현상을 근본적으로 치유하지 않고 규제로만 문제를 치유하려고 하니, 집값이 안정되기 어려웠다.

'신규' 공급 측면에서도 안일했다. 마치 3기 신도시가 공급 문제를 다 해결할 수 있다는 태도를 보이기도 했으나 이 지역이 서울 내 자가보유에 대한 욕구를 모두 충족시킨다고 보기 어려웠다.

서울 시내에 땅이 부족하다면 재개발·재건축의 용적률을 획기적으로 올릴 필요도 있었다. 예컨대 주택 층수를 35층으로 제한하지 말고 일각에서 주장하는 50층 정도로 올려 공급을 확대할 필요성 등도 감안할 필요가 있었다.

집값 급등 때문에 서울 시민 절반에 해당하는 무주택자들은 미래가 사라졌다. 1주택자 역시 그다지 기쁘지는 않았다. 5억 원짜리 주택이 10억 원으로 올라서 좋지만, 다른 곳으로 이사하기 위해선 10억 원을 내야 하기 때문이다. 그나마 1주택자들은 재산이라도 늘어났으니 다행이었다. 무주택자들은 하층 계급으로 떨어지고 미래의 희망을 상실하게 된다. 이들은 맑은 개천의 개구리, 가재, 게처럼 편하게 사는 게 아니라 임대료 상승의 고통을 감내하면서 살아야 한다. 또한 서울 내 아파트가 매입 불가능한 가격으로 뛰면서 서울 주변부로 이동해 이 지역의 아파트 값을 올려놓기도 했다.

불로소득 차단을 주장하지만 실질적 의지가 의문스러운 정부

정부는 분양가상한제와 초과이익환수제 등을 통해 주택공급을 더어렵게 만들었다. 경제학은 가격 상한제를 실시하게 되면 블랙마켓 출현 등 부작용이 뒤따를 수 있고, 궁극적으로 시장을 왜곡해 가격을 더 올릴 위험이 있다고 설명한다. 분양가상한제처럼 가격 상단을 규제하게 되면 '먹을 게 적어진' 건설업자들이 사업을 망설이게 된다. 따라서 공급은 줄어든다. 반면 시중의 시세보다 훨씬 싼 분양주택으로 수요가 몰리게 된다.

2020년 과천 지식정보타운 분양에 엄청난 분양신청이 몰린 게 이를 증명했다. 예컨대 시세 18억 원짜리 아파트를 8억 원에 분양하니 사람들이 몰릴 수밖에 없었다. 분양에 당첨이 되면 무려 10억 원을 벌 수 있는 로또 청약이었기 때문이다.

청약 당첨자를 발표한 경기도 과천시 갈현동 '푸르지오 어울림 라비엔오' 1순위 기타경기(과천시를 제외한 경기도민) 전용면적 84m²E에 선 84점(만점)짜리 통장이 나오기도 했다. 84점은 부양가족 6명 이상 (35점), 무주택 기간 15년 이상(32점), 청약통장 가입기간 15년 이상 (17)을 모두 충족해야 받을 수 있는 점수다.

어마어마한 청약경쟁률 속에 운 좋은 사람들은 엄청난 횡재를 했다. 청약제도는 많은 문제점을 안고 있지만, 정부는 '불로소득' 차단을 위한 실질적인 노력은 하지 않았다. 결론적으로 경제학 교과서에 따르면 문재인 정부는 수요와 공급 측면 모두에서 집값을 올리는 정책을 쓴 것으로 볼 수 있다.

공급대책 없이 수요만 누른다고 집값이 안정되기는 어렵다. 수요규제 때문에 일시적으로 억눌려 있던 '잠재수요'가 집값이 오름세를 타는 기미가 보이면 다시 고개를 들기 마련이다.

문재인 정부는 서울 아파트 가격이 2014년 바닥을 찍고 2015~

2016년 상승폭을 키워 집값 급등이 상당히 우려될 때 출범했다. 하지만 공급대책 없이 단편적인 규제만으로 집값을 잡을 수 있다는 초보적인 실수를 범하고 말했다. 누군가의 말처럼 처음부터 아파트 값을 띄울 심산이었는지도 모른다.

무엇이 집값을 올리고 내리는가

경제학에서 말하는 부동산 가격 상승요인엔 금리하락, 인구증가, 실질소득 증가, 부동산 가격 상승기대 등이 있다.

금리는 이미 역대 최저수준으로 낮아졌으며, 2020년엔 가계대출이 역대 가장 큰 폭으로 늘어나기도 했다. 결국 정부가 대출규제를 더욱 옥죄야 했다. 금리를 낮추는 행위는 '대출 독려'가 목적이지만, 그 대출이 부동산시장으로 흘러가니 계속해서 규제를 한 것이다.

경제활동인구는 2010년대 후반부터 감소세로 접어들고, 출산율도 더욱 떨어졌다. 다만 문제는 '특정 지역'이었다. 서울에서 살고 싶어 하는 사람이 줄어들지 않는 한, 당장 인구 증가율 둔화가 아파트 수요 둔화로 이어지기는 어렵다.

이명박 정권 시절 집값이 하향 안정됐던 이유는 글로벌 금융위기 영향도 있었지만, 싼 아파트를 대대적으로 공급하면서 공기관을 지방으로 내려보낸 영향도 작용했다. 공무원 가족 등이 상당수 세종 등으로 내려가면서 서울 수요가 줄어들었던 것이다. 인구 측면은 지역의 특성을 고려해서 접근해야 한다.

실질소득 증가 부분은 소득분위별로 살펴볼 필요가 있다. 서울의 상위 20%는 1년에 1억 2천만 원 이상의 소득을 번다. 30평대 이상의 아파트 수요엔 고소득층의 수요가 작용한다는 점을 감안해야 한다. 내 연봉이 4천만 원밖에 안 된다고 모두가 저 비싼 아파트를 살 수 없을 것이라고 착각해선 안 된다.

부동산 가격 상승기대는 심리적 요인이다. 문재인 정부는 늘 집값이 오른 것을 보고 후행적으로 정책을 내놓았다. 하지만 정책이 먹히지 않는 것을 본 뒤 무주택자들은 '이러다가 영원히 집을 못 사는 것 아닌가' 하는 불안감에 휩싸였다. 집값 안정정책 실패가 거듭되면 사람들의 기대심리를 꺾기가 어려워진다.

그간 지속됐던 전세자금대출 활성화도 집값 상승에 영향을 미쳤다. 좋은 집에 살 여력이 안 되는 사람들에게까지 과도하게(?) 전세자금을 대출해주고, 이 전세보증금을 기반 삼아 사람들이 갭투자를 하면서 집값을 더 부풀린 측면이 있었다. 따라서 과격한 사람들 중엔 전세대출을 회수하면 서울의 집값을 무너뜨릴 수 있다고 지적하기도 한다. 이 경우 엄청난 사회적 파장을 일으킬 수 있어 현실화되기 어렵다.

거래세 인상, 대출규제 등은 집값 하락요인으로 작용할 수 있다. 단, 세금인상과 대출규제 등으로 사람들이 기존 주택을 팔아야 효과가 있다. 또한 일각에선 정부가 '1주택자'에겐 큰 부담을 주지 않기 때문에 규제 효과가 제한적이라는 주장도 펼친다. 사실 1주택자들이 버티기 어려울 정도로 보유세 등을 매기면 집을 팔려는 유인이 커진다. 이를 위해선 정부가 비난을 달게 받을 준비가 돼 있어야 한다.

　사실 집값 안정을 위해선 무엇보다 공급이 중요하다. 당장 재건축을 활성화하면 신규 주택 수요와 이사에 따른 마찰적 수급요인 등으로 집값이 더 오를 수 있다. 하지만 용적률이 대거 확대돼 공급이 늘어난다면 이후엔 집값이 안정을 찾을 수 있다.

　이 밖에도 용산 미군기지, 강남 지역의 여전히 남아 있는 부지, 과천과 서울 사이의 땅 등을 이용해 공급을 늘릴 여지도 남아 있다. 가장 큰 문제는 그린벨트 해제 등 정부가 공급을 적극적으로 늘릴 의지가 없었다는 점이다.

이미 내집 마련의 기회를 놓친 사람들에게

　2020년 서울 아파트 평균 매매 가격이 10억 원을 넘어섰다. 집값은 무서울 정도로 뛰었다. 서울을 비롯한 수도권 아파트 가격이 단기간에 급등하자 금융시장에 종사하는 친구 중엔 '금융투자의 무용성'을 호소하는 사람도 있었다.

　주식투자의 경우 변동성이 워낙 크고, 채권투자는 시중의 국채금리가 0~1%대인 상황에서 1년에 2% 수익을 얻기도 어렵다. 하지만 일반인 입장에선 수천만 원을 주식 등에 투자하더라도 아파트의 수익을 쫓아가지 못했다. 아파트는 워낙 투자 규모도 크고, 그간 '위험 대비 수익'도 가장 좋았다. 큰돈을 투자하지만, 잃을 가능성이 가장 낮았기 때문이다.

정부가 규제를 더욱 강화해 '다주택자들의 매물 출회'를 노리고 있으나 공급부족 문제를 풀지 못했기 때문에 아파트 가격이 지금 수준에서 더 오를 것으로 보는 사람도 적지 않다. 다만 2020년 서울 아파트 값이 10억 원을 넘어서고 PIR(소득 대비 집값)이 과거에 비해 크게 올라 있는 등 위험도 커져 있다. 주식투자나 채권투자를 하는 사람 중엔 '아무리 호재가 많아도 이미 가격이 급등한 상태이면 위험하다'고 말하는 사람이 많다.

여유가 있는 사람이라면 지금이라도 부동산을 매수해 가격 추가 상승 위험을 헤지할 수도 있을 것이다. 하지만 여력이 없는 사람들이 무리해서 집을 사다가는 향후 집값이 하락하는 시점엔 대출이자의 노예가 될 수도 있다.

다만 정부의 잘못된 정책으로 성실하게, 열심히 사는 사람들이 '노동으로' 집을 살 수 없는 세상이 돼버린 현실이 안타깝다. 부동산투자의 승패가 이미 상당히 많은 사람들의 미래를 결정 지어버렸다는 점을 부인하기 어렵다.

투자를 하면서
금리만큼 중요한 것도 없다

모든 가격변수의 기저엔 금리가 자리잡고 있다. 저금리로 유동성이 풀릴 때는 주식, 채권, 부동산, 상품 가격이 등이 모두 상승하는 경우가 많다. 돈의 힘이다. 하지만 유동성 증가세가 둔화되어 유동성 물량이 축소될 때는 반대 상황이 연출될 수 있어 항상 경계심을 가져야 한다.

2020년 5월 21일 주식시장의 코스피지수가 장중 2천 선을 돌파했다. 2개월 남짓 전인 3월 9일 2천선을 내주고 1,954.77로 고꾸라진 뒤 이날 장중 2천 선을 돌파하는 모습을 연출했다.

기술주들이 모여 있는 코스닥 지수의 상승세는 더욱 돋보였다. 2019년 6월 26일 지수 700선을 내준 뒤 2020년 3월 19일엔 428.35선까지 급락했으나 5월 들어 700선 위로 올라왔다.

미국 시장의 흐름도 비슷했다. 미국의 S&P500지수는 2020년 3월 16일 2,386.13p까지 폭락했다. 주가지수가 11.98%나 폭락하면서 투자자들을 그로기 상태로 몰아넣었다. 하지만 코로나19에 대한 우려와 유가폭락에 대한 두려움은 중앙은행의 과감한 돈 풀기로 인해 가파른 회복세를 나타냈다. S&P500지수는도 5월 들어 3천 선으로 올라왔다.

코로나19 사태로 인한 주가폭락도 거칠었지만, 이후 반등세 역시 가팔랐다. 주가라는 게 '미래의 실적'을 반영할 수밖에 없고, 기업들의 실적도 암울해 보였지만 주가는 유례를 찾기 어려울 정도로 빠르게 올라왔다. 누가 뭐래도 풍부한 유동성이 주가 급반등의 원인이었다. 미국의 신속한 제로금리 회귀와 양적완화, 한국의 사상 최초 0%대 기준금리 실험과 넘쳐나는 유동성 등이 주가를 끌어올린 것이다.

2020년 세계 각국 중앙은행은 미국 연준의 구령에 맞춰(연준의 움직임을 보고) 금리를 내리는 등 통화정책을 크게 완화했다. 정부도 경기부양에 한껏 힘을 쏟는 등 통화정책과 재정정책 양쪽이 모두 주식시장을 지원 사격했다.

주식시장의 유동성 숭배자와 실적 숭배자

과거 일본의 증권사 지점장이자 애널리스트였던 우라가미 구니오의 유명한 주식시장 4계절 이론을 다시 떠올려보자.

우라가미가 제시한 '금융장세(봄) → 실적장세(여름) → 역금융장세(가을) → 역실적장세' 중 회복의 첫 단계인 금융장세가 유동성 장세를 표현하는 말이다.

2020년 3월 주가폭락으로 각국 중앙은행은 '강제로' 겨울을 끝장 내고 봄을 소환했다. 코로나 19로 인해 디플레이션 우려가 커진 상황에서 각국은 돈을 쏟자 주식시장의 계절이 전환된 것이다.

각국이 금리를 내렸고 유동성이 늘어나 돈이 주식시장으로 많이 몰리면서 주식시장의 봄이 찾아왔다. 2분기 경기침체가 기정사실화된 상황이었지만, 주가는 돈의 힘으로 올랐다.

이때 국내외 주식시장 관계자들의 목소리는 둘로 갈라졌다. 한쪽은 '유동성 숭배자'였고, 다른 쪽은 '실적 숭배자'였다.

유동성 숭배자들은 돈이 역대 어느 시기보다 많은 만큼 주식은 상당기간 강세를 이어갈 것으로 봤다. 경기가 좋지 않았지만 정책의 힘등으로 돈은 많았다. 각국에선 주식투자 붐이 일었다.

한국에선 2020년 3월 주가폭락 이후 시쳇말로 '동학개미운동'이 뜨거운 화제였다. 주식투자 대기자금인 고객예탁금이 무려 50조 원에 달하는 등 지금껏 보지 못한 이상한 일들이 일어났다. 특정 증권사 등으로 돈 많은 개인들이 '난생 처음'으로 주식계좌를 개설한다는 소식들이 들렸다.

돈들이 주식시장으로 몰려든 현상은 한국만의 특이현상은 아니었다. 주가폭락에 따라 움츠려들기보다는 이를 기회를 활용하려는 사람도 많았던 것이다. 미국에선 2020년 3~4월 찰스슈왑, E트레이드, 인터랙티브 브로커스 등 3개 증권사에서만 78만 개의 새로운 증권계좌가 생겨 월간으로 역대 최다 증권계좌가 생기기도 했다.

돈의 힘인 유동성은 투자에서 가장 중요한 요소

금융시장에서 유동성 장세는 사실 과소평가해선 안 된다. 주가나 채권가격 등을 끌어올리는 것은 결국 돈의 힘이다.

필자가 20년 넘게 주식투자를 하고 금융시장을 관찰해본 경험에 따를 때, 이런 시기엔 '예외 없이' 실적 뒷받침 없이 유동성의 힘만으로 주가가 오를 수는 없다는 비판이 나왔다. 하지만 우라가미가 분석한 대로 돈의 힘이 위세를 발휘할 때, 즉 유동성 장세 때 주가상승률은 가장 두드러졌다.

다만 전통적인 가치평가법으로 접근할 때 유동성 장세 때 주가는 비싸 보이는 경우가 많다. 당장 가까운 미래의 기업실적이 좋아 보이지 않기 때문에 주가는 과대평가됐다는 느낌을 주는 것이다.

통상 주가가 실적에 비해 과대평가된 것인지, 과소평가된 것인지를 따질 때 가장 많이 쓰는 지표가 PER_{Price to Earnings Ratio}다. 또한 주식시장의 시가총액을 국내총생산_{GDP}로 나눠서 주가의 적정성을 판단하기도 한다.

하지만 실적이 불확실해도 주가는 더 갈 수 있는 법이다 보니 유동성 대비 주가를 따져볼 필요성도 거론된다. 메리츠종금증권의 이진우 연구원은 다음과 같은 접근법을 조언했다.

"시중에 풀린 유동성(부동자금) 대비 주식시장이 어떤 위치에 있는지 판단할 필요가 있다. 즉 PMR_{Price to Money Ratio} 차원에서 접근할 필요가 있다."

PMR은 PER의 분모에 해당하는 어닝(이익)을 유동성(돈)으로 치환한 것이다. 돈의 양 대비 주가수준을 따지는 것이다. 이런 접근은 상당히 유효하다. 주가흐름을 장기적으로 볼 때 기업이 얼마나 이익을 내느냐가 가장 중요하지만, 현 시점이나 단기적 차원에서 접근할 때는 유동의 양을 따져보는 게 중요할 수 있다.

저금리로 팽창한 돈들이 몰려가는 곳을 살피자

이진우 메리츠증권 연구원의 분석을 보면 2020년 5월 초 기준 미국 부동자금MZM, M1+savings deposits+all money market accounts은 20.5조달러, S&P500 시가총액은 23.5조 달러로 '부동자금 대비 주식시장'의 배율은 1.15배 수준이었다.

부동자금은 정처없이 떠도는 돈으로 특정 시장을 타깃팅하면 그 시장을 붐업시킬 수 있다. 아무튼 부동자금 대비 주식시장 배율이 1990년 이후 평균이 1.49배임을 본다면 2020년 주가 급반 당시의 수준은 오히려 역사적 하단 레벨에 있었다.

특히 과거 IT버블 때 이 배율이 3.0배, 글로벌 금융위기 직전 1.7배 수준과 비교해본다면 주가 레벨은 시중에 풀린 유동성의 크기에 비해서는 과도하지 않은 것처럼 보였다. 단, 기업의 미래 실적을 무시하고 오로지 유동성의 관점에서만 본다면 이런 해석이 가능하다는 얘기다. 당시 주가는 급락 후 V자 반등에 나서고 있었지만, 부동자금은 오히려 더 크게 증가했다. 사실 2020년 상반기는 유동성이 역사상 가장 가파르게 증가하던 때였다.

한국의 유동성 상황 역시 대단하다. 2020년 5월 코스피가 2천 선을 회복했을 때 유동성(MZM Proxy 기준) 대비 KOSPI 시가총액을 보면 1.04배 수준이었다. 이는 1996년 이후 평균인 1.44배를 밑돌아 미국상황과 유사했다.

결국 역사적으로 볼 때 '풀린 돈'과 비교하면 주가는 비싸지 않다는 것이었다. 사실 부동자금 대비 주식시장 배율은 IT버블 당시 약 2배, 금융위기 이전에는 2.5배까지도 상승했다. 이 얘기는 결국 돈들이 주가나 부동산을 더 띄울 수도 있다는 말이 된다.

돈들은 주식과 부동산 사이를 오갈 수 있다. 기본적으로 채권금리가 너무 낮아 채권 쪽에서 먹을 게 없다는 판단이 들면 계속해서 주식시장, 부동산시장 등을 오갈 수 있다. 또한 돈은 하나의 테마를 형성하기도 한다. 코로나19 사태 이후엔 비대면(언택트) 관련주를 중심으로 한 기술주와 성장주 위주의 장세가 펼쳐지기도 했다. 경기가 좋지 않은 시대엔 성장주들이 각광받기 때문이다.

돈은 하나의 테마를 형성해 움직일 수 있다. 늘어나는 유동성이 특정 '카테고리'를 만들어 그 주식을 집중 매수한다는 뜻이다. 예컨대 1970년대 미국에선 니프티 피프티(Nifty Fifty, 멋진 50개의 대형주라는 뜻)가, 2000년엔 나스닥 기술주 등이 주가상승을 견인했다. 주식이 아니더라도 다른 섹터의 가격을 올릴 수 있다. 예컨대 글로벌 금융위기가 터지기 전 풀린 유동성은 상품시장으로 몰려들면서 유가를 크게 끌어올리기도 했다.

유동성 장세 후엔 기업 실적을 살펴야 한다

유동성 장세가 '기대감'으로 주가를 끌어올릴 수 있지만, 이런 상황이 한없이 지속되지는 않는다. 유동성 확대에 따라 경기가 좋아지고 기업들의 실적이 좋아진다는 기대감이 생기지만, 시간이 지날수록 '진짜'를 가리는 작업이 이어진다. 결국 시간이 지나 실적이 주가를 증명할 수 있어야 한다는 뜻이다.

지난 2000년 전후 국내에서도 IT붐이 이어졌다. 당시 필자는 벤처 캐피털을 종종 취재하곤 했는데, 움직이는 버스 안에서 방송을 송출할 수 있는 기술을 가진 기업들만 해도 여럿 만나기도 했다. 지금은 너무 익숙해 별것 아닌 것처럼 느껴지는 기술이지만, 당시만 해도 세상을 바꿀 기술에 대한 기대감이 컸다. 하지만 지나서 생각해보면 그 기술기업 중 일부만 살아남고 나머지 대다수는 사라졌다.

1990년대 말 코스닥의 기술주들이 급등할 당시엔 회사 이름에 '닷컴' '테크' 등 미래 기술을 상징하는 이름만 있어 있어도 주가가 뛰기도 했으나 살아남은 업체들은 소수였다는 것이다. 당시 많은 기술기업들이 실적을 내는 데 실패해 뒤늦게 달려든 개인투자자들이 큰 손실을 입기도 했다.

돈의 물꼬가 어떻게 바뀌는지 늘 주시해야 한다. 기술주들의 주가가 실적에 비해 너무 고평가됐다고 판단되면 돈은 실적에 비해 싼 가치주나 평범한 내수주들로 몰릴 수도 있다. 이런 가능성들을 열어두고 흐름을 살펴야 한다.

무엇보다 중앙은행들의 변화는 주시하고 있어야 한다. 미국 연준은 가장 중요한 중앙은행이다. 이들이 돈을 얼마나 풀고 거둬들일지 결정하기 때문에 전 세계 금융시장은 그 영향에서 자유로울 수 없다.

2020년엔 연준이 유동성을 대거 풀어 주가를 끌어올렸으나 그들이 더 이상 돈을 풀지 않자 주가지수가 주춤거리는 모습을 보이기도 했다. 주식시장엔 각종 정치변수를 포함해 온갖 재료가 반영되기 때문에 그 흐름을 예상하기는 매우 버겁다. 다만 중앙은행들의 움직임은 늘 주시해야 하는 변수다.

부동산투자와 PIR

사실 모든 투자는 싸게 사서 비싸게 사는 게 중요하다. 아무리 호재가 많아도 이미 가격이 비싸졌다면 이익을 내기 어렵다.

그래서 주식이든, 부동산이든 남들의 관심이 적을 때 진입한 뒤 평소 관심도 없는 사람들마저 달려들 때 차익실현을 하는 게 정석이다. 하지만 말처럼 쉽지 않다. 한층 상승세가 지속되는 상황에서 이익실현을 하면 그 이익이 제한적일 것이다. 상승세가 꺾였는데도 끝내 매도 타이밍을 놓쳐 손실을 보기도 한다.

결국 매도 타이밍을 찾기가 만만치 않다는 뜻이다. 주식시장에선 과거 이력이나 비슷한 종목과의 PER 등을 비교해 얼마나 비싸졌는지 등을 판단할 수 있다. 부동산시장에선 PIR(Price to Income Ration, 소득 대비 주택가격비율)이 주식시장의 PER와 비슷한 역할을 하는 대중적 지표라고 할 수 있다.

이 지표는 집값이 몇 년 치의 소득에 해당하느냐를 따진다. PER가 특정 종목이나 지수의 시가총액이 연간이익 몇 년 치를 반영하는지를 나타내는 것과 마찬가지 이치다. 서울 아파트가 10억 원인데 평균적인 사람들의 연봉이 5천만 원이라면, 20년간 한푼도 쓰지 않고 모아야 이 아파트를 살 수 있다. 하지만 이 지표를 적용하기가 만만치 않다. PIR을 구하는 방식도 여러가지이기 때문인 데다 평균을 적용하는 문제도 많다.

예컨대 문재인 정부 출범 이후 서울의 경우 아파트 가격이 폭등하고 빌라 값은 오름세가 제한됐기 때문이다. 또한 소득 상위와 하위를 구분해서 봐야 한다. 예컨대 인기 있는 아파트의 경우 소득 상위 계층의 소득에 비해 얼마나 비싼지를 따져보는 게 더 중요하다.

일부에선 2020년 현재 서울 아파트 PIR이 역대 최고여서 상당히 고평가된 상태라는 지적을 내놓고 있다. 또한 일각에선 '정부의 집값 띄우기'가 지속되더라도 아파트 값이 이미 폭등한 상황이기 때문에 매수 자제를 당부하고 있다. 다만 역사적으로 가격이 비싼 편에 속하더라도 공급부족 구도가 개선되지 않거나 가격 추가상승 기대감이 작용하면 더 오를 수도 있다.

KB국민은행이 2020년 6월 기준으로 조사한 자료를 보면 서울 지역의 5분위 가구(소득 상위 20%)의 연 소득은 1억 2천만 원이 넘는다. 이들이 서울에서 비싼 주택 상위 20%에 속하는 주택을 구매하는 데는 15.1년이 넘게 걸리는 것으로 나온다. 즉 평균 매매 가격이 20억 원에 육박하는 서울의 상위 20%에 드는 주택을 자기 돈으로 구매하기 위해선 연 소득 1억 원이 훌쩍 넘는 가구도 15년이나 한푼도 쓰지 않고 모아야 한다는 것이다.

대신 전국 기준으로 PIR을 살펴보면, 소득 3분위가 매매 가격 3분위에 속하는 주택을 구매하는 데는 5.2년이 걸리는 것으로 나온다. 소득 대비로 보면 서울 사람이 서울 주택을 사는 게 가장 어렵다.

오랜 저금리와 과잉 유동성은 몸에 해롭다

저금리는 빚을 내라는 신호다. 금리를 낮게 유지하는 것은 빚을 내서 투자와 소비 등을 늘리라는 중앙은행의 권고인 것이다. 금리와 유동성은 매우 밀접한 관계가 있다.

금리를 낮추면 사람들이 빚을 내서 뭔가를 하려고 한다. 우리가 말하는 부채, 즉 빚은 사실 '유동성'과 직결된다. 유동성은 시중에 돌아다니는 돈이다. 그런데 저금리로 늘어난 유동성이 '비생산적인 곳'이나 '자산시장'으로만 몰려가면 득보다 실이 더 커질 수 있다. 부동산으로 몰려가 집값만 부풀리면 큰 사회문제가 되며, 결국 빈부격차를 확대하게 된다.

한국은 2010년대 중반에 사상 최저 수준으로 금리를 떨어뜨리면서 경기부양을 꾀했으나, 낮은 금리에 기반한 과도한 유동성은 결과적으로 부동산 가격의 급등에 가장 큰 기여를 했다.

이런 점은 사실 유로존 사례에서 배울 수 있었다. 주택가격 흐름을 볼 때는 금융적 요소도 반드시 감안해야 한다. 저금리가 득이 될 수도 있지만, 독이 될 수도 있다.

지난 1999년 스페인은 유럽연합 공통화폐인 유로화를 쓰는 국가들의 묶음, 즉 유로존에 가입했다. 유로존이 형성되면서 독일과 스페인이 모두 동일한 통화정책을 쓰게 되었다. 유로화 도입으로 상대적으로 신용도가 낮았던 스페인도 유럽 최강의 경제대국인 독일처럼 저금리로 자금을 쓸 수 있게 되었다. 다만 국가신용도 때문에 스페인의 금리는 독일보다 높았다.

독일 자본이 금리가 상대적으로 높은 스페인으로 몰려들었고, 스페인도 자신들의 체력보다 '낮은' 금리를 쓸 수 있게 되었다. 이렇게 되자 스페인에 유동성이 넘쳐났다. 그러나 스페인으로 들어온 돈들은 남유럽의 아름다운 주택을 사는 데 주로 쓰였다. 결국 중국계 자금까지 대거 스페인으로 침투하면서 스페인 주택가격은 끝없이 오를 듯한 모습을 보였다. 주택가격이 오르자 이를 보고 들어오는 돈들도 많았다.

하지만 서브프라임 모기지 사태가 터지고 글로벌 금융위기가 발발하면서 스페인으로 들어왔던 돈들이 일시에 빠져나가면서 스페인 경제는 큰 어려움을 겪었다. 이처럼 넘치는 유동성이 설비투자 등 생산적인 곳이 아닌 부동산 가격만 올리게 되면, 집을 갖지 않은 사람들의 어려움이 가중되는 데다 향후 자금이 빠져나갈 때는 위기에 직면할 수 있다.

사실 미국의 대공황, 일본의 '잃어버린 20년', 2008년 글로벌 금융위기 등은 모두 부동산과 밀접한 관련이 있었다. 아울러 지금은 글로벌화가 보다 진전되면서 세계 부동산시장의 동조화가 과거보다 더욱 심화되었다. 2020년 세계를 덮친 코로나19 위기 때는 2008년의 글로벌 금융위기 때의 위기대응 방식이 모두 동원됐다. 아니, 그 당시보다 더 다양한 방식, 더 큰 규모의 돈 풀기가 시작됐다.

한국은행은 증권사들이 원하는 대로 3개월짜리 만기로 돈을 꿔주는 '무제한 RP매입'이라는 한국판 양적완화를 통해 돈을 풀기도 했으며, 2020년 하반기엔 매달 하순에 국채를 '정례적으로' 사면서 유동성을 공급하기도 했다.

중앙은행의 유동성 공급과 함께 정부는 대대적인 재정정책을 펼쳤다. 정부는 무려 59년 만에 네 차례에 걸쳐 추경을 편성했다. 야당과 일부 국민의 '나라살림을 난도질한다'는 비판에도 불구하고 대규모의 국채발행을 통한 재원 마련으로 경기부양에 나섰다.

다만 대규모 경기부양이나 저금리가 실물경제 회복에 기여하지 못한다면, 국가의 재무 건전성은 더욱 악화되고, 경제 구조도 왜곡된다. 특히 저금리와 정부 부동산 정책 실패를 통해 집값이 천정부지로 뛰면서 일각에선 한국 역시 '저금리의 저주에 걸렸다'는 식의 말까지 하고 있다.

저금리는 기업이나 정부, 채무자의 부채부담을 완화시키고 돈을 쉽게 빌려 경기활성화에 기여할 수 있다. 그러나 집값 급등은 대출규제를 강화시키기도 했다. 집값이 잡히지 않자 정부는 다주택자에 대한 세금인상, 대출규제 등을 지속적으로 강화했다.

투자에 임하는 자세

지난 2017년 당시 한국의 코스피지수가 2500선을 넘어갈 것으로 예상하는 사람은 거의 없었다. 2012년부터 2016년까지 코스피지수는 1800~2200내에서 등락했다. 글로벌 금융위기 이후 미국 등 다른 나라의 주가지수가 급등했지만, 한국 주식시장은 언제나 '박스'라는 조롱을 받기도 했다. 하지만 2017년 주가지수는 드디어 박스를 뚫어내고 2500선을 넘어서는 모습을 보였다. 그러자 그해 말엔 다음해인 2018년 중 지수가 3천을 돌파할 것이란 기대감이 커지기도 했다.

하지만 미래를 예측하기는 매우 어렵다. 다른 나라에 비해 '저평가된' 한국 주가지수가 드디어 본래의 가치대로 대우를 받나 했지만, 2018년 들어 주가상승세는 한풀 꺾였다. 2017년 급등한 뒤 숨을 고르면서 추가상승을 위한 숨고르기를 한다고 볼 수 있지만, 이처럼 주가의 흐름은 누구도 예상하기 어렵다. 채권, 외환 등 다른 금융가격 변수 움직임을 예측하는 것 역시 매우 어렵다. 부동산도 정부정책 덕분에(!) 많이 올랐지만, 급등한 상황에선 그 위험이 커진 상태라는 점을 알아야 한다.

특히 이 모든 가격변수의 기저엔 금리가 자리 잡고 있다는 사실을 잊어서는 안 된다. 저금리로 유동성이 풀릴 때는 부동산과 금융상품 가격 등이 상승의 기반을 마련하기도 하지만, 유동성 상황이 나빠질 때는 반대의 상황이 연출되기도 한다.

정부나 중앙은행의 정책 역시 매우 중요하다. 2년 전만 하더라도

'설마 서울 아파트 평균가격이 10억 원에 도달할 수 있을까'라고 의심하는 사람이 있었지만, 정부의 시장 왜곡에 따라 2020년 드디어 10억 원을 찍었다. 정부의 서울 아파트 공급 문제 해결은 소극적이었고, 한국은행은 경기 살리기 명목으로 기준금리를 0.5%까지 내려 아파트 값 상승을 후원했다.

사실 냉정하게 말해 금융시장이나 경제 분야에선 전문가가 없다. 매일 금융시장을 주시하고 있는 증권업계 사람들에게도 금융은 어렵다. 경제학자나 경제학 교수가 주식·채권·부동산의 가격 흐름을 잘 예상하는 것도 아니다. 의사는 의술을 배워 환자를 고치지만, 경제학자는 경제이론을 통해 국가의 성장을 도모하지 못한다. 경제는 장기적으로 볼 때 과학과 기술의 발전, 안정된 인구 유지 같은 시스템의 건전성 등을 바탕으로 성장한다.

2021년까지는 한국은행이 기준금리를 계속 동결할 것이란 예상이 강하다. 사실 금리가 이미 0.5%까지 낮아져 있어 더 내릴 여지도 거의 없는 상태다. 한국은행이 '한국 정책금리는 선진국보다는 높아야 한다'는 입장을 유지하고 있다는 점에 무게를 둔다면 금리를 더 내리기도 만만치 않다.

코로나19 문제가 해결되고 경기상황이 가시적으로 나아진다면 한은이 금리를 인상할 준비를 할 수도 있다. 투자자는 이런 금리변화의 흐름을 항상 체크할 필요가 있다. 평소 경제의 혈액이자 돈의 사용료인 금리의 흐름을 유심히 지켜보는 습관을 가져야 한다. 그러면 투자생활과 경제생활을 하는 데 적지 않은 도움을 받을 수 있을 것이다.

■ **독자 여러분의 소중한 원고를 기다립니다** ─────────────

메이트북스는 독자 여러분의 소중한 원고를 기다리고 있습니다. 집필을 끝냈거나 집필중인 원고가 있으신 분은 khg0109@hanmail.net으로 원고의 간단한 기획의도와 개요, 연락처 등과 함께 보내주시면 최대한 빨리 검토한 후에 연락드리겠습니다. 머뭇거리지 마시고 언제라도 메이트북스의 문을 두드리시면 반갑게 맞이하겠습니다.

■ **메이트북스 SNS는 보물창고입니다** ─────────────

메이트북스 유튜브 bit.ly/2qXrcUb

활발하게 업로드되는 저자의 인터뷰, 책 소개 동영상을 통해 책에서는 접할 수 없었던 입체적인 정보들을 경험하실 수 있습니다.

메이트북스 블로그 blog.naver.com/1n1media

1분 전문가 칼럼, 화제의 책, 화제의 동영상 등 독자 여러분을 위해 다양한 콘텐츠를 매일 올리고 있습니다.

메이트북스 네이버 포스트 post.naver.com/1n1media

도서 내용을 재구성해 만든 블로그형, 카드뉴스형 포스트를 통해 유익하고 통찰력 있는 정보들을 경험하실 수 있습니다.

STEP 1. 네이버 검색창 옆의 카메라 모양 아이콘을 누르세요.   STEP 2. 스마트렌즈를 통해 각 QR코드를 스캔하시면 됩니다.
STEP 3. 팝업창을 누르시면 메이트북스의 SNS가 나옵니다.